高等学校商科教育应用系列教材

财务分析

罗力强　主　编
李　彦　刘晓婕　周　鑫　副主编

清华大学出版社
北京

内 容 简 介

本书从企业管理层(管理者)视角出发介绍企业财务分析的基本逻辑和方法,分为五篇共12章,内容涵盖财务分析主要理论和方法。本书遵循理论与实践相结合的基本理念,着力突出财务分析理论和方法的实际运用技能培养。各章增加了引例、拓展阅读、内容概要和练习题。特别增设了"财务分析实验"一章,以更好地适应财务分析实践教学的需要。

本书可作为普通高等院校会计学专业、财务管理专业、审计学专业及其他相关专业学生的学习用书,也可作为各类在职人员学习财务分析知识的参考用书。

本书封面贴有清华大学出版社防伪标签,无标签者不得销售。
版权所有,侵权必究。举报:010-62782989,beiqinquan@tup.tsinghua.edu.cn。

图书在版编目(CIP)数据

财务分析 / 罗力强主编. —北京:清华大学出版社,2022.10(2024.2重印)
高等学校商科教育应用系列教材
ISBN 978-7-302-61932-1

Ⅰ.①财… Ⅱ.①罗… Ⅲ.①会计分析—高等学校—教材 Ⅳ.①F231.2

中国版本图书馆 CIP 数据核字(2022)第 176327 号

责任编辑:刘士平
封面设计:傅瑞学
责任校对:刘 静
责任印制:杨 艳

出版发行:清华大学出版社
网　　址:https://www.tup.com.cn,https://www.wqxuetang.com
地　　址:北京清华大学学研大厦 A 座　　邮　编:100084
社 总 机:010-83470000　　邮　购:010-62786544
投稿与读者服务:010-62776969,c-service@tup.tsinghua.edu.cn
质量反馈:010-62772015,zhiliang@tup.tsinghua.edu.cn
课件下载:https://www.tup.com.cn,010-83470410

印 装 者:三河市龙大印装有限公司
经　　销:全国新华书店
开　　本:185mm×260mm　　印　张:16　　字　数:387 千字
版　　次:2022 年 10 月第 1 版　　印　次:2024 年 2 月第 2 次印刷
定　　价:49.00 元

产品编号:096427-01

前言

　　现代经济活动经常需要做出各种决策,而做出高质量的科学决策的前提是掌握真实、充分、有效的信息。随着社会经济的不断发展,财务分析的实践应用领域不断扩展,已经和宏观与微观经济活动紧密融合,而多元化的财务分析实践也为财务分析理论和方法的完善与创新提供了坚实的现实基础,对从事或即将从事相关领域活动的财务分析人员提出了新的专业技能要求。为了满足应用型本科、本科层次职业教育经济与管理类专业财务分析课程的教学需要,着力提高学生财务分析基本理论、专业知识与综合应用能力,我们从企业财务管理工作的实际需求出发编写本书,服务于掌握一定的专业理论知识、具有较强的复杂技能操作和高级技术应用能力、能迅速适应工作岗位并具有发展潜力的高层次技能型人才培养目标。

　　本书在吸收、借鉴前人优秀的研究或实践成果的基础上,形成了以下三个方面的特点。第一,本书突出了逻辑层次的统领,构建了由"财务分析基础""财务报表分析""财务分析""前景分析""财务分析实验"五篇组成的渐进式逻辑层次。第二,本书财务报表分析结合正、逆向思维,注重财务报表信息质量和信息挖掘,并适当增加了以杜邦财务分析体系、沃尔评分法、平衡计分卡和经济增加值为主要内容的综合财务分析。第三,本书编写体例新颖、案例丰富、形式灵活。每章设置"教学目标""引例""本章概要""电子化习题",教学内容中穿插"拓展阅读""讨论"等栏目,为开展案例式教学提供了较丰富的素材资源,体现了"以案促思,以思促学"的教学思路。为满足财务分析实验教学的需要,本书将基础理论、方法与实验融合衔接,增加了"财务分析实验"一章,体现了理论与实践贯通的应用教学理念。

　　本书由罗力强(广西农业职业技术大学副教授)任主编,负责大纲拟定、全书总纂。李彦(广西财经学院高级经济师)、刘晓婕(广西大学副教授)、周鑫(广西农业职业技术大学)任副主编。各章内容编写分工是:第1、11、12章,罗力强;第2、9章,李彦;第3、7章,刘晓婕;第4章,罗颖;第5章,赵菡娱;第3、4、5章中合并报表分析部分,徐谈春雯;第6章,黄荷菱;第8章,周鑫;第10章,郑志远。各章修改、校对和配套PPT制作由罗力强、李彦负责,电子化习题由罗力强、周鑫负责。

本书的出版受广西农业职业技术大学(原广西大学行健文理学院)教材建设项目(编号 JC2020002)资助。本书在编写中参阅和借鉴了许多文献,在此向所有参考文献的作者表示衷心的感谢。由于编者学识有限,书中的疏漏与不足之处在所难免,恳请读者不吝指正。

编者
2022 年 8 月 2 日

目录 CONTENTS

第一篇　财务分析基础篇

第 1 章　财务分析概述 ·· 3
　　第一节　财务分析的理论基础 ··· 4
　　第二节　财务分析框架 ··· 13
　　本章概要 ·· 16

第 2 章　财务分析程序与方法 ·· 18
　　第一节　财务分析程序 ··· 19
　　第二节　财务分析的信息基础 ··· 20
　　第三节　财务分析的规制基础 ··· 24
　　第四节　财务分析的方法基础 ··· 27
　　第五节　战略分析 ··· 33
　　本章概要 ·· 39

第二篇　财务报表分析篇

第 3 章　资产负债表分析 ·· 43
　　第一节　资产负债表分析概述 ··· 44
　　第二节　资产负债表整体分析 ··· 44
　　第三节　合并资产负债表分析 ··· 69
　　第四节　资产与权益质量分析 ··· 77
　　本章概要 ·· 80

第 4 章　利润表分析 ·· 81
　　第一节　利润表分析概述 ·· 82
　　第二节　利润表整体分析 ·· 83
　　第三节　利润表分部分析 ·· 96
　　第四节　合并利润表分析 ·· 98
　　第五节　利润表项目质量分析 ··· 102

　　　　本章概要 ………………………………………………………………………………… 104
第 5 章　现金流量表分析 ……………………………………………………………………… 105
　　第一节　现金流量表分析概述 ……………………………………………………………… 106
　　第二节　现金流量表整体分析 ……………………………………………………………… 109
　　第三节　合并现金流量表分析 ……………………………………………………………… 118
　　第四节　现金流量质量分析 ………………………………………………………………… 121
　　本章概要 ………………………………………………………………………………… 124
第 6 章　所有者权益变动表分析 ……………………………………………………………… 126
　　第一节　所有者权益变动表分析概述 ……………………………………………………… 127
　　第二节　所有者权益变动表整体分析 ……………………………………………………… 129
　　第三节　所有者权益变动表项目质量分析 ………………………………………………… 133
　　本章概要 ………………………………………………………………………………… 135
第 7 章　财务报表粉饰分析 …………………………………………………………………… 137
　　第一节　财务报表粉饰与舞弊三角理论 …………………………………………………… 138
　　第二节　财务报表粉饰的类型 ……………………………………………………………… 141
　　第三节　上市公司财务报表粉饰的常见手段 ……………………………………………… 142
　　第四节　财务报表舞弊预警信号及财务报表粉饰识别方法 ……………………………… 146
　　本章概要 ………………………………………………………………………………… 151

第三篇　财务分析篇

第 8 章　财务能力分析 ………………………………………………………………………… 155
　　第一节　盈利能力分析 ……………………………………………………………………… 158
　　第二节　营运能力分析 ……………………………………………………………………… 168
　　第三节　偿债能力分析 ……………………………………………………………………… 178
　　第四节　发展能力分析 ……………………………………………………………………… 185
　　本章概要 ………………………………………………………………………………… 189
第 9 章　财务综合分析与业绩评价 …………………………………………………………… 191
　　第一节　财务综合分析与业绩评价概述 …………………………………………………… 192
　　第二节　杜邦财务分析体系 ………………………………………………………………… 194
　　第三节　沃尔评分法 ………………………………………………………………………… 196
　　第四节　平衡计分卡评价法 ………………………………………………………………… 197
　　第五节　经济增加值法 ……………………………………………………………………… 199
　　本章概要 ………………………………………………………………………………… 202

第四篇　前景分析篇

第 10 章　财务预警分析 ………………………………………………………………………… 205
　　第一节　财务危机与财务预警概述 ………………………………………………………… 206

第二节　财务预警定量分析方法 ·· 208
   第三节　财务预警定性分析方法 ·· 213
   本章概要 ··· 216
第 11 章　财务预测与价值评估 ··· 218
   第一节　企业财务预测 ··· 219
   第二节　企业价值评估 ··· 229
   本章概要 ··· 235

第五篇　财务分析实验篇

第 12 章　财务分析实验 ··· 239
   第一节　财务分析实验的目的和主要步骤 ·· 239
   第二节　财务分析报告 ··· 240
   第三节　财务分析实验项目 ·· 243
参考文献 ··· 247

第一篇
财务分析基础篇

第1章

财务分析概述

【教学目标】

通过本章的学习,学生应了解财务分析的起源与发展过程;掌握财务分析的概念,理解财务分析的内涵与外延;了解财务分析与相关学科的关系、财务分析的作用;了解财务分析体系构建的主要理论基础,重点掌握哈佛分析框架的主要内容。

引例

投资者如何分析财务报表

价值投资,最重要的不是投资,而是价值。知道价值多少,投资就很简单了:等到价格明显低于价值,相当于打六折、五折甚至两折,这时买入就可以了。问题是,价格一清二楚,但价值却模模糊糊,看不见、摸不着,10个人估值,却有20个答案,因为一个人在不同的时候根据不同的信息会做出不同的判断。

巴菲特常说:"选股如选妻。"结婚不难选妻难,选到一个你认为既符合自己的要求又踏实可靠的女孩,太难了。选到一个符合巴菲特要求的公司,业务一流、管理一流、业绩一流,而且未来长期稳定可靠,太难了。巴菲特找了一辈子,只找到几个未来必定如此的好公司,加上一些未来有较大可能如此的公司。

这也可以解释,巴菲特经常谈估值,但很少人见到他作估值。巴菲特的传记作者翻遍了巴菲特档案室,也没有发现巴菲特任何估值的表格和公式,只有一张张他亲手记录的公司年度和季度财务数据。为什么？因为估值太简单了，用预测的现金流量计算投资收益率每年能否超过15％就可以了。

巴菲特最重要的工作是分析公司多年的财务数据，判断公司业务、管理和业绩的稳定性，如果具有稳定性，就可以轻松预测其未来几年的现金流量。所以他说，他最重要的工作是阅读，阅读最多的是上市公司的年度和季度财务报告。巴菲特说："你只有愿意花时间学习如何分析财务报表，才能够独立地选择投资目标。"相反，巴菲特认为，如果你不能从财务报表中看出上市公司是真是假、是好是坏，你就别在投资圈里混了。

为什么巴菲特投资赚的钱比别人都多？"别人喜欢看《花花公子》杂志，而我喜欢看公司财务报告。"

资料来源：刘建位. 第一财经日报. http://finance.sina.com.cn/stock/stocklearnclass/20130628/175715956301.shtml, 2013-06-28.

第一节 财务分析的理论基础

准确理解和把握财务分析的概念，是正确认识财务分析作用和内容的基础，也是构建财务分析体系的前提。而要准确理解和把握财务分析概念，需要先了解财务分析的起源和发展脉络。

一、财务分析的起源与发展

财务分析始于西方银行家对贷款者的信用分析，而后被广泛应用于投资领域与公司的内部管理。其分析内容与分析方法，随着应用领域的拓展而不断丰富和创新。

（一）财务分析的产生

财务分析自产生至今，其分析的重心逐渐转移，从最初的信用分析、投资分析发展到如今的内部分析。

1. 信用分析

财务分析最早产生于美国，是美国工业大发展的产物，起源于美国银行家对企业进行的信用分析。在美国工业大发展前，企业规模较小。银行根据个人信用给企业贷款。

然而，随着经济的发展，银行不能根据个人的信用给企业贷款，这样银行就更关心企业的财务状况，关心企业是否具有偿债能力。19世纪末20世纪初，美国银行为确保发放贷款的安全性，对于申请贷款的企业要求其提供资产负债表。随后，美国银行家亚历山大·沃尔（Alexander Wall，以下简称沃尔）作为财务综合评价领域的著名先驱者之一，创立了比率分析体系。

在当时，沃尔的比率分析体系，仅限于"信用分析"，所用的财务比率指标只有流动比率指标，主要为银行提供信用分析服务，以防范贷款的违约风险，对贷款人进行信用调查和分析,据以判断客户的偿债能力。所以,信用分析又称资产负债表分析,主要用于分析企业的流动资金状况、负债状况和资金周转状况等。

信用分析体系的形成,标志着财务分析作为一门独立学科的正式诞生。当时的代表著作有沃尔的《信用分析》(1921)、《财务报表的比率分析》(1928)、《财务报表分析》(1930)、《财务报表之看法》(1936)和斯蒂芬·吉尔曼(Stephen Gilman)的《财务报表分析》等。

但应注意到,企业良好的偿债能力(尤其是长期偿债能力),必须以良好的经营状况和雄厚的财务实力为基础。因此,现代的财务分析,不再是单纯的对资产负债表进行分析,而是向着以利润表为中心的方向转变。实践调查表明,目前银行是混合采用几种不同的方法以做出是否贷款的决策的。方法的选择与企业的规模有关,对中小企业,重点考察的是企业的资产负债表,而对大型企业,强调的重点是企业的盈利能力。

2. 投资分析

到了20世纪20年代,随着资本市场的形成和发展,财务分析由主要为贷款银行服务扩展到为投资人服务。在资本市场上,随着社会筹资范围的扩大,非银行的贷款人和股权投资人的增加,公众开始进入资本市场和债券市场,投资人对财务信息分析的要求更为广泛。为确保和提高投资收益,广大投资者纷纷利用银行对不同企业及行业的分析资料进行投资决策。于是,财务分析由信用分析阶段进入投资分析阶段,其主要任务也从稳定性分析过渡到收益性分析,使财务分析涵盖了偿债能力、盈利能力、筹资结构、利润分配等分析内容,从而发展到比较完善的外部财务分析体系。

值得注意的是,稳定性分析变为收益性分析,并非是后者对前者的否定,而是以后者为中心的两者并存。由于盈利能力的稳定性是企业经营稳定性的重要方面,企业的流动性在很大程度上依赖于盈利能力,所以这时的稳定性分析,其内涵不仅包括企业支付能力的稳定性,而且包括企业收益能力的稳定性。财务分析向着以收益性为中心的稳定性分析方向发展,逐步形成了目前企业财务分析的基本框架。

3. 内部分析

早期的财务分析只用于外部分析,即企业外部利益者根据各自的要求而进行的分析。后来,企业在接受银行的分析与咨询过程中,逐渐认识到了财务分析的重要性,由被动地接受分析逐步转变为主动地进行自我分析。第二次世界大战后,随着企业规模不断扩大,经营活动日趋复杂,企业不得不借助于财务报表所提供的有关资料进行"资讯导向""目标管理""利润规划"及"前景预测"。这些现象表明,财务分析开始由外部分析向内部分析拓展,成为企业内部经营管理的需要。但开始阶段的内部分析只是企业站在外部人员的立场上,按照银行分析的要求和方法,从偿债能力(资金的流动性)和盈利能力(资金的增值性)两方面,对自身的财务状况进行的分析,目的是掌握情况、发现问题、指导经营。[①]

(二) 现代财务分析的形成与发展

传统财务分析一直把解析财务报表、为债权人或投资者服务当作其主要目的,存在两方面的局限性。一是以外部分析为重心的传统财务分析不能满足日益深化的内部经营管理的需要;二是仅限于解析财务报表资料,不仅了解的内容有限,而且财务报表反映的是过去实绩,其分析属于事后分析,所以不能满足企业面向未来的经营决策要求。

---

① 冯海虹.财务分析相关概念辨析与再定义[J].财会通讯,2012(29).

现代财务分析是财务分析的现代发展阶段。现代财务分析的产生既是内部经营管理的需要,又是因为信息资料的丰富和易得,正好破解了传统财务分析的局限性。

现代财务分析的形成和发展是伴随着财务管理的发展和管理会计的形成而逐步形成和发展起来的。20世纪50年代以后,西方企业财务人员逐渐认识到,要在残酷的竞争中维持企业的生存和发展,财务管理的主要问题不仅在于筹措资金,更在于通过有效的内部控制,管好、用好资金。于是,财务管理从筹资阶段进入内部控制阶段,内部财务决策被认为是企业财务管理最重要的问题。可是,无论事前的规划决策还是日常(事中)的控制决策,都需要通过财务分析加工处理有关资料,测算有关数据,为其提供各种情报信息。于是,除了比率分析方法得以广泛应用以外,各种计量方法和模型开始逐渐应用于财务分析。比如,1951年,美国人乔尔·迪安(Joel Dean)在《资本预算》中,即致力于应用贴现现金流量分析优化投资决策。

到了20世纪六七十年代,随着企业经营的不断变化和发展,加上通货膨胀和市场竞争的加剧,使企业资金运用日趋复杂,投资风险加大,为此,投资管理受到空前重视,财务管理进入投资管理阶段。在此阶段不仅建立了投资决策和系统分析程序,而且建立了以货币时间价值为基础的投资分析指标体系,其中主要包括净现值法、内部报酬率法和利润指数法等分析方法。与此同时,考虑风险的经营杠杆和财务杠杆分析、投资组合分析等分析方法也得到了显著的发展。比如,1964年,威廉·夏普(William Sharp)提出的"资本资产定价模型"(Capital Asset Pricing Model,CAPM),给出了风险条件下市场均衡分析的有效方法。总之,随着经济环境的不断变化和复杂化,新的财务问题层出不穷。为了改善和强化财务管理及经营管理,必然客观地要求财务分析改进和发展分析技术,提高分析效果。

然而,进行财务分析必须要有分析资料。掌握和运用大量分析资料,尤其内部资料,是现代财务分析的一大显著特征。这就需要一种能为内部分析及内部经营管理服务的会计体系与之相配合。于是20世纪50年代正式形成了"内部会计"即"管理会计"体系。管理会计不仅为内部分析及内部管理提供了信息资料,扩大了内部分析的领域,诸如盈亏平衡分析、存贷决策分析等管理会计方法还丰富和发展了财务分析技术。[①]

(三)我国财务分析的产生和发展

在我国,过去将财务分析称为经济活动分析,理论界对其产生的说法不一。中华人民共和国成立前,只存在财务分析的某些内容,但不具备经济活动分析的整体知识,分析方法主要是比率分析法。没有专著,只有一些译著,公开发表的文章也很少,主要有1939年《会计学刊》创刊号中的《决算报表与分析》、1940年《会计学刊》第3期中的《成本会计与成本变动的分析》、1947年《现代会计》第8期中的《销售毛利变动的分析》等。

中华人民共和国成立后,财政部于1951年11月召开全国财务管理及会计工作会议,对国营企业财务报表的格式和种类做了统一规定。1952年年初,国家颁发了《国营企业决策报告编制暂行办法》,为开展企业财务报表分析奠定了基础。1952年后企业开始进行财务报表分析。1955年,国务院制定了《国营企业决算报告编送办法》,明确规定企业必须编送财务状况说明书。

1953年前后,高校开设经济活动分析课程。1957年10月,我国第一本经济活动分析教科书正式出版,即《工业企业经济活动分析》。1980年1月,中国会计学会成立,有力地推动

---

① 孟鸣,高艳民.新会计制度下的财务分析理论[J].财经问题研究,1994(10).

了会计理论研究。杨纪琬、阎达五率先提出"会计的本质是一种管理活动"的观点,第一次突破了传统"工具论"的提法。1980年10月,财政部召开全国会计工作会议,研究如何适应新形势,进一步发挥会计的作用。自此,经济活动分析的理论和实践得以全面恢复并发展。

20世纪90年代初期进行的财务与会计制度改革,是我国企业财务分析和财务报表分析的理论与实践发展的又一个重大飞跃,主要表现在以下三个方面。第一,新的财务分析理论借鉴国际惯例,改革了报表体系,使企业财务分析能够更好地与国际惯例接轨,适应社会主义市场经济发展的新要求。第二,新的财务分析理论强化了报表分析和财务评价职能,并使报表分析和财务评价成为企业财务管理的一个专门功能,为企业报表分析和财务评价成为一门独立学科奠定了理论。第三,新的财务分析理论改革了财务分析指标体系。新的报表分析指标体系改变了单纯从政府角度评价企业的评价立场,使报表分析成为企业投资者、债权人、国家经济管理机关和企业内部管理者的共同需要。

二、财务分析的概念

在财务分析形成初期,财务分析的主要对象是财务报表,真正意义的财务报告还没有形成,财务分析相关著作通常采用财务报表分析(Financial Statements Analysis)这一名称。如沃尔与邓宁(Dunning)1928年合著的《财务报表比率分析》,以及沃尔1930年出版的《财务报表分析》和1936年出版的《如何评价财务报表》等。虽然20世纪70年代财务报表已拓展为财务报告,然而由于历史传统和习惯原因,美国学者仍经常使用财务报表分析或财务报告分析(Financial Reporting Analysis),如戴维·F.霍金斯(David F.Hawkins)的《公司财务报告与分析》(2000),利奥波德·A.伯恩斯坦(Leopold A.Bernstein)的《财务报表分析》(2001);而在日本,由于历史原因受德国传统影响比较大,有关财务分析的著作大多采用"经营分析"的名称;苏联则经常采用"经济活动分析"(Economic Activities Analysis)的概念;中华人民共和国成立后,财务分析的发展受苏联的影响较大,院校开设相关课程也常称为"经济活动分析"。20世纪90年代以后,我国开始实行市场经济,大规模引进和学习美国财务分析的理论和方法,更多地使用"财务报表分析"这一术语,同时其他概念也并存使用。[①]

尽管财务报表分析、财务报告分析及财务分析都有其产生和使用的特殊背景,但结合财务分析实践来看,经济活动分析是对企业的经济活动、技术活动、经营活动、管理活动等内部及外部、财务及非财务活动展开的分析,分析内容过于宽泛,在一定程度上超出了财务分析的范围,将不属于财务分析的经营分析和管理分析也纳入其中。至于经营分析,分析的范围过于狭窄,有些名不副实。财务报表和财务报告并不能反映企业财务状况的全貌,因为在财务分析的过程中也要考虑财务报告之外的一些重要的非财务的信息来进行定性分析,如审计报告、市场信息、公司治理信息、宏观经济信息、企业战略、企业所处的发展阶段、企业承担的社会责任情况等。因此本书采用在学界得到较多认同的"财务分析"的表述。

(一)财务分析的内涵与外延

从内涵看,财务分析(Financial Analysis)是以会计核算和报表资料及其他相关资料为依据,采用一系列专门的财务分析技术和方法,对企业等经济组织过去和现在的盈利状况、

---

① 徐光华,柳世平.财务报表解读与分析:理论·实务·案例[M].北京:人民邮电出版社,2017.

营运状况、权益状况、风险状况等进行分析与评价,为企业的投资者、经营者、债权者及其他关心企业的组织或个人了解企业过去、评价企业现状、预测企业未来,做出正确决策、提供准确信息或依据的经济应用学科。①

从外延看,人们对财务分析范围的认识有三种观点。广义(大口径)的财务分析,是指直接与本金投入和收益分配活动及其所形成经济关系相关的利益各方所进行的财务分析。从时间上看,包括事前财务分析(预测、决策、计划)、事中财务分析(控制、监督)和事后财务分析(考评、奖罚)。通义(中口径)的财务分析,即一般人通常意义上讲的财务分析,是指与生产经营企业(主要是工商企业与各种服务企业)直接相关的微观财务分析,而不包括宏观经济部门(如国资委、财税部门)的财务分析。从时间上看也包括财务管理事前财务分析、事中财务分析和事后财务分析。狭义(小口径)的财务分析,是指生产经营企业的事后财务分析,特别是对会计报表的分析。②

(二) 财务分析与相关学科的关系

财务分析是在经济活动分析、财务管理学和会计学基础上形成的一门独立的边缘学科。对财务分析与企业经济活动分析、企业财务管理、会计学等学科的关系进行梳理辨析,这是理解财务分析学科地位的关键。

1. 财务分析与经济活动分析

财务分析与经济活动分析的相同点在于"分析",如它们有着相同或相近的分析程序、分析方法、分析形式等。它们的区别主要有三个方面。第一,财务分析与经济活动分析的对象、内容不同。前者的分析对象是企业的财务活动,包括资金的筹集、投放、运用、消耗、回收、分配等;而经济活动分析的对象是企业的经济活动,除了财务活动,还有生产活动等。第二,财务分析与经济活动分析的依据不同。财务分析依据企业内部与外部两方面资料,如企业会计报表资料及有关的市场利率、股市行情、国家政策信息等资料;经济活动分析的资料则主要依据企业内部的各种会计资料、统计资料、技术或业务资料等。第三,财务分析与经济活动分析的适用性不同。财务分析可用于企业的投资者、经营者、债权者及其他与企业有关或对企业感兴趣的部门、单位或个人;经济活动分析通常是一种经营分析,主要适用于企业经营者。③

2. 财务分析与财务管理

财务分析和财务管理是两个不同的概念。

第一,财务管理作为概念,有两种用法:一种是指管理工作,另一种是指一门管理学科。对应地,财务分析也有两种用法:一种是指管理活动,另一种是指一门管理技术。

第二,财务分析作为一种管理活动,是一种运用财务管理理论与方法,针对财务问题进行系统分析的活动。它的任务是解析有关会计资料,为财务管理工作提供信息。

第三,财务分析作为一门技术,一方面需要用财务管理理论与方法去指导财务分析活动,另一方面新的财务分析技术又丰富和发展了财务管理理论与方法。

第四,财务管理作为一门学科而强调理论规范;财务分析作为一门技术而强调方法技

---

① 张先治. 财务分析学的内涵与相关学科的关系[J]. 四川会计,1995(7).
② 郭复初. 财务分析的性质与目的新探——财务分析系列文章之一[J]. 财会月刊,2009(2).
③ 张先治. 财务分析学的内涵与相关学科的关系[J]. 四川会计,1995(7).

巧。财务管理作为一种工作而强调状态；而财务分析作为一种活动而强调过程。一般认为，财务管理包括财务预测、财务决策、财务计划、财务计划分析、财务控制、财务分析、财务检查监督等环节。可见，财务分析作为财务管理的一个环节，其意义仅限于对企业财务计划执行结果进行事后分析与评价。

第五，财务分析是贯穿于财务管理过程、兼具技术性和艺术性的智力性管理活动。财务分析过程中，除了采用一些固有的技术方法分析以外，更重要的是需要财务分析人员发挥主观能动性，开展创造性思维活动。可以说，财务分析是财务管理的"灵魂"。[①]

3. 财务分析与会计学

会计学的两大分支是财务会计（Financial Accounting）和管理会计（Management Accounting）。

从财务分析与财务会计的关系看，财务分析是财务会计的逻辑扩展，是对财务会计所提供的信息进行深度加工与转换。会计报表缺乏对企业财务状况的高度概括，财务分析则通过对报表中有关项目的审核、研究、计算，形成有关企业各种能力的指标，将会计信息转化为对决策有用的信息。财务会计的主要职能是核算，是为财务分析提供需要的信息，而财务分析则是建立在财务会计信息基础上，二者相辅相成，缺一不可。

根据美国全国会计师联合会（National Association of Accountants，NAA）下属的管理会计实务委员会（MAP Committee）于1981年给出的定义，管理会计是向管理当局提供用于企业内部计划、评价、控制，以及保证企业资源的合理使用和经管责任的履行所需财务信息的确认、计量、汇总、分析、处理、解释和传递的过程。财务分析与管理会计的联系表现在二者都服务于企业内部经营管理方面，管理会计在一些步骤上与财务分析存在相一致的方法，而财务分析也需要管理会计资料作为依据。但二者的区别也很明显。财务分析不仅要满足管理者、员工等内部信息需求者的需要，而且要满足投资者、债权人等外部信息需求者的需要。

综上，财务分析实际上是在会计信息供给（会计学）与会计信息需求（财务学、经济学、管理学等）之间架起的一座桥梁。一方面，会计学有专门的理论和方法，而信息需求者不一定具备专业能力。而且会计报表各科目之间复杂的编制过程令数据间的对应关系变得隐蔽，这使得信息需求者无法直接获取会计提供的信息；另一方面，正确理解企业财务运行的信息还需要经济学、管理学、财务学等相关学科的参与。在会计学与相关学科关系的信息转换中，财务分析起着至关重要的作用。所以，财务分析就是根据相关学科或人们对会计信息的需求，将标准的会计信息分析转换为决策与管理所需要的信息；同时，财务分析又根据相关学科理论与实务所需求的信息，分析转换为会计应该提供的信息。[②]

【讨论 1-1】 一门边缘学科从无到有，从依附于其他学科的分支到独立成为一门学科，是什么决定了一门学科是否可以成为独立学科？

三、财务分析的目的

无论是广义、通义还是狭义的财务分析，总目的是通过对影响财务活动与财务关系变化的因素及各因素影响程度的计算与判断，为企业利益相关者进行财务决策、监控与考评提供依据。

---

① 孟鸣，高艳民. 新会计制度下的财务分析理论[J]. 财经问题研究，1994(10).
② 张先治. 财务分析理论发展与定位研究[J]. 财经问题研究，2007(4).

（一）通过事前财务分析，为财务决策提供依据

财务分析的事前分析，是指在进行财务日常管理（财务控制与监督等）之前所进行的分析。财务日常管理的直接依据是财务计划，财务计划是依据财务决策所确定的方案、指标和措施来编制的，财务决策又要依据财务预测来进行。在财务预测、决策和计划三个环节中，核心是财务决策。因此，事前财务分析必须围绕财务决策的要求来进行。

（二）通过事中财务分析，为财务控制与监督提供依据

财务分析的事中分析，是指在财务日常管理中为财务控制与财务监督服务而进行的分析。

财务控制（Financial Control）是依据财务目标（或定额、预算等）、财务制度和国家有关法规，对实际（或预计）的财务活动开展情况进行对比、分析，发现偏差并及时加以纠正，使之符合财务目标与制度要求的管理过程。财务控制是财务管理各环节中基础的环节，是其他各管理环节正常运行的基本保证。在进行财务控制时，关键是要及时发现实际财务活动开展情况与财务目标之间的偏差，并对产生这些偏差的影响因素与影响程度进行计算和判断，这就必须进行事中财务分析。

财务监督（Financial Supervision）是与财务控制紧密联系的管理环节。加强财务监督是实现财务控制目标的重要保证。要及时发现存在的问题，就有必要对财务控制过程中出现的情况进行专题分析（针对某一专门问题），为财务监督提供依据。

（三）通过事后财务分析，为财务考评和物质奖罚提供依据

事后财务分析是指一个计划期终了之后，对财务指标完成情况与财务关系处理情况所进行的分析，是为财务考评及物质奖罚服务的。它主要依据正式的财务报表与相关信息来进行。[①]

四、财务分析的作用

财务分析的目的是为财务分析报告的使用者进行财务决策、监控与考评提供依据，财务分析至少具有以下四个基本作用。

（一）正确评价企业过去

财务分析主体通过对企业过往的会计报告等资料进行分析，可以了解企业过去的财务状况和业绩状况，通过探析其引致结果的主客观影响因素，准确把握企业过往的财务能力，便于利益相关者正确评价企业的过去，也可为财务分析主体透视企业现在和揭示企业未来提供基础。

（二）客观而全面地透视企业现状

财务分析主体可以通过专业化财务分析技能及个性化服务手段，从财务分析的专业视角帮助相关利益者透视企业现状，揭示企业的成绩、问题、成因及数据背后的信息，从而可以客观而全面地反映、评价企业的现状，为解析企业的未来提供个性化指引。

---

① 郭复初. 财务分析的性质与目的新探——财务分析系列文章之一[J]. 财会月刊，2009(2).

（三）恰当地解析企业前景

为相关利益者决策所提供的财务分析信息支持，必须具有未来前景的价值评估信息。财务分析对企业未来的解析和前景分析是基于对企业过去的正确评价、现状的全面透视，以及影响企业未来诸因素的周全考量。

（四）为相关利益者决策提供参考建议

财务分析的最终目的是为相关利益者决策提供高质量的财务分析报告，而高质量的财务分析报告应当具有客观正确的分析结论，同时由此为报告使用者所提供的切实可靠的建议，因此，通过财务分析报告为相关利益者提供参考建议，是财务分析最重要的作用。[①]

【讨论1-2】 大数据和人工智能等新兴技术在财务领域的发展和应用，使得传统的财务工作内容和方式面临转型，对财务分析人员的职业能力提出了哪些新要求？

【讨论1-3】 财务分析的发展和应用，对于我国建设公平的资本市场环境有何意义？财务分析人员有哪些方面的社会贡献？

五、财务分析体系构建的逻辑思路

构建企业财务分析体系应遵循的逻辑思路，是从"企业目标与财务目标→财务目标与财务活动→财务活动与财务报表→财务报表与财务效率（能力）→财务效率（能力）与财务结果"的循环逻辑思路。

（一）企业目标与财务目标

财务分析作为对企业财务活动及其效率、结果与财务关系的分析，其目标必然与企业的财务目标相一致。关于企业财务目标的提法或观点较多，如股东（所有者）价值最大化目标、企业价值最大化目标（即持续创造价值）、利润最大化目标和经济效益最大化目标等。

在商品经济条件下，企业所有者是资本所有者，企业目标应与企业资本所有者目标，即资本的保值与增值相一致。在追求股东（所有者）价值目标时，利润是直接目标，经济效益是核心目标。因此，企业目标、所有者目标与财务目标必然是一致的。

（二）财务目标与财务活动

企业追求财务目标的过程也是企业财务活动的过程，企业财务活动包括筹资活动、投资活动、经营活动和利润分配活动，如图1-1所示。[②]

企业筹资活动过程是资本的来源过程或资本取得的过程，包括所有者投入资本和债权人投入资本。筹资活动的目的在于以较低的资本成本和较低的风险取得企业所需要的资本。

企业投资活动过程是资源的取得和配置过程。投资活动的目的在于充分使用资产，以一定的资产、较低的风险取得尽可能大的产出。

企业经营活动过程是资本的耗费过程和资本的收回过程。经营活动的目的在于以较低的成本费用取得较多的、有较高质量的收入，实现更多的高质量的利润。

企业分配活动过程是资本退出经营的过程或利润分配的过程。分配活动的目的在于兼

[①] 万如荣，张莉芳，蒋琰. 财务分析[M]. 2版. 北京：人民邮电出版社，2020.
[②] 张先治，陈友邦，秦志敏. 财务分析[M]. 9版. 大连：东北财经大学出版社，2019.

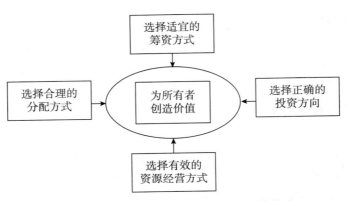

图 1-1 企业财务活动过程与财务目标的关系

顾各方面利益,构建和谐的企业经营环境,使企业步入良性循环的轨道。

(三)财务活动与财务报表

企业的基本财务报表由资产负债表(Balance Sheet)、利润表(Statement of Income)、现金流量表(Cash Flow Statement)和所有者权益变动表(Statement of Changes in Equity)组成。企业的各项财务活动都直接或间接地通过财务报表来体现,如图 1-2 所示。财务报表从静态到动态,从权责发生制到收付实现制,对企业财务活动中的筹资活动、投资活动、经营活动和利润分配活动进行了全面、系统、综合的反映。

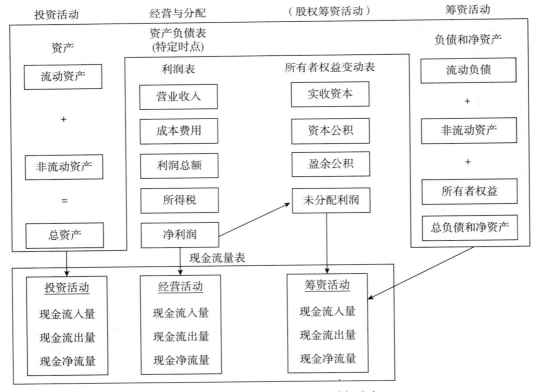

图 1-2 财务报表体现企业各项财务活动

(四)财务报表与财务效率(能力)

财务报表,包括动态报表和静态报表,不仅能直接反映筹资活动、投资活动、经营活动和利润分配活动的状态或状况,而且可以通过财务分析揭示财务活动的效率或能力。财务效率(也称财务能力)是财务资源投入与产出的比率关系,以及由此派生的其他比率关系,能够通过盈利能力、营运能力、偿债能力、发展能力等来反映。

(五)财务效率(能力)与财务结果

企业价值是企业财务效率(能力)的综合反映或体现。同时,企业价值的高低正是评价企业财务目标实现程度的根本。

第二节　财务分析框架

财务分析框架是开展财务分析活动的逻辑指引。一个较好的财务分析框架能使财务分析目标明确,逻辑清晰。

一、传统的财务分析框架

企业财务分析框架,是以发现企业价值及创造价值为目标,以战略分析为起点,并将其贯穿于企业价值信息真实性分析、价值驱动因素与价值源泉分析、企业前景分析等始终,以帮助财务分析信息使用主体透视企业财务活动过程及结果。企业财务分析框架的重要性在于它是财务分析的思考结构、分析过程的有效路径和达到分析目的的行动方案。[①]

传统的财务分析框架基于财务报表项目数据基础,对偿债能力、资产营运能力、盈利能力和发展能力(简称为"四要素")进行分析,对应的分析方法,主要是比率分析法、结构分析法和趋势分析法三类,分析内容主要包括预算分析、信用分析、投资分析、成本费用分析、收益质量分析、盈利预测分析和财务危机预测分析等。

传统的财务分析框架存在一些不足之处。第一,过于注重微观性及结果性分析,忽视了以宏观的、整体的观点来对企业经营活动进行综合分析,无法在一个比较高的层次上对企业整体发展趋势和风险做出准确的预测;第二,随意性强,彼此之间缺乏逻辑关系,没有整合成一种系统、全面的分析体系;第三,主要依赖财务比率作为分析工具,侧重财务性的量化分析,而相对忽视了非财务性的定性分析。

为了克服传统财务分析框架的不足,学术界不断探索、拓展与创新一些新的财务分析框架,其中较有代表性的是哈佛分析框架。

二、哈佛分析框架

要进行有效的企业经营活动分析,必须首先了解企业所处的经营环境和经营战略,分析企业经营范围和竞争优势,识别关键成功因素和风险,然后才能进行企业财务分析。基于此,美国哈佛大学克雷沙·帕利普(Krishna G.Palepu)、维克多·伯纳德(Victor L.Bemard)和密歇根大学的保罗·希利(Paul M.Healy)三位教授在其著作《经营分析与评

[①] 万如荣,张莉芳,蒋琰.财务分析[M].2版.北京:人民邮电出版社,2020.

价——有效利用财务报表》中,提出了一个新的分析框架——哈佛分析框架,如图 1-3 所示。

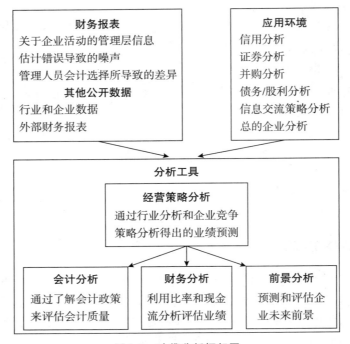

图 1-3 哈佛分析框架图

资料来源:Krishna G. Palepu, Victor L. Bernard and Paul M. Healy. Business Analysis & Valuation: Using Financial Statement, Text & Cases [M]. 北京:中信出版社,2002.

哈佛分析框架(Harvard Analytical Framework)是指在财务报表分析中引进战略分析,从而实现定性分析与定量分析之间的融合,从战略高度来审视企业的财务状况,并在保证会计信息质量的基础上评价企业当下业绩的可持续性,预判企业的发展方向。哈佛分析框架完整的财务分析顺序是"战略分析→会计分析→财务分析→前景分析"[1]。它不是仅仅停留在对报表数字的分析上,而是结合战略、环境等各种因素来深入剖析财务数据所蕴含的信息。

(一)战略分析

企业战略分析是财务分析的逻辑出发点,且贯穿于哈佛分析框架,并指引会计分析(即财务报表分析)、财务分析和前景分析的全过程,对财务全程分析起着导航作用。通过战略分析,我们不仅可以对企业的经营环境进行定性了解,为后续的会计分析和财务分析确立牢固基础,还可以辨识影响企业盈利状况的主要因素和主要风险,从而评估企业当前业绩的可持续性并对未来业绩做出合理预测。[2]

---

[1] 石冬莲,王博. 全球哈佛分析框架:文献综述与研究展望[J]. 财会月刊,2019(11).
[2] 万如荣,张莉芳,蒋琰. 财务分析[M]. 2 版. 北京:人民邮电出版社,2020.

（二）会计分析

应用哈佛分析框架的第二步是会计分析。会计分析是指根据会计核算提供的会计信息，应用一定的分析方法，对企业的经营过程及其经营成果进行定量和定性的分析。会计分析旨在通过会计政策与盈余管理分析，评估企业财务报表质量，消除会计信息噪声，还原真实可靠的财务信息，为有效的财务分析提供保证。

会计分析包括以下六个步骤。第一步，确定关键的会计政策。会计政策是指企业在会计核算时所遵循的具体原则以及企业所采用的具体会计处理方法。进行会计分析时，首先需要辨认企业用于反映这些关键成功因素和关键因素的会计政策，评估这些会计政策是否与企业的行业特征和战略选择相符。第二步，评价会计政策的灵活性。有些关键会计政策受管理层的权力影响较大。会计政策的弹性越大，财务分析人员越需要谨慎。第三步，评价会计策略。会计策略是指企业管理层具有在不同会计政策、会计估计、报告格式或补充披露之间进行选择的权力。会计分析应就企业会计策略选择的适当性做出评价，进而明确管理层选择会计政策的意图。第四步，评价披露质量。管理层信息披露的广度和深度反映了会计信息披露质量。第五步，识别潜在的财务舞弊等危险信号。第六步，消除会计信息失真。如果财务报表存在扭曲企业真实情况的现象，财务分析人员应当利用财务报表附注、现金流量表，以及其他相关信息源调整会计数据，尽量还原企业经营活动的本来面目。

（三）财务分析

财务分析是整个分析工作的主要环节，需要根据报表数据进行大量计算、对比，来揭示企业盈利能力、营运能力、偿债能力、发展能力，以评估企业当前的业绩及其可持续性。常用的财务分析工具是比率分析、因素分析、现金流量分析。

（四）前景分析

前景分析是把企业战略分析、会计分析和财务分析的结论加以综合，通过财务预测和企业价值评估的方法，对企业未来的风险和价值所做的判断。企业战略分析、会计分析、财务分析为预测企业价值奠定了坚实基础。战略分析有助于评估企业竞争优势的可能变化及其对企业未来净资产收益率和增长率的影响；会计分析提供了企业当前账面价值和净资产收益率的无偏估计值；财务分析则有助于深入了解企业当前净资产收益率的影响因素。由此，财务分析人员可以对未来企业价值变化做出估计。[①]

三、本书内容结构

在借鉴国内外文献的基础上，本书主要从企业管理层（管理者）视角出发，共五篇十二章内容，如图1-4所示。

第一篇是"财务分析基础篇"，包括第1章"财务分析概述"和第2章"财务分析程序与方法"。第1章主要阐述财务分析的理论基础和财务分析框架。第2章主要介绍财务分析的基本程序和步骤，财务分析信息基础，财务分析的基本方法和战略分析。

第二篇是"财务报表分析篇"，包括第3章"资产负债表分析"、第4章"利润表分析"、第5章"现金流量表分析"、第6章"所有者权益变动表分析"、第7章"财务报表粉饰分析"共五

---

① 袁天荣.企业财务分析[M].3版.北京：机械工业出版社，2018.

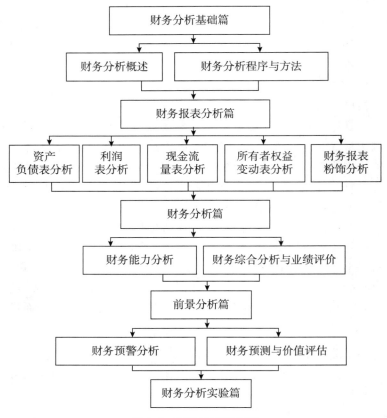

图 1-4 本书内容结构图

章内容。合并会计报表分析包含在四张财务报表分析内容中。第 3 章到第 6 章采取正向思维的方式对财务报表进行整体分析和质量分析;而第 7 章则采用逆向思维的方式,介绍和阐述财务报表是如何被扭曲和粉饰的。

第三篇是"财务分析篇",包括第 8 章"财务能力分析"和第 9 章"财务综合分析与业绩评价"。本篇主要从比率分析、因素分析、比较分析、趋势分析、综合分析的角度研究企业的财务能力与绩效的变动情况。

第四篇是"前景分析篇",包括第 10 章"财务预警分析"和第 11 章"财务预测与价值评估"。本篇是在对企业过去和现在的财务关系分析的基础上,面向企业未来财务活动及关系所做的探索性分析。

第五篇是"财务分析实验篇",包括第 12 章"财务分析实验",在前期理论教学的基础上,布置实验教学的基本实施方案,并介绍编制财务分析报告的主要步骤和要求。

财务分析是以会计核算和报表资料及其他相关资料为依据,采用一系列专门的财务分析技术和方法,对企业等经济组织过去和现在的盈利状况、营运状况、权益状况、风险状况等

进行分析与评价,为企业的投资者、经营者、债权者及其他关心企业的组织或个人了解企业过去、评价企业现状、预测企业未来,做出正确决策提供准确的信息或依据的经济应用学科。

财务分析的目的,是通过对影响财务活动与财务关系变化的因素及各因素影响程度的计算与判断,为企业利益相关者进行财务决策、监控与考评提供依据。

财务分析体系的逻辑思路是"企业目标与财务目标→财务目标与财务活动→财务活动与财务报表→财务报表与财务效率(能力)→财务效率(能力)与财务结果"。

传统的财务分析框架基于财务报表项目数据基础,对偿债能力、资产营运能力、盈利能力和发展能力(简称"四要素")进行分析。哈佛分析框架在财务报表分析中引进战略分析,从战略的高度来审视企业的财务状况,并在保证会计信息质量的基础上评价企业当下业绩的可持续性,预判企业的发展方向。

  本章练习题

财务分析程序与方法

【教学目标】

通过本章的学习,学生应掌握财务分析程序的四个阶段,了解财务分析的信息基础;了解财务分析的规制基础;掌握财务分析的主要方法;掌握战略分析的主要内容和分析方法。

引例

大数据时代基金经理的一天

基金经理这个被很多普通人视为"高不可攀"的职业,其实并非那么神秘。占据了他们很大一部分工作时间和精力的,正是对新闻、公告、热点、行情、报告等各种信息的收集、处理和判断,并在此基础上做出正确的投资决策。

早上7点起床上班,路上开始浏览前一天的外盘情况,国际市场的主要指标以及重大动态;8点进入办公室,浏览国内外主要财经网站,晨会与同事一起讨论当天最新的宏观政策,财经和市场动态;9点~15点看盘,管理投资组合,看报告;收盘后对当天市场行情进行总结、分析;晚餐时继续与同行进行近期市场和投资热点讨论;晚上看长篇研究报告;20点左右上网看上市公司公告,并为第二天的工作做好充足准备;午夜,休息。

在互联网如此普及之前,这样的投研过程基本是靠人工完成的。随着互联网的高速发展一起到来的,是爆炸式增长的信息量,被称为"大数据"。在大数据背景下,我们需要借助机器和人工智能的力量,帮助我们完成人力无法高效完成的信息处理工作。通过智能计算和机器学习,我们可以对所有非结构化数据进行分析,在数量庞大且覆盖广阔的数据中,把所有的投资标的都连接起来,建立一个完整的关系图谱。在此基础上,我们动态跟踪实时新闻,捕捉各类事件,进而建立事件影响在关系网上传导的机制。投资者将更多依赖大量数据和智能分析的技术快速找到投资机会,直接进行投资。

Kensho 是美国一家基于云计算的智能计算机系统先锋公司。据报道,截至2014 年年底,这个叫 Warren 的系统可以回答的复杂金融问题种类将达到 1 亿种,如"当油价高于 100 美元一桶时,中东政局动荡会对能源公司的股价产生怎样的影响?""朝鲜核试验后 48 小时内韩国公司三星的股价变化"等,并以图形的方式直观呈现,将以往研究的时间从几天缩短到几分钟。

在中国,我们也开始使用互联网情绪指数做投资了。南方基金和新浪财经联合构建的指数,就是基于互联网关注度,利用情绪做投资的典型案例。而通联数据正在做的金融云平台,也正是基于大数据分析和智能计算的新型互联网金融服务,比较全面地收集处理了基本面和社会情绪等多方面的数据,力图准确提炼造成市场波动的诸多因素。

资料来源:王政.新浪财经. http://finance.sina.com.cn/zl/fund/20141217/085321095521.shtml. 2014-12-17.

第一节 财务分析程序

财务分析程序,也称财务分析的一般方法,是指进行财务分析时所要遵循的一般规定和程序。财务分析程序是进行财务分析的基础,为财务分析工作的具体展开提供了规范的行为路径。

财务分析程序一般分为四个阶段,即财务分析信息收集和整理阶段、战略分析阶段、财务分析实施阶段、财务分析综合评价和管理决策评价阶段。

一、财务分析信息收集和整理阶段

财务分析信息收集和整理阶段主要完成三个任务。第一,确定要收集的财务数据。收集相关财务数据的过程就是理解财务报表的过程。第二,确定收集数据的程序。收集计划包括人员的安排、时间的调控、其他资源的调度,以及拟采用的财务分析技术和路径。对于一些复杂的、大型的财务分析项目还应以书面形式订立计划。第三,执行既定的程序。当在执行的过程中发现计划的不足之处时应该做相应的调整。另外,还要注意平时关注并积累相关财务信息。

二、战略分析阶段

在明确了收集什么信息以及怎么收集的基础上,财务分析应该进入战略分析阶段。所谓的战略分析就是分析企业所处行业的经济特征。企业战略层面的分析对企业的后续分析有重要的意义。这是因为，一个企业的战略行为能够在更高的层面影响战术层，从而影响企业的各个方面。同时，一个好的战略分析也能够使后续的财务分析方向更加明确。

三、财务分析实施阶段

（一）财务指标分析

面对不同的财务分析目标，财务分析主体会使用不同的财务指标来进行相关的分析。对于权益投资人来说，资产的保值和增值最为重要，因此资本收益率、总资产回报率以及每股股利等，都是他们较为常用的指标；而对于债权人来说，贷款的风险是其最为关注的领域，因此债权人一般更多地使用长期或短期的偿债能力指标，如流动比率、速动比率等。

企业的财务分析结果需要与参照标准进行比较，检查企业的优势和不足，但是参照标准的选择不仅要参考行业的标准指标体系，还要考虑竞争对手绩效值、平均资本成本值乃至股东期望值等，这样的参照系才能更好地体现企业在行业中所处的位置。

（二）基本因素分析

因素分析法要在财务指标分析的基础上，通过替代等数学手段，揭示某些财务指标变化的原因。但要说明的是，会计信息并不能完全反映一个企业经营的原貌，因此，基本因素分析法所揭示的财务指标变动的原因并不一定是唯一的原因，也不一定是根本原因，只是从财务视角给出的一个解释。

四、财务分析综合评价和管理决策评价阶段

在财务分析实施阶段，由于大量地采用指标和比率分析的方法，因此在得到有用的数据的同时也使财务分析的结果偏重于某一具体的事件而缺少综合性。财务分析综合评价就是要将财务分析实施阶段的不同指标综合在一起考察，以得出正确的财务分析结论，进而做出相应的管理决策评价。

在本阶段，企业不但要对现有的经营情况加以分析，还要对企业的未来发展趋势加以预测和评价。最终，在财务分析的综合评价阶段应给出财务分析报告。这是采用书面形式对财务分析的目的所给出的系统的、完整的回答。

第二节 财务分析的信息基础

财务分析信息是财务分析的基础。这里的"信息"是一种统称，既包括有效、真实的信息，也包括虚假、歪曲、无效的"噪声"信息。信息发布的来源各不相同，获取信息的渠道和速度千差万别，不同的财务分析人员对信息的处理手段、理解能力、表达能力也有极大差异，决定了财务分析信息的收集整理是一个庞大复杂的过程，其有效程度甚至对财务分析的最终效果有重大影响。为了更好地收集和掌控财务分析必备的有效信息，我们首先对各种财务分析信息进行分类，然后重点收集和获取规范的财务信息和相关的非财务信息。

一、财务分析的信息种类

财务分析人员进行财务分析需要的信息，可以按照不同特征进行分类。

（一）企业内部信息和企业外部信息

根据信息的来源不同，财务分析信息可以分为企业内部信息和企业外部信息。企业内部信息是指从企业内部获取的财务分析信息，主要包括企业财务报告、财务计划、招股说明书、上市公告书及其他相关资料；企业外部信息是指从企业外部获取的财务分析信息，主要包括注册会计师的审计报告、行业财务信息、中介机构的评估报告等。

（二）定期信息和不定期信息

根据取得时间的确定性程度不同，财务分析信息可以分为定期信息和不定期信息。

定期信息是企业经常需要、可定期取得的信息，为企业定期进行财务分析提供了可能。定期信息主要有：会计信息，尤其是以会计制度规定的时间，按月度或年度核算和编报的财务会计信息；企业的统计月报、季报和年报等统计信息；按月、季、年公布的综合经济部门（如国家发展和改革委员会、商务部、财政部、国家统计局、海关总署、中国人民银行）信息或按日、按旬公布的市场信息等；中介机构（如会计师事务所、投资咨询公司）信息等。

不定期信息则是根据临时需要收集的信息，主要包括宏观经济政策信息、企业间不定期交换信息、国外经济信息，以及主要报纸杂志信息等。不定期信息，有的是由于信息不能定期提供形成的，有的是基于企业不定期分析需要形成的。

（三）实际信息与标准信息

财务分析信息根据实际发生与否，可分为实际信息和标准信息。实际信息是指反映各项经济指标实际完成情况的信息。标准信息是指作为评价标准而收集与整理的信息，如预算信息、行业信息等。财务分析通常是以实际信息为基础进行的，而标准信息对于评价企业财务状况也是不可或缺的。

（四）会计信息与其他信息

1. 会计信息

会计信息包括财务报告信息和管理会计信息。财务分析依据的主要信息来自财务报表。企业财务报告是指企业对外提供的反映企业某一特定日期的财务状况和某一会计期间的经营成果、现金流量等会计信息的文件。财务报告包括基本财务报表和其他应当在财务报告中披露的相关信息和资料，如报表附注、审计报告等。它们是对企业各项经济活动所产生的经济后果的揭示和具体的解释说明。企业除了按照规定编报满足外部利益相关者需求的财务报告外，还需要编制满足内部管理与控制需要的成本费用报表。

拓展阅读 2-1　企业会计信息需求方分析

2. 其他信息

除会计信息外的其他信息，包括政策信息、市场信息、行业信息等。其中，政策信息主要有产业政策、价格政策、信贷政策、分配政策、税收政策、会计政策、金融政策等。政策信息可以用于分析企业财务对政策法规的敏感程度，全面揭示经济政策变化及法律制度的调整对企业财务状况、经营成果和现金流量的影响。市场信息，主要包括资本市场、劳动力市场、技术市场等要素市场以及商品市场的信息。行业信息主要指企业所处行业的相关企业、产品、技术、规模、效益等方面的情况。收集行业信息，应着重关注行业平均水平、先进水平以及行业发展前景等信息，以客观评价企业当前的经营现状。

【讨论 2-1】 收集信息时如何尽可能减少谬误？第一手、权威性较高的信息获取渠道有哪些？

二、上市公司定期报告

财务分析主体进行财务分析最重要的财务分析信息来自公司的定期报告。依据证监会《公开发行证券的公司信息披露内容与格式准则第 2 号——年度报告的内容与格式》(2017 年修订)规定,年度报告的主要内容有 12 项：重要提示、目录和释义；公司简介与主要财务指标；公司业务概要；经营情况讨论与分析；重要事项；普通股份变动及股东情况；优先股相关情况；董事、监事、高级管理人员和员工情况；公司治理；公司债券相关情况；财务报告；备查文件目录。而年度报告摘要则主要包括重要提示、公司基本情况、经营情况讨论与分析三项内容。

根据《公开发行证券的公司信息披露内容与格式准则第 3 号——半年度报告的内容与格式》(2017 年修订)的规定,半年度报告的主要内容有 11 项：重要提示、目录和释义；公司简介和主要财务指标；公司业务概要；经营情况讨论与分析；重要事项；股份变动及股东情况；优先股相关情况；董事、监事和高级管理人员情况；公司债券相关情况；财务报告；备查文件目录。

根据《公开发行证券的公司信息披露编报规则第 13 号——季度报告内容与格式特别规定》(2016 年修订),季度报告的主要内容有 4 项：重要提示、公司基本情况、重要事项、附录。年度报告必须经过具有证券从业资格的注册会计师审计签字方可发布。财务报告信息是财务分析最基础、最重要的信息来源。

对我国 A 股上市公司(包括主板、创业板、科创板)来说,定期报告分为年度报告和中期报告,而中期报告又包括季度报告和半年度报告。

(一) 年度财务报告

根据《公开发行证券的公司信息披露编报规则第 15 号——财务报告的一般规定》(2014 年修订),年度财务报告应包括审计报告、财务报表、财务报表附注和补充资料四部分内容。下面主要介绍前三个部分的内容。

1. 审计报告

审计报告是指注册会计师根据审计准则规定,在执行审计工作的基础上,对财务报表发表审计意见的书面文件。审计报告是审计工作的最终成果体现,是财务报表披露质量的鉴定书,具有法定证明效力。注册会计师根据审计结果和被审计单位对有关问题的处理情况,形成不同的审计意见,出具代表不同审计意见的审计报告。

为了形成审计意见,针对财务报表整体是否不存在由于舞弊或错误导致的重大错报,注册会计师应当得出结论,确定是否已就此获取合理保证。《中国注册会计师审计准则第 1501 号——对财务报表形成审计意见和出具审计报告》(2019 年 2 月 20 日修订)规定了在得出结论时,注册会计师应当考虑的具体方面。

审计报告包括标准审计报告和非标准审计报告。标准审计报告是指不含有说明段、强调事项段、其他事项段或其他任何修饰性用语的无保留意见的审计报告。非标准审计报告是指标准审计报告以外的其他审计报告,包括带强调事项段或其他事项段的无保留意见的审计报告和非无保留意见的审计报告。《中国注册会计师审计准则第 1502 号——在审计报告中发表非无保留意见》(2019 年 2 月 20 日修订)规定了三种类型的非无保留意见,即保留意见、否定意见和无法表示意见。注册会计师的目标是,当存在下列情形之一时,对财务报表清楚地发表恰当的非无保留意见:①根据获取的审计证据,得出财务报表整体存在重大错报的结论;②无法获取充分、适当的审计证据,不能得出财务报表整体不存在重大错报的结论。

(1) 无保留意见的审计报告

如果注册会计师认为财务报表在《中国注册会计师审计准则第1501号——对财务报表形成审计意见和出具审计报告》规定的所有重大方面按照适用的财务报告编制基础的规定编制并实现公允反映,注册会计师应当发表无保留意见。

当存在下列情形之一时,注册会计师应当就该事项与管理层讨论,并根据适用的财务报告编制基础的规定和该事项得到解决的情况,决定是否有必要按照《中国注册会计师审计准则第1502号——在审计报告中发表非无保留意见》的规定,在审计报告中发表非无保留意见:①根据获取的审计证据,得出财务报表整体存在重大错报的结论;②无法获取充分、适当的审计证据,不能得出财务报表整体不存在重大错报的结论。

拓展阅读2-2　无保留意见的例子:FYBL公司审计报告/2019年年度报告/第十二节/一、审计报告

(2) 带强调事项段或其他事项段的无保留意见审计报告

根据《中国注册会计师审计准则第1503号——在审计报告中增加强调事项段和其他事项段》(2019年2月20日修订),强调事项段是指审计报告中含有的一个段落,该段落提及已在财务报表中恰当列报的事项,且根据注册会计师的职业判断,该事项对财务报表使用者理解财务报表至关重要。其他事项段是指审计报告中含有的一个段落,该段落提及未在财务报表中列报的事项,且根据注册会计师的职业判断,该事项与财务报表使用者理解审计工作、注册会计师的责任或审计报告相关。

如果认为有必要提醒财务报表使用者关注已在财务报表中列报,且根据职业判断认为对财务报表使用者理解财务报表至关重要的事项,在同时满足下列条件时,注册会计师应当在审计报告中增加强调事项段:①按照《中国注册会计师审计准则第1502号——在审计报告中发表非无保留意见》的规定,该事项不会导致注册会计师发表非无保留意见;②当《中国注册会计师审计准则第1504号——在审计报告中沟通关键审计事项》适用时,该事项未被确定为在审计报告中沟通的关键审计事项。

如果认为有必要沟通,虽然未在财务报表中列报,但根据职业判断认为与财务报表使用者理解审计工作、注册会计师的责任或审计报告相关的事项,在同时满足下列条件时,注册会计师应当在审计报告中增加其他事项段:①未被法律法规禁止;②当《中国注册会计师审计准则第1504号——在审计报告中沟通关键审计事项》适用时,该事项未被确定为在审计报告中沟通的关键审计事项。

(3) 保留意见审计报告

保留意见是指注册会计师对会计报表有所保留的审计意见。当存在下列情形之一时,注册会计师应当发表保留意见:①在获取充分、适当的审计证据后,注册会计师认为错报单独或汇总起来对财务报表影响重大,但不具有广泛性;②注册会计师无法获取充分、适当的审计证据以作为形成审计意见的基础,但认为未发现的错报(如存在)对财务报表可能产生的影响重大,但不具有广泛性。

拓展阅读2-3　保留意见的例子:深圳市全新好股份有限公司2020年度报告第十二节——审计报告

(4) 否定意见审计报告

在获取充分、适当的审计证据后,如果认为错报单独或汇总起来对财务报表的影响重大且具有广泛性,注册会计师应当发表否定意见。

(5) 无法表示意见审计报告

如果无法获取充分、适当的审计证据以作为形成审计意见的基础,但认为未发现的错报(如存在)对财务报表可能产生的影响重大且具有广泛性,注册会计师应当发表无法表示意见。

拓展阅读 2-4　无法表示审计意见的例子:上海富控互动娱乐股份有限公司 2020 年年度报告——第十一节—审计报告

2. 财务报表

财务报表包括个别财务报表和合并财务报表。一般而言,财务报表是对企业财务状况、经营成果和现金流量的结构性表述。从财务报表的演变过程来看,世界各国的报表体系逐渐趋于形式上的一致,尽管其概念内涵、指标口径等在各国间有不同程度的差异。对于我国 A 股上市公司而言,根据《企业会计准则第 30 号——财务报表列报》和《关于修订印发 2019 年度一般企业财务报表格式的通知》(财会〔2019〕6 号)的相关规定,财务报表主要包括资产负债表、利润表、现金流量表和所有者权益变动表四张主表,每张主表又分为母公司财务报表和合并财务报表,共八张财务报表。

拓展阅读 2-5 大数据分析技术与能力

3. 财务报表附注

财务报表附注是对在资产负债表、利润表、现金流量表和所有者(股东)权益变动表等报表中列示项目的文字描述或明细资料,以及对未能在这些报表中列示项目的说明(包括使用会计政策的说明)等。根据《公开发行证券的公司信息披露编报规则第 15 号——财务报告的一般规定》(2014 年修订)的内容,财务报表附注应当披露的内容有 15 项。

(二) 上市公司中期财务报告

上市公司中期财务报告,是指短于一个完整的会计年度的报告期间的财务报告。中期财务报告包括月度财务报告、季度财务报告、半年度财务报告,也包括年初至本中期期末的财务报告。上市公司要求对外披露的中期财务报告主要指季度财务报告和半年度财务报告。中期财务报告至少应当包括资产负债表、利润表、现金流量表及报表附注等内容。

拓展阅读 2-6 财务分析与大数据时代

【讨论 2-2】 为什么要求上市公司发布定期报告?建立上市公司信息披露制度对资本市场有什么意义?

【讨论 2-3】 大数据和人工智能等新兴技术在财务领域的发展和应用,使得传统的财务工作内容和方式面临转型,对财务分析人员的职业能力提出了哪些新要求?

第三节　财务分析的规制基础

财务报告的编制与呈报不仅要遵守国家现有的财务法规体系与信息披露制度,还受限于企业现行制度框架下的财务活动过程及结果。财务分析规制主要包括企业财务报表编制的法规体系、上市公司信息披露的法规体系。

一、制约企业财务报表编制的法规体系

(一)《中华人民共和国会计法》

《中华人民共和国会计法》(以下简称《会计法》)于1985年颁布并施行,后经1993年、1999年、2017年三次修订,现行《会计法》是2017年11月4日由第十二届全国人民代表大会常务委员会第三十次会议修订通过的,并自2017年11月5日起施行。《会计法》是调整我国经济活动中会计关系的法律总规范,是会计法律规范体系的最高层次,是制定其他会计法规的基本依据,也是指导会计工作的最高准则。《会计法》明确规定了其作用、适用范围、会计人员行使职权的保障措施和会计工作的管理体制等,明确规定了会计信息的内容和要求,企业会计核算、监督的原则,会计机构的设置,会计人员的配备以及相关人员的法律责任。

(二) 会计准则体系

中国现行会计准则包括政府会计准则、企业会计准则和小企业会计准则三部分,分别规范政府机关与事业单位、大中型企业和小企业三类会计主体的核算行为,是相关会计主体会计部门从事确认、计量、记录和报告等会计活动所应遵循的标准。

1. 政府会计准则体系

《政府会计准则——基本准则》于2015年10月23日由财政部令第78号发布并于2017年1月实施。政府会计准则适用于各级政府与本级政府财政部门直接或者间接发生预算拨款关系的国家机关、军队、政党组织、社会团体、事业单位和其他单位。政府会计准则体系由政府基本会计准则、政府具体会计准则、政府会计准则应用指南和政府会计制度构成。而于1997年5月28日由财政部(财预字〔1997〕286号)印发并实施,2012年12月5日财政部部务会议修订通过,自2013年1月1日起施行,并以财政部令第72号发布的《事业单位会计准则》,适用于各级各类事业单位。

2. 企业会计准则体系

企业会计准则体系主要适用于大中型企业和上市公司,由企业基本会计准则、企业具体会计准则、企业会计准则应用指南和企业会计准则解释等组成。

(1) 企业基本会计准则

企业基本会计准则最早于1993年7月1日起实施,经2006年、2014年两次修订,现行的企业基本会计准则是2014年7月修订通过的。企业基本会计准则主要适用于大中型企业(包括上市公司),其主要内容包括财务会计的目标、会计核算的基本前提、会计核算的一般原则及会计要素。企业基本会计准则是制定和指导企业具体会计准则的前提条件,为企业具体会计准则的制定提供了基本框架。

(2) 企业具体会计准则

企业具体会计准则根据企业基本会计准则的要求而制定,截至2019年11月,财政部共发布(包括修订和补充)企业具体会计准则42项,分别就企业经济业务的会计处理、报表披露等方面做出了具体规定,用于具体规范企业普遍适用的一般业务、特殊行业、特定业务三类经济业务或会计事项的处理。

(3) 企业会计准则应用指南和企业会计准则解释

企业会计准则应用指南是根据基本准则和具体准则制定并用于指导会计实务操作的细则，主要解决在运用会计准则处理业务时所涉及的会计科目、账务处理、会计报表格式及其编制说明。财政部于 2007 年 11 月至 2017 年 6 月陆续制定和发布了企业会计准则解释 1~12 号。

3. 小企业会计准则体系

《小企业会计准则》自 2013 年 1 月 1 日起施行，用于规范符合《中小企业划型标准规定》的小型企业的会计确认、计量和报告行为。

二、约束上市公司信息披露的法规体系

信息披露制度是财务分析人员进行财务分析需要考虑的重要制度之一，因此，关注信息披露制度的变化与完善十分必要。

（一）信息披露制度的概念

信息披露制度也称公示制度或公开披露制度，是上市公司为保障投资者利益、接受社会公众的监督而依照法律规定必须将其自身的财务变化、经营状况等信息和资料向证券管理部门和证券交易所报告，并向社会公开或公告，以使投资者充分了解情况的制度。

（二）上市公司信息披露的内容

上市公司信息披露的内容可以从信息披露的需求者和披露信息时段两个方面进行分类。从上市公司披露信息的服务对象来看，可分为投资者评估公司状况所需要的信息和对股价运行有重要影响的事项两部分内容。从上市公司披露信息时段来看，可分为上市前和上市后会计信息两部分内容。

（三）中国现行上市公司信息披露规范体系

现行的中国上市公司信息披露规范体系主要由证券发行信息披露制度和持续性信息披露制度（定期报告制度和临时报告制度等）两个方面所组成。

1. 会计信息披露

会计信息披露一般包括首次披露（招股说明书、上市公告书）和持续披露（年度报告、中期报告和临时报告）。临时报告包括重大事件公告和收购与合并公告。

2. 信息披露的评价标准与目的

信息披露制度的目的与证券市场监管的目标是一致的，都以维护投资者利益、提高证券市场的效率为宗旨。因此，信息披露的评价标准强调"三性"，即及时性、有效性和充分性。

3. 中国上市公司信息披露制度建设

中华人民共和国证券监督管理委员会已经发布或修订的《上市公司信息披露管理办法》《上市公司证券发行管理办法》和若干《公开发行证券的公司信息披露内容与格式准则》《公开发行证券的公司信息披露编报规则》等上市公司披露制度，将会随着客观经济环境的变化不断完善。

拓展阅读 2-7

2021 年 03 月 18 日证监会令〔第 182 号〕《上市公司信息披露管理办法》
http://www.csrc.gov.cn/csrc/c101864/c2ee1a791fddc4f5ebeeb70aa8e2399cf/content.shtml
2020 年 02 月 14 日证监会令〔第 163 号〕《关于修改〈上市公司证券发行管理办法〉的决定》
http://www.csrc.gov.cn/csrc/c101802/c1004835/content.shtml
证监会发布上市公司再融资制度部分条款调整涉及的相关规则
http://www.csrc.gov.cn/csrc/c100028/c1000837/content.shtml

第四节 财务分析的方法基础

财务分析方法是指经济业务活动完成后，对经济业务活动的经济性做出分析判断，使下一轮经济业务活动达到更加经济合理的要求的一种技术方法。财务分析方法有很多种，但常用的、基本的分析方法主要有比较分析法（包括水平分析法和垂直分析法）、趋势分析法、因素分析法、比率分析法、项目质量分析法等。下面对这些常用方法做简单介绍。财务分析方法的具体运用见后续各章中的示例。

一、比较分析法

比较分析法是财务分析中最常用的一种基本方法，是通过比较不同的数据，发现规律性的东西并找出预备比较对象差别的一种分析法。具体可以分为水平比较法和垂直比较法两种。用于比较的可以是绝对数，也可以是相对数，其主要作用在于揭示指标间客观存在的差距，并为进一步分析指明方向。

（一）水平分析法

水平分析法又称为横向比较法，是将企业报告期财务状况的信息（特别指会计报表信息资料）与反映企业前期或历史某一时期财务状况的信息进行对比，研究企业各项经营业绩或财务状况的发展变动情况的一种财务分析方法。

水平分析法所进行的对比，不是指单项指标或单个项目的对比，而是对反映某方面情况的报表的全面、综合对比，尤其在会计报表分析中应用较多。水平分析法的基本要点是将报表中不同时期的同项数据进行对比。其对比的方式主要有两种。

（1）绝对值增减变动，其计算公式如下：

$$绝对值变动数量 = 分析期某项指标实际数 - 基期同项指标实际数$$

（2）增减变动率，其计算公式如下：

$$变动率(\%) = 绝对值变动数量 \div 基期实际数量 \times 100\%$$

【例 2-1】 某公司本月销售收入 1 000 万元，上月销售收入 877 万元，则本月销售收入比上月增加了 123 万元（1 000－877），增长了 14.03%（123÷877×100%），本月销售收入是上月的 1.14 倍（1 000÷877）。

（二）垂直分析法

垂直分析法又称为结构分析法、共同比分析法，是通过计算报表中各项目占总体的比重或结构,反映报表中的项目与总体关系情况及其变动情况的基本财务分析方法。垂直分析法的应用步骤一般有如下三个。

(1) 要确定报表中各项目占总额的比重或百分比。计算公式如下:

$$某项目的比重=该项目金额÷各项目总金额×100\%$$

(2) 通过各项目的比重,分析各项目在企业经营中的重要性。一般来说,某项目的比重越大,说明其重要程度越高,对总体的影响越大。

(3) 将分析期各项目的比重与前期同项目比重进行对比,研究各项目的比重变动情况。也可将本企业报告期项目比重与同类企业的可比项目比重进行对比。

【例 2-2】 B 公司上一年度期末总资产 100 亿元,其中存货 24 亿元,应收账款 18 亿元,则存货占总资产的比重为 24%(24÷100×100%),应收账款占总资产的比重为 18%(18÷100×100%)。前一年度期末总资产 88 亿元,其中存货 27 亿元,应收账款 20 亿元,则存货占总资产的比重为 30.68%(27÷88×100%),应收账款占总资产的比重为 22.73%(20÷88×100%)。

我们还可以分别比较上一年度存货和应收账款占总资产的比重相对于前一年度有所下降的原因,进而评价这种变化对企业的影响。

(三) 比较分析法的比较形式

在财务分析中经常使用的比较形式有五种。

(1) 本期实际与预定目标、计划或定额比较。这种比较的形式可以揭示问题的原因,究竟是目标、计划或定额本身缺乏科学性,还是实际中存在问题。如果是前者,就应该提高制定目标、计划或者定额的科学性;如果是后者,则应改进企业的经营管理工作。

(2) 本期实际与上年同期实际、本年实际与上年实际或历史最高水平比较,以及与若干期的历史资料比较。这种比较的形式既可以揭示差异,进行差异分析,查明产生差异的原因,为改进企业经营管理提供依据,也可以通过本期实际与若干期的历史资料比较,进行趋势分析,了解和掌握经济活动的变化趋势及其规律,为预测提供依据。

(3) 本企业实际与国内外先进企业比较。这种比较的形式有利于找出本企业同国内先进企业、国外先进企业之间的差距,明确今后的努力方向。

(4) 本企业实际与评价标准值比较。评价标准值一般是指企业所在行业的标准值,它是权威机构对大量数据资料进行测算而得出的,客观、公正、科学,是一个比较理想的评价标尺。将本企业实际与评价标准值比较,能得出更准确、客观的评价结论。

(5) 本企业实际与竞争对手比较。这种比较的形式有利于分析自己的强项和不足之处。如果一个企业因涉足的行业太多而无法做出准确判断采用哪个行业的标准值时,可寻找一个与其规模和其他特征相似的竞争对手进行比较。

【讨论 2-4】 假定某餐饮企业采购部门的经理需要了解本月采购工作的进展情况,并制订下个月的采购工作计划,他怎样设定比较的基准?请说明设定这个比较基准的好处和可能的不足。

(四) 运用比较分析法应当注意的事项

影响比较分析法的分析结果具有可靠性和准确性的前提是比较具有可比性。可比性具体表现在以下四个方面:一是指标内容、范围和计算方法的一致性;二是会计计量标准、会计政策和会计处理方法的一致性;三是时间单位和长度的一致性;四是企业类型、经营规模、财务规模以及目标大体一致。

【讨论 2-5】 假设分析对象是隆平高科(股票代码 000998),你认为它的可比企业有哪些?为什么?

二、趋势分析法

趋势分析法是根据企业连续几年或几个时期的分析资料,运用指数或完成率的计算,确定分析期各有关项目的变动情况和趋势的一种财务分析方法。

趋势分析法的应用步骤如下。

(1) 计算趋势比率或指数。指数可分为定基指数和环比指数。定基指数是指各个时期的指数都是以某一固定时期为基期来计算的。定基指数计算公式如下:

$$某项目定基指数 = \frac{分析时点某项目数值}{固定基点该项目数值}$$

环比指数是指各个时期的指数都是以前一期为基期来计算的。环比指数计算公式如下:

$$某项目环比指数 = \frac{分析时点某项目数值}{等时长前一时点该项目数值}$$

计算指数的主要作用在于将被比较的数据标准化。虽然在仅观察一个指标的变动趋势时,计算指数的优点并不明显,但在比较两个及以上指标的相对变动趋势时,如果指标之间存在数量级的差异,例如,营业收入达到千万元级的企业,其净利润额可能只有百万元级甚至更小,而财务比率是以百分比为单位。如果同时观察和比较这三种数量级差异悬殊的数据变化趋势是极其困难的。而通过计算指数,使各项指标都转换成基于百分比的数据,就可以克服这个问题。

(2) 根据指数计算结果,评价与判断企业各项指标的变动趋势及其合理性。

(3) 预测未来的发展趋势。根据企业以前各期的变动情况,研究其变动趋势或规律,从而预测企业未来的变动情况。

需要注意的是,当作为分母的项目数值为零或负数时,计算结果将出现异常值,不适用计算指数,需采用其他方法进行分析。

【例 2-3】 C 公司 2016—2020 年的营业利润数据见表 2-1,可计算定基指数和环比指数。

表 2-1　C 公司定基指数、环比指数计算表

年份	2016	2017	2018	2019	2020
营业利润	10.4 亿元	11.2 亿元	5.7 亿元	9.6 亿元	13.1 亿元
定基指数	100%	108%=11.2/10.4	55%=5.7/10.4	92%=9.6/10.4	126%=13.1/10.4
环比指数	—	108%=11.2/10.4	51%=5.7/11.2	168%=9.6/5.7	136%=13.1/9.6

从定基指数来看,以 2016 年为 100%,之后各年如果定基指数大于 100%,说明该年营业利润相对于 2016 年增加了,反之,则相对下降。C 公司 5 年间营业利润整体呈上升趋势,

但 2018 年出现了较大幅度下降,而后 2019 年恢复性上升,至 2020 年升到最高点。从环比指数来看,各年环比指数如果大于 100%,说明该年的营业利润比上年有增长。C 公司营业利润 2018 年环比指数仅 51%,说明当年营业利润有大幅下降,即使从整个期间看,四年间有三年环比指数大于 100%,但由于 2018 年这一次大幅下降,使后续年份的环比基数变小,因此显得 2019 年和 2020 年的环比增长率较高。针对 2018 年出现了不同于整体趋势的变化,且影响程度较大,需要进一步分析 2018 年的该公司内外部经营环境,解释该年营业利润大幅下降的原因。

三、因素分析法

因素分析法是依据分析指标与其影响因素之间的关系,按照一定的程序和方法,确定各因素对分析指标影响程度的一种技术方法。因素分析法是一种以指标分解等方法为基础,依次用标准值代替实际值(或用实际值代替标准值),以测定各因素对财务指标的影响的定量分析方法。因素分析法根据其分析特点可分为连环替代法和差额计算法。

(一)连环替代法

连环替代法通过依次逐个替代影响因素,计算各因素变动对指标变动的影响程度。

1. 应用连环替代法的一般步骤

(1)确定分析指标与其影响因素之间的关系。确定分析指标与其影响因素之间关系的方法,即将经济指标在计算公式的基础上进行分解或扩展,从而得出影响因素与分析指标之间的关系式。例如,影响净利润指标的因素可分解为利润总额和所得税率两个因素,这两个因素对净利润的影响程度按顺序排列首先是利润总额,其次是所得税率。净利润指标与其影响因素的关系式如下:

$$净利润 = 利润总额 \times (1 - 所得税率)$$

(2)构建指标体系,确定分析对象。根据分析指标的报告期数值与基期数值列出两个关系式或指标体系,确定分析对象。例如,对净利润而言,两个指标体系如下:

$$基期净利润 = 基期利润总额 \times (1 - 基期所得税率)$$

$$报告期净利润 = 报告期利润总额 \times (1 - 报告期所得税率)$$

$$分析对象 = 报告期净利润 - 基期净利润$$

【例 2-4】 假设某公司基期利润总额为 1 000 万元,基期所得税率为 33%,报告期利润总额为 1 300 万元,报告期所得税率为 25%,则

$$基期净利润 = 1\,000 \times (1 - 33\%) = 670(万元)$$

$$报告期净利润 = 1\,300 \times (1 - 25\%) = 975(万元)$$

$$分析对象 = 975 - 670 = 305(万元)$$

(3)连环顺序替代,计算替代结果。连环顺序替代是以基期指标体系为计算基础,用实际指标体系中的每一因素的报告期数顺序替代其相应的基期数,每次替代一个因素,替代后的因素被保留下来。计算替代结果是在每次替代后,按关系式计算其结果。有几个因素就需替代几次,并相应确定计算结果。

【例 2-5】 接上例,基期指标体系:$1\,000 \times (1 - 33\%) = 670(万元)$;

替代第一因素(利润总额):$1\,300 \times (1 - 33\%) = 871(万元)$;

替代第二因素(所得税率),即实际指标体系:1 300×(1-25%)=975(万元)。

(4) 比较替代结果,确定各因素对分析指标的影响程度。比较替代结果必须连环进行,即将每次替代的结果与这一因素被替代前的结果进行对比,二者之差即替代因素对分析对象的影响程度。

【例 2-6】 接上例,利润总额的影响:871-670=201(万元);

所得税率的影响:975-871=104(万元)。

(5) 检验分析结果。即将各因素对分析指标的影响额相加,其代数和应等于分析对象。如果二者相等,说明分析结果可能是正确的;如果二者不相等,则说明分析结果是错误的,应检查前述步骤。

【例 2-7】 接上例,检验分析结果:201+104=305(万元)(分析对象),说明分析结果正确。

应用连环替代法的程序或步骤是紧密相连、缺一不可的,尤其是前四个步骤,其中任何一个步骤出现错误,都会导致出现错误结果。

2. 应用连环替代法应注意的问题

(1) 注意因素分解的相关性问题

某一综合指标的构成因素,必须客观上存在因果关系,即分析指标与其影响因素之间必须真正相关,具有实际经济意义。各影响因素的变动确实能说明分析指标差异产生的原因。

需要指出的是,经济意义上的因素分解与数学上的因素分解不同,并不是在数学算式上相等就可以,关键要看这个指标的因素分解式有无经济意义。例如,

$$总资产周转率 = \frac{营业收入}{总资产平均余额} = \frac{营业收入}{X} \times \frac{X}{总资产平均余额}$$

对其进行因素分解时,从理论上说,X 用任何指标代入上式都可以保持等式成立,但并不能保证分解后得到的两个比率是有意义的。在营运能力分析中,我们将 X 设置为"流动资产平均余额"(见下式),是为了使分解后得到的两个比率,一个反映流动资产周转率,另一个反映流动资产占总资产的比重,这样可以从流动资产周转的角度分析影响总资产周转率的因素。

$$总资产周转率 = \frac{营业收入}{流动资产平均余额} \times \frac{流动资产平均余额}{总资产平均余额}$$

$$= 流动资产周转率 \times 流动资产占总资产的比重$$

因此,在进行指标因素分解时,需要根据分析目的和要求,确定合适的因素分解式,找出分析指标变动的真正原因,而不能把因素分解变成数字游戏,脱离财务分析的根本目的。

(2) 注意分析前提的假设性

分析前提的假设性是指分析某因素对经济指标差异的影响时,必须假定其他因素不变,否则就不能分清每个因素对分析对象的影响程度。但是实际上,有些因素对经济指标的影响是共同作用的结果,共同影响的因素越多,那么假定的准确性就越低,分析结果的准确性也就越低。因此,在因素分解时,并非分解的因素越多越好,而应根据实际情况,具体问题具体分析,尽量减少相互影响较大的因素,使之与分析前提的假设基本相符。

(3) 注意因素替代的顺序性

因素替代的顺序性是指连环替代置换各因素时,要依序逐个替代,不能随意改变各因素替代的先后顺序。一般替代的顺序是:先替代数量因素,后替代质量因素;先替代用实物量、劳动量表示的因素,后替代用价值量表示的因素;先替代主要因素、原始因素,后替代次要因素、派生因素;在除式关系中,先替代分子,后替代分母。如果对同一指标的分析采用不同的替代顺序,则各个因素变动影响的总和仍会等于指标变动的总差异,但是各因素变动影响程度会随着不同的替代顺序而不同。

【讨论 2-6】 请以上例净利润指标的因素分解为例,尝试改变第一、第二因素的替代顺序,看看改变前和改变后,两个影响因素对分析对象的影响程度有什么变化,进而总结出替代顺序变化对因素分析结论的影响。

(4) 注意顺序替代的连环性

顺序替代的连环性是指在确定各因素变动对分析对象的影响时,都是将某些因素替代后的结果与该因素替代前的结果对比,一环套一环。只有连环替代并确定各因素影响额,才能保证各因素对经济指标的影响之和与分析对象相等。

(二) 差额计算法

差额计算法是因素分析法的另一种形式,也是连环替代法的一种简化形式。其因素分析的原理与连环替代法是相同的,区别只在于将连环替代法第三步和第四步合并,直接利用各种影响因素的实际数与基期数的差额,在其他因素不变的假定条件下,计算各因素对分析指标的影响程度。

【例 2-8】 接例 2-4,分析对象 = 975 - 670 = 305(万元);

利润总额的影响:(1 300 - 1 000) × (1 - 33%) = 201(万元);

所得税率的影响:1 300 × [(1 - 25%) - (1 - 33%)] = 104(万元);

检验分析结果:201 + 104 = 305(万元)。

应指出的是,差额计算法并非适用于所有因素分解式,特别是在因素分解式中同时存在加法、减法、除法的情况下,盲目运用差额计算法有可能得出错误的结果。

四、比率分析法

比率分析法是最基本、最重要的财务分析方法。比率分析法是指将某些存在关联的项目加以对比,通过计算比率,确定经济活动变动程度的分析方法。比率分析的形式主要有百分率、比、分数三种。

(一) 按财务报表划分的比率

比率按财务报表划分,可分为单一财务报表比率和报表间比率两类。单一财务报表比率的计算不涉及其他报表项目的数据。例如,流动比率是资产负债表单一报表的比率。报表间比率是指计算该涉及两个报表或两个以上报表相关联的项目及数据。例如,应收账款周转率就是将资产负债表与利润表结合计算的报表间比率。

(二) 比率分析法的作用

(1) 比率分析法通过计算相对数比率,将看似复杂、无关的财务信息变为简单明了、相互联系且易接受和理解的分析内涵。由于比率是相对数,采用这种方法,能够把某些条件下的不可比指标变为可以比较的指标,将复杂的财务信息加以简化,有利于进行分析。

(2)比率分析法揭示了报告内各有关项目(有时还包括表外项目,如附注中的项目)之间的相关性,催生了许多新的、有用的信息。

(三)比率分析法的局限性

虽然比率分析法被认为是最基本、最重要的财务分析方法,但比率的准确性容易受各种因素影响。

根据目前的会计准则的要求,同一性质的经济业务,企业可以根据自身实际需要选择不同的会计处理方式,还可以采用一定的会计估计方法。这为企业操纵会计报表数据留下一定空间。例如,资产负债表比率容易受一些偶然性或以"冲时点"为目的的突击调节影响;损益表中的固定资产折旧额受折旧政策变更的影响而削弱利润指标的可靠性,从而使利润比率不准确。

又例,有些比率容易被人为粉饰。以流动比率为例,流动比率是评价企业流动性的重要比率,但高流动比率不一定代表较强的短期偿债能力。如果企业的应收账款收账困难,或者存货大都是积压滞销的产成品,那么即使有较多的应收账款或存货也不能增加企业的短期偿债能力。再例如,净资产收益率是净利润与平均净资产总额的比值,净利润的提高和平均净资产的减少都可以使该比率变高,但如果依靠减少净资产、提高负债来提高净资产收益率,则这种盈利改善是靠增加财务风险换取的,不一定是合理的结果。

拓展阅读 2-8
财务分析方法
体系与创新

另外,有些重要的非货币性信息并没有包含在财务报表里,如实际控制人变更、高级管理人员离职、核心技术人才流失、竞争者推出新产品等,所以也就不可能在比率中反映。

五、项目质量分析法

项目质量分析法主要是通过对财务报表的各组成项目(如资产、资本、利润、现金流量)金额、性质的分析,还原企业对应的实际经营和理财活动,并在结合企业经营环境和经营战略的基础上对各项目的具体质量进行评价,进而对企业整体财务状况质量做出判断的方法。

第五节 战略分析

战略分析是财务分析的重要起点,贯穿财务分析全过程,并起着导航作用。企业战略分析是通过对企业所在行业或者企业拟进入行业的分析,明确企业自身地位及应采取的战略,以权衡收益与风险,了解并掌握企业的发展潜力以及企业战略实施的效率。

哈佛分析框架下,外部投资分析师从企业外部的视角出发,审视、理解企业的战略形成过程,评价企业选择的战略目标是否与客观实际相适应。如果企业能够正确认识内外部环境,选择合适的战略目标并有效地执行,企业就能够取得较好的经营绩效并保持竞争优势,其盈利能力就有较好的稳定性,其经营风险就是可控的。反之,如果企业基于错误的内外部环境认知,选择了不适宜的战略目标,就可能把企业引向充满坎坷和风险的发展方向,主要表现为业绩不能达到预期、发展困难、经营风险高,等等。因此,由战略分析引导后续的会计分析、财务分析、前景分析,可以合理地解释企业为什么会有如此的财务绩效,因为企业是在它的战略目标指引下开展各项财务活动,而财务活动导致了这些财务结果。例如,采用成本领先战略的企业的经营活动具有其竞争对手不能模仿的成本优势,那么它就可以获得持续性的利润优势。但其产品价格较低,市场需求量大,财务表现为毛利率较低而存货周转率较高。而采用差异化战略的企业为了获取产品的独特性就必须提高成本,产品售价较高因而毛利率较高,但面向的客户需求量相对较少,降低了存货周转率。可以说,战略分析是理解企业具体行为及其结果的关键。

一、企业战略分析的内容

战略分析包括外部环境分析、内部环境分析和 SWOT 分析。外部环境分析包括宏观环境分析、行业环境分析、竞争环境分析等。内部环境分析包括企业资源与能力分析、价值活动分析(价值链分析)等。

应当强调的是,哈佛分析框架下的战略分析,不同于企业战略管理活动,不是站在企业的视角去讨论战略问题,而是从客观、独立的财务分析者角度,在了解企业面临的内外部环境、条件的基础上,评价企业现行战略目标,为理解企业的财务活动及其结果提供指引。

(一)企业外部环境分析

影响企业生产经营活动的外部环境分析,一般可以分为三大类,即宏观环境分析、行业环境分析、竞争环境分析。

1. 宏观环境分析

宏观环境由那些较大的、影响整个微观环境的社会因素构成。宏观环境分析的关键因素包括政治和法律因素(Political)、经济因素(Economic)、社会和文化因素(Social)、技术因素(Technological)四类,所以宏观环境分析也被称为 PEST 分析。

2. 行业环境分析

行业(或产业),是指其产品或服务具有主要共同特征的一批企业或企业群体。对处于同行业内的企业都会产生影响的环境因素的集合就是行业环境。行业环境包括影响运营和发展的产业相关因素,如供应商、客户或用户等,这些因素往往会对企业发展和绩效产生很重要的影响。行业环境分析的要点主要包括行业特征分析、行业生命周期分析、行业市场结构分析、行业盈利能力分析、行业成本结构分析,以及行业与区域政策分析等。

行业环境分析方法有产业五种竞争力分析模型、"市场结构—企业行为—经营绩效"模型、产品生命周期理论、成功关键因素分析等,下面介绍前两种方法。

(1)产业五种竞争力分析模型

1979年,哈佛大学商学院的迈克尔·波特(Michael Porter)创立了产业五种竞争力分析模型,简称"波特五力模型",用于分析本行业的企业竞争格局以及本行业与其他行业之间的关系。该模型在产业组织学基础上推导出决定行业竞争强度和市场吸引力的五种竞争驱动力:①供应商的讨价还价能力;②购买者的讨价还价能力;③潜在进入者的威胁;④替代品的威胁;⑤来自目前在同一行业的公司的竞争。这五大驱动力决定了企业盈利能力,并由此提出公司战略的核心应是选择正确的行业，以及确立企业在行业中的竞争位置。[①]

(2)"市场结构—企业行为—经营绩效"模型

产业组织理论中，市场集中度与市场绩效间的关系被表述为结构假说(SCP)与效率假说(EFS)。20世纪40—60年代，以梅森(Mason)等为代表的哈佛学派提出了"市场结构—企业行为—经营绩效"(Structure-Conduct-Performance)三维分析范式，简称"SCP范式"。

"市场结构—企业行为—经营绩效"模型包括四点含义。①外部冲突主要是指企业外部经济环境、政治、技术、文化变迁、消费习惯等因素的变化。外部冲突不仅给企业盈利带来巨大压力，甚至对整个行业都会产生较大的不利影响。②市场结构(S)变化主要指外部各种环境的变化对企业所在行业的可能影响，包括行业竞争的变化、细分市场的变化、营销模型的变化等。对行业内企业来讲，其必须把握行业结构变化，抓住成长机会。③企业行为(C)主要是指企业针对外部冲击和行业结构的变化有可能采取的应对措施。④经营绩效(P)主要是指在外部环境发生变化的情况下，企业在经营利润、产品成本、市场份额等方面的变化趋势。市场结构是企业数量、规模、份额的关系及竞争方式，企业行为指企业的价格、产品和竞争等策略，经营绩效则是企业最终形成的经济成果。[②]

3. 竞争环境分析

竞争环境分析的重点包括两个方面，一方面是从个别企业视角去观察分析竞争对手的实力；另一方面是从产业竞争结构视角观察分析企业所面对的竞争格局。

对竞争对手的分析可分解为四个方面的主要内容，即竞争对手的未来目标、假设、现行战略和潜在能力。

对竞争对手的未来目标分析可以从三个方面展开：一是竞争对手目标分析对本公司制定竞争战略的作用；二是分析竞争对手业务单位的主要目标；三是多元化公司母公司对其业务单位未来目标的影响。

竞争对手的假设分为两类：一是竞争对手对自己的假设；二是竞争对手对产业及产业中其他公司的假设。竞争对手对其自身、所处产业以及产业内其他企业的评价和看法可能存在误区和盲点，这些误区和盲点可以帮助公司把握一些战略契机，同时辨识遭到报复的可能性，并针对可能的报复采取预防行动。

对竞争对手的现行战略的分析，目的在于揭示竞争对手正在做什么、能够做什么，帮助公司了解竞争对手目前是如何进行竞争的，竞争对手可能进行战略调整的力度。

对竞争对手的潜在能力的分析，主要围绕竞争对手的核心能力、成长能力、快速反应能力、适应变化的能力、持久力来展开，目的在于揭示竞争对手的强项和弱点在哪里，而其优势与劣势将决定其发起战略反击行动的能力以及处理所处环境或产业中事件的能力。

(二)企业内部环境分析

通过企业内部环境分析，企业可以决定"能够做什么"，即企业所拥有的独特资源和能力所能支持的行为。企业内部环境分析主要包括企业资源与能力分析、价值链分析两个方面。

[①] 方光正. 公司战略与风险管理——理论、实务与案例[M]. 2版. 西安：西安电子科技大学出版社，2020：35-38.
[②] 黄建欢，尹筑嘉. SCP分析范式在金融产业组织研究中的应用探讨[J]. 湖南大学学报(社会科学版)，2010(5).

1. 企业资源与能力分析

企业资源是指企业所拥有或控制的有效因素的总和。企业资源主要分为有形资源、无形资源和人力资源。企业能力是指企业配置资源、发挥其生产和竞争作用的能力,包括研发能力、生产管理能力、营销能力、财务能力和组织管理能力等。企业的核心能力是企业在具有重要竞争意义的经营活动中能够比其竞争对手做得更好的能力,是企业各个不同部分有效合作的结果。

2. 价值链分析

价值链(Value Chain)是波特提出的概念。他认为企业每项生产经营活动都是其创造价值的经济活动。企业所有各不相同但又相互关联的生产经营活动,构成了创造价值的动态过程,这就是价值链。价值链分析把企业活动进行分解,通过考虑这些单个活动本身及其相互关系来确定企业的竞争优势。

价值链分析将企业生产经营活动分为基本活动和支持活动。基本活动是指生产经营的实质性活动,是企业的基本增值活动,包括内部后勤、生产经营、外部后勤、市场销售和服务活动。支持活动是指用以支持基本活动而且内部之间又相互支持的活动,包括采购、技术开发、人力资源管理和企业基础设施。价值链分析模型如图 2-1 所示。

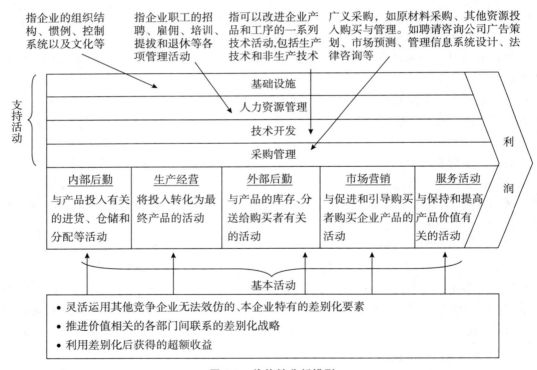

图 2-1 价值链分析模型

价值链分析的关键,是资源必须有效组织起来才能生产出顾客认为有价值的产品或服务。①

---

① 中国注册会计师协会. 公司战略与风险管理[M]. 北京:中国财政经济出版社,2020.

（三）SWOT 分析

哈佛商学院的肯尼斯·安德鲁斯（Kenneth R. Andrews）于1971年在其《公司总体战略概念》一书中首次提出"SWOT分析"，即通过全面分析企业自身的优势（Strengths）和劣势（Weaknesses）、可能的机遇（Opportunities）以及面临的威胁（Threats），制定有效、灵活的战略。

优势（S），指企业内部具有的、在竞争中拥有明显优势的（或者说做得特别好的）方面，如产品质量优势、品牌优势、市场网络优势等；劣势（W），指企业内部存在的、在竞争中处于劣势的（或者说做得特别不好的）方面，如关键设备老化、技术开发工作落后等；机遇（O），指企业外部环境中存在的好机遇，如市场增长迅速、政府的有力支持等；威胁（T），指外部环境中存在的对企业发展不利的因素与带来的挑战，如市场萎缩、顾客偏好发生改变、媒介的负面宣传等。

SWOT分析分为六步：第一步，确认当前的战略是什么；第二步，确认企业外部环境的变化；第三步，根据企业资源组合情况，确认企业的关键能力和关键限制；第四步，运用适当的方法识别出所有优势和劣势按照与机会有关还是与威胁有关分成两组；第五步，将结果在SWOT分析表上定位，将所分析的优势与劣势按机会和威胁分别填入表2-2；第六步，进行战略分析。

表 2-2 SWOT 分析表

	内部优势（S） 1.…… 2.……	内部劣势（W） 1.…… 2.……
外部机遇（O） 1.…… 2.……	依靠内部优势 利用外部机遇	利用外部机遇 克服内部劣势
外部威胁（T） 1.…… 2.……	依靠内部优势 回避外部威胁	减少内部劣势 回避外部威胁

二、企业选择的战略类型

企业战略分为总体战略、竞争战略和职能战略三个层次。下面介绍各层次主要的战略类型。

（一）总体战略

总体战略是企业最高层次的战略，可分为发展战略、稳定战略和收缩战略。

(1) 发展战略主要包括三种基本类型：一体化战略、密集型战略、多元化战略。

① 一体化战略是指企业对具有优势和增长潜力的产品和业务，沿其经营链条的纵向或横向延展业务的深度和广度，扩大经营规模，实现企业成长。一体化战略按照业务拓展的方向可以分为纵向一体化和横向一体化。纵向一体化战略是指企业沿着产品或业务链向前或向后，延伸和扩展企业现有业务的战略，具体包括前向一体化战略和后向一体化战略。横向

一体化战略是指企业向产品价值链相同阶段方向扩张的战略,目的是实现规模经济以获取竞争优势。

② 根据伊戈尔·安索夫(Igor Ansoff)"产品—市场战略组合"矩阵,企业密集型战略包括市场渗透、市场开发、产品开发三种战略。市场渗透战略强调发展单一产品,增加现有产品或服务的市场份额,或增加正在现有市场中经营的业务,以增加产品使用频率为目标,试图通过更强的营销手段来获得更大的市场占有率。市场开发战略是指将现有产品或服务打入新市场的战略。产品开发战略是指在原有市场上,通过技术改进与开发研制新产品,延长产品生命周期,提高产品的差异化程度,满足市场新的需求,从而改善企业的竞争地位。

③ 多元化战略是指企业进入与现有产品和市场不同的领域。多元化战略可分为相关多元化和非相关多元化。相关多元化是指企业以现有业务或市场为基础进入相关产业或市场的战略。非相关多元化是指企业进入与当前产品和市场均不相关的领域的战略。

(2) 稳定战略是指限于经营环境和内部条件,企业在战略期所期望达到的经营状况基本保持在战略起点的范围和水平上的战略。

(3) 收缩战略是指企业缩小原有经营范围和规模的战略。

(二) 竞争战略

波特归纳总结了三种具有内部一致性的基本竞争战略,即成本领先战略、差异化战略和集中化战略。

成本领先战略(Cost Leadership Strategy)是指企业通过其低成本地位来获得持久的竞争优势,即可持续成本领先,而非一味削减成本。差异化战略(Differentiation Strategy)是指向顾客提供的产品和服务在产业范围内独具特色,这种特色可以给产品带来额外的加价,如果一个企业的产品或服务的溢出价格超过因其独特性所增加的成本,那么,拥有这种差异化产品或服务的企业将获得竞争优势。集中化战略(Focus Strategy)是指针对某特定购买群体、产品细分市场或区域市场,采用成本领先或产品差异化来获取竞争优势的战略。集中化战略一般是中小企业采用的战略,可分为集中成本领先战略和集中差异战略。

(三) 职能战略

按照波特价值链的主要活动,职能战略包括市场营销战略、研究与开发战略、生产运营战略、采购战略、人力资源战略、财务管理战略等。

三、企业战略风险分析

在全球化环境下,随着信息技术和智能化的迅速发展,企业的经营环境日益复杂,而企业与环境的不确定性加剧为企业战略的制定与执行带来了前所未有的风险。财务分析者不仅要重视企业绩效、企业绩效与战略的关系分析,更要重视对企业战略风险的分析,不仅要考虑战略决策风险,更要考虑战略执行过程中的风险。

战略风险是指企业在战略管理过程中,由于内外部环境的复杂性和变动性以及主体对环境的认知能力和适应能力的有限性,而导致企业整体损失和战略目标无法实现的可能性及损失。我国《企业内部控制应用指引第 2 号——发展战略》阐明企业战略风险具体表现为:缺

拓展阅读 2-9　基于财务分析视角的中兴通信全球战略定位分析

乏明确的发展战略或发展战略实施不到位,可能导致企业盲目发展,难以形成竞争优势,丧失发展机遇和动力;发展战略过于激进,脱离企业实际能力或偏离主业,可能导致企业过度扩张甚至失败;发展战略因主观原因频繁变动,可能导致资源浪费,甚至危及企业的生存和持续发展。

本章概要

　　财务分析程序是指进行财务分析时所要遵循的一般规定和程序。财务分析程序一般分为四个阶段,即财务分析信息收集和整理阶段、战略分析阶段、财务分析实施阶段、财务分析综合评价和管理决策评价阶段。

　　财务分析信息是财务分析的基础。收集财务分析所需的信息,需要对各种财务分析信息进行分类,然后重点收集和获取规范的财务信息和相关的非财务信息。

　　财务分析必须考虑规制的依据与作用。财务分析规制主要包括企业财务报表编制的法规体系、上市公司信息披露的法规体系。

　　常用的、基本的财务分析方法主要有比较分析法(包括水平分析法和垂直分析法)、趋势分析法、因素分析法、比率分析法、项目质量分析法等。

　　战略分析是财务分析的重要起点,贯穿财务分析全过程,并起着导航作用。哈佛分析框架下,外部投资分析师从企业外部的视角出发,审视、理解企业的战略形成过程,评价企业选择的战略目标是否与客观实际相适应。战略分析包括外部环境分析、内部环境分析和SWOT分析。

本章练习题

第二篇

财务报表分析篇

第3章

资产负债表分析

【教学目标】

通过本章的学习,学生应理解资产负债表的基本结构和各项目的含义,掌握资产负债表整体分析方法,掌握合并财务报表分析基本理论和主要分析方法;理解合并资产负债表的格式和分析方法;掌握资产与权益质量分析的要点。

引例

负债率连续三年飙升,苏宁到底承受了多大压力

上市公司苏宁易购的财务报表显示,截至2020年9月末,合并口径负债总计1 361亿元。有息债务规模逾700亿元,其中包括短期借款280.97亿元、应付票据247.97亿元、一年内到期的非流动负债46.16亿元,长期借款62.48亿元、应付债券79.95亿元,绝大多数为短债。

从资产负债的角度而言,苏宁电器才是苏宁系的核心平台。苏宁电器2020年中报显示,截至今年6月末,苏宁电器总资产为4 068.42亿元,净资产为1 065.53亿元,其中受限资产高达811.02亿元。

截至6月末,苏宁电器总负债规模达到3 002.89亿元,资产负债率为73.81%。过去三年中,这一数据在一路攀升,2017—2019年,苏宁电器的资产负债率分别为68.38%、69.81%、73.76%。这段时间内,其经营性现金流持续为负,分别为45.81亿元、-84.53亿元、-177.81亿元,显示出主业经营情况不佳。

值得注意的是,苏宁电器年初成功注册了100亿元私募债额度,但6月份仅成功发行了10亿元规模,这显示出其融资难度在进一步增大,同时也加剧了市场机构投资人的担忧。

　　另一个值得注意的现象是,从上市公司苏宁易购的情况来看,该公司三季度报告的各项经营指标中,营业收入、营业成本、销售费用、管理费用等各项指标均出现两位数降低,然而财务费用则出现同比20.85%的增长,从中也可看出负债压力所在。

资料来源:方海平.新浪财经.https://baijiahao.baidu.com/s?id=1683750449496777218&wfr=spider&for=pc,2020-11-19.

第一节　资产负债表分析概述

本章在概要阐述资产负债表结构与项目,阐述资产负债表分析的目的、作用、基本内容与基本方法之后,从水平分析、垂直分析和趋势分析三个方面对资产负债表进行整体分析,进而从资产负债表项目的角度分析其质量。

一、资产负债表的基本结构

资产负债表是反映企业在某一特定日期所拥有或控制的经济资源、所承担的现时义务和所有者享有的剩余权益的静态报表。它依据"资产＝负债＋所有者权益"这一等式而编制。

资产负债表由表首、基本部分和补充资料三部分组成。表首是资产负债表的基本标志,列有报表名称、编制单位、编报日期和金额单位等项目。基本部分是资产负债表的正表,列示资产负债表构成的具体项目,包括资产、负债和所有者权益。补充资料列在资产负债表的下端,提供使用者需要了解但在正表中无法反映或难以单独反映的一些资料。

目前,国际流行的资产负债表主要有账户式和报告式两种基本结构。账户式资产负债表又称水平式资产负债表,报表分左右两方,左方为资产项目,大体按资产的流动性从大到小排列。报告式资产负债表又称垂直式资产负债表,所有资产、负债和所有者权益项目自上而下列示。依据《财政部关于修订印发 2019 年度一般企业财务报表格式的通知》(财会〔2019〕6号),企业资产负债表的格式可参见 47 页表 3-1。

二、资产负债表分析的基本内容

从管理者分析视角来看,资产负债表分析的基本内容,应当包括两个方面:第一,资产负债表整体分析,包括资产负债表规模变动情况分析、资产负债表结构变动分析,以及资产负债表变动趋势分析等;第二,资产负债表质量分析,包括资产与权益的整体质量分析、结构质量分析和个体质量分析等。

第二节　资产负债表整体分析

资产负债表整体分析,是运用水平分析法、垂直分析法和趋势分析法等分析方法对资产负债表整体进行分析,以揭示资产负债表的资产与权益规模的变动及原因、资产变动的合理性与效率性、资产结构与资本结构变动的平衡性,以及资产与权益变动趋势。

一、资产负债表规模变动情况分析

资产负债表规模变动情况分析是运用水平分析、比较分析(对比分析)的方法,主要对期初与期末两个时点的资产负债表整体规模变动情况进行分析,以揭示资产、负债和股东权益变动的差异,分析其差异产生的原因、变动的合理性与效率性的过程。

资产负债表水平分析法是将资产负债表的实际数与选定的标准进行比较,编制出资产负债表水平分析表,并在此基础上进行分析评价的方法。具体做法为:首先,分析资产(权益)总额的变动状况以及各类资产(权益)的变动状况;其次,确定对资产(权益)总额影响较大的重点类别和重点项目,进行重点分析;再次,分析资产变动的合理性与效率性,并考察资产规模变动与权益总额变动的适应程度,进而评价企业财务结构的稳定性和安全性;最后,分析会计政策变动的影响。

(一) 资产负债表增减变动情况的总体分析评价

总体情况分析应分别从投资(或资产)角度和筹资(或权益)角度两个方面入手,分析资产总额或权益总额的变动情况,并进一步分析其中的重点类别和重点项目,了解引起资产总额或权益总额变动的主要原因,并评价这些变化对资产或权益是有利、不利或中性的影响。

资产负债表规模变动分析应根据分析的目的来选择比较的标准(基期)。如果是为了揭示资产负债表实际变动情况和分析产生实际差异的原因,应选择资产负债表的上年期末实际数作为基期。如果是为了揭示资产负债表预算或计划完成情况,以及影响资产负债表预算或计划执行情况的原因,应选择资产负债表的预算数或计划数作为基期。

确定影响资产(权益)总额的重点项目的主要依据,是各项目变动对资产(权益)总额的影响程度,计算公式如下:

$$某项目变动对资产(权益)总额的影响(\%) = \frac{某项目的变动额}{基期资产(权益)总额} \times 100\%$$

将各项目变动对资产(权益)总额的影响程度排序,影响程度较大的若干项目即为需要重点分析的重点项目。在确定哪些项目是重点项目的判定标准上,我们认为应以"对总资产影响(%)"(绝对值)的大小作为判定的主要标准,理由是各项目变动"对总资产影响(%)"的分母是相同的,因此,决定这个百分比大小的是其分子,即各项目的变动额。也就是说,以"对总资产影响(%)"为序,实际上是比较各项目的变动额大小。通过计算这个百分比来排序,比直接比较各项目变动额的好处在于,百分比是标准化的数据,能比原始数据更直观地比较大小。变动率是各项目自身在不同时点的比较,不同项目之间不具有共同的比较基础,因此不宜作为判断重点项目的依据。

(二) 资产增减变动的合理性与效率性分析评价

企业资产负债表规模变动的合理性与效率性分析,主要是针对资产变动的合理性与效率性进行分析,从数量上了解总资产的变动情况和变动的具体原因,对资产存量规模的变化做出合理的解释。企业资产规模应与经营规模相适应,如果资产存量规模过小,则难以满足生产的需要;反之,将造成资产的闲置,影响资产的利用效果。

评价方法一般根据资产负债表纵向比较或与竞争对手横向比较，就增减变动程度较大的资产总额、类别或个别项目，采用投入（表现为运用的资产）与产出（表现为形成的产值、销售收入、利润和经营活动现金净流量等）相比较的方法，来判别资产增减的合理性与效率性，从而确定资产变动原因。

资产利用效率提高通常表现为三种情形，即资金绝对节约、资金相对节约、资金绝对节约和相对节约并存。如果产值、收入、利润、经营活动现金净流量持平而资产减少，则形成了资金绝对节约。如果增产、增收、增利或增加经营活动现金净流量的同时不增资或增资幅度较小，则形成了资金相对节约。如果增产、增收、增利或增加经营活动现金净流量的同时减资，则形成了资金绝对节约和相对节约并存。

需要注意的是，对资产变动的合理性与效率性进行分析，不能单纯依据上述变动情况的对比，还应当结合宏观经济政策和微观企业决策的影响差异、企业生产经营的发展前景、通货膨胀因素的影响、企业债务负担的变化、会计政策变动或会计随意性可能带来的会计数据失真问题，等等。

（三）权益资金变动对企业未来经营影响的分析评价

根据资产负债表的恒等关系，当企业资产规模发生变动时，必然有相应的资金来源满足其需求。而资金来源不外增加或减少负债、投资者追加或收回投资，以及留存收益这三种。但不同的资金来源方式，会影响企业的未来经营、财务状况及财务成果。

1. 从追加投资角度进行分析评价

如果企业通过投资人追加投资来扩大经营规模，从而实现外延型扩大再生产，对企业未来经营造成的影响可能表现在以下三个方面。一是投资人投入的资金有限度，依赖投资人的不断追加投资来实现经营规模的扩张是不现实的；二是权益资本成本较高，对获利能力形成压力；三是投资人追加投资，增强了企业财务实力，为企业进行资本结构调整、资金筹集、降低财务风险等奠定了物质基础。

2. 从举债角度进行分析评价

如果企业通过举债方式扩大资产规模，对企业未来经营造成的影响表现在三个方面：一是提高了资产负债率，加大了财务风险；二是消耗了潜在的信贷资源，增加了未来举债的难度；三是增加了利息负担，提高了财务杠杆。

3. 从留存收益角度进行分析评价

留存收益来源于企业经营所得，是企业主观努力的结果，属于内涵型扩大再生产。这种资金来源虽然积累速度较慢，但能为企业稳健经营和可持续发展提供基础。一个企业的良性发展，必须通过自身经营增加积累，提高"造血"功能，而不是依赖外部"输血"。

（四）资产负债表水平分析示例

下面以我国 A 股上市公司 FYBL 的资产负债表为例，演示资产负债表水平分析的主要过程。根据 FYBL 公司 2019 年母公司资产负债表数据，编制资产负债表水平分析表。表中需计算各项目的变动额、变动率，以及该项目对资产（权益）总额的影响，见表 3-1。

接下来对 FYBL 公司（母公司）资产权益实际规模变动情况进行分析评价。

表 3-1　FYBL 公司(母公司)资产负债表水平分析表　　　　单位:元

项　　目	2019 年年底	2018 年年底	变动情况		对资产(权益)总额的影响/%
			变动额	变动率/%	
流动资产:					
货币资金	6 258 632 627	6 017 450 898	241 181 729	4.01	0.78
交易性金融资产	860 894 383	387 261 777	473 632 606	122.30	1.53
以公允价值计量且其变动计入当期损益的金融资产					
衍生金融资产		47 542 362	−47 542 362	−100.00	−0.15
应收票据		297 470 121	−297 470 121	−100.00	−0.96
应收账款	724 636 384	814 814 208	−90 177 824	−11.07	−0.29
应收款项融资	661 803 067		661 803 067	—	2.13
预付款项	62 803 137	66 954 047	−4 150 910	−6.20	−0.01
其他应收款	13 694 010 897	12 858 289 129	835 721 768	6.50	2.70
应收利息					
应收股利	177 178 595	134 235 731	42 942 864	31.99	0.14
存货	301 614 416	425 475 331	−123 860 915	−29.11	−0.40
合同资产					
持有待售资产					
一年内到期的非流动资产		190 000 000	−190 000 000	−100.00	−0.61
其他流动资产	10 862 820	41 438 065	−30 575 245	−73.79	−0.10
流动资产合计	22 575 257 731	21 146 695 938	1 428 561 793	6.75	4.61
非流动资产:					
债权投资					
可供出售金融资产					
其他债权投资					
持有至到期投资					
长期应收款	3 793 547 710	223 295 416	1 555 252 294	69.48	5.02
长期股权投资	6 814 340 006	6 664 912 906	149 427 100	2.24	0.48
其他权益工具投资					
其他非流动金融资产					

续表

项目	2019年年底	2018年年底	变动情况		对资产（权益）总额的影响/%
			变动额	变动率/%	
投资性房地产					
固定资产	623 065 053	775 918 602	−152 853 549	−19.70	−0.49
在建工程	114 327 200	25 512 336	88 814 864	348.13	0.29
生产性生物资产					
油气资产					
使用权资产	54 777 088		54 777 088	—	0.18
无形资产	88 622 535	74 934 967	13 687 568	18.27	0.04
开发支出					
商誉	48 490 007	48 490 007	0	0	0
长期待摊费用	29 752 382	20 917 147	8 835 235	42.24	0.03
递延所得税资产	8 727 203	9 332 492	−605 289	−6.49	−0.002
其他非流动资产					
非流动资产合计	11 575 649 184	9 858 313 873	1 717 335 311	17.42	5.54
资产总计	34 150 906 915	31 005 009 811	3 145 897 104	10.15	10.15
流动负债：					
短期借款	2 099 456 147	2 173 766 519	−74 310 372	−3.42	−0.24
交易性金融负债					
以公允价值计量且其变动计入当期损益的金融负债					
衍生金融负债	3 795 000	3 077 741	717 259	23.30	0.002
应付票据	1 946 635 672	1 620 191 962	326 443 710	20.15	1.05
应付账款	145 904 629	177 867 816	−31 963 187	−17.97	−0.10
预收款项					
合同负债	56 212 023	200 064 096	−143 852 073	−71.90	−0.46
应付职工薪酬	97 473 681	127 297 440	−29 823 759	−23.43	−0.10
应交税费	80 241 158	114 905 997	−34 664 839	−30.17	−0.11
其他应付款	9 654 412 279	7 508 473 661	2 145 938 618	28.58	6.92
应付利息					
应付股利					

续表

项　　目	2019年年底	2018年年底	变动情况		对资产（权益）总额的影响/%
			变动额	变动率/%	
持有待售负债					
一年内到期的非流动负债	1 061 682 745	1 315 729 809	−254 047 064	−19.31	−0.82
其他流动负债		300 984 971	−300 984 971	−100.00	−0.97
流动负债合计	15 145 813 334	13 542 360 012	1 603 453 322	11.84	5.17
非流动负债：					
长期借款	1 193 000 000	1 177 000 000	16 000 000	1.36	0.05
应付债券					
优先股					
永续债					
租赁负债	28 469 447		28 469 447	—	0.09
长期应付款					
长期应付职工薪酬					
预计负债					
递延收益	18 346 105	25 059 372	−6 713 267	−26.79	−0.02
递延所得税负债	105 800 385	105 631 168	169 217	0.16	0.000 5
其他非流动负债					
非流动负债合计	1 345 615 937	1 307 690 540	37 925 397	2.90	0.12
负债合计	16 491 429 271	14 850 050 552	1 641 378 719	11.05	5.29
所有者权益（或股东权益）：					
实收资本（或股本）	2 508 617 532	2 508 617 532	0	0	0
其他权益工具					
优先股					
永续债					
资本公积	6 202 552 740	6 202 552 740	0	0	0
减：库存股					
其他综合收益					
专项储备					
盈余公积	2 688 959 735	2 350 361 581	338 598 154	14.41	1.09
未分配利润	6 259 347 637	5 093 427 406	1 165 920 231	22.89	3.76

续表

项　　目	2019年年底	2018年年底	变动情况		对资产（权益）总额的影响/%
			变动额	变动率/%	
所有者权益（或股东权益）合计	17 659 477 644	16 154 959 259	1 504 518 385	9.31	4.85
负债和所有者权益（或股东权益）总计	34 150 906 915	31 005 009 811	3 145 897 104	10.15	10.15

1. 资产负债表增减变动情况的总体分析评价

(1) 从资产角度进行分析评价

① 资产整体评价

FYBL公司（母公司）总资产本期增加3 145 897 104元，增长幅度为10.15%。其中，流动资产本期增加了1 428 561 793元，增长幅度为6.75%，使总资产规模增长了4.61%，非流动资产本期增加了1 717 335 311元，增长的幅度为17.42%，使总资产规模增长了5.53%。可见，本期总资产的增长主要体现在非流动资产的增长上。

② 非流动资产变动原因及重点项目分析评价

造成非流动资产增长的主要项目是长期应收款（对总资产的影响为5.02%），其他项目的变动对总资产的影响均较小，其中相对较大的是固定资产（对总资产的影响为－0.49%）和长期股权投资（对总资产的影响为0.48%）。

对于长期应收款的增加，主要是母公司对联营企业提供的借款。虽然披露的信息中提及部分借款提供了担保品，但仍是对母公司资金的占用，且增长幅度达到69.48%，由此造成的非流动资产增加对公司是不利的。

对于固定资产，虽然2019年年报里"母公司财务报表主要项目注释"未披露固定资产项目的细节，但通过对比合并资产负债表中固定资产变动情况和合并财务报表项目注释中固定资产项目构成情况的数据可以发现，母公司固定资产本期减少了0.49%，而合并报表的固定资产却增加了890 479 140元，增长幅度6.53%，说明子公司的固定资产增长得更多。在增加的固定资产项目中，主要增加的是房屋及建筑物、机器设备，二者增加额合计占全部固定资产增加额的81.04%，这对于子公司形成新的生产能力是有利的。

对于长期股权投资，通过查阅2019年年报"母公司财务报表主要项目注释——长期股权投资"（详细数据略），长期股权投资本期增加了0.48%，主要是因为"对子公司投资"增加了146 160 000元，占长期股权投资增加额的97.81%。由于母公司对子公司具有完全控制权，增加对子公司的投资属于母公司的"控制性投资扩张"。

③ 流动资产变动原因及重点项目分析评价

受篇幅所限，下面只选择流动资产项目中"对总资产影响（%）"最大的三项——其他应收款（2.70%）、应收账款融资（2.13%）、交易性金融资产（1.53%）作演示。实践中，财务分析人员应仔细权衡需要详细解释的项目，而不应以项目个数多少为限。

对于其他应收款，经查阅2019年年报"母公司财务报表主要项目注释——其他应收款——按款项性质分类情况"(详细数据略),其他应收款本期增加了 6.50%,主要是因为"应收关联方款项"增加了 781 634 372 元,占其他应收款增加额的 93.53%,说明关联方对公司的资源造成了一定的占用,由此造成的流动资产增加对公司是不利的。

对于应收账款融资,上期应收款项融资余额为 0,本期增加额对总资产的影响是 2.13%。根据 2019 年年报"第六节 经营情况讨论与分析——二、报告期内主要经营情况——(三)资产、负债情况分析——1.资产及负债状况"所做的说明:应收票据减少是因为于本年度本集团与更多的供应商以银行承兑汇票背书结算货款并视日常资金管理的需要将部分银行承兑汇票进行贴现并终止确认,根据新金融工具准则及《财政部关于修订印发 2019 年度一般企业财务报表格式的通知》(财会〔2019〕6 号),本集团将账面的银行承兑汇票分类为以公允价值计量且其变动计入其他综合收益的金融资产,列示为应收款项融资(于 2018 年年末,鉴于本集团须保留一定在手银行承兑汇票用于子公司向商业银行取得汇票质押额度以开立银行承兑汇票结算货款,该部分银行承兑汇票基本全部持有至到期来收取合同现金流量,因此将账面的应收银行承兑汇票作为以摊余成本计量的金融资产,列示为应收票据)。可见,应收款项融资的增加实际上是报表格式调整造成的,属于中性的变化。

对于交易性金融资产,交易性金融资产本期增加了 473 632 606 元,增长幅度为 122.30%,对总资产的影响为 1.53%。根据 2019 年年报"第六节 经营情况讨论与分析——二、报告期内主要经营情况——(三)资产、负债情况分析——1.资产及负债状况"所做的说明:交易性金融资产增加主要是本报告期末持有的结构性存款增加所致。

要想解释结构性存款增加对企业的影响,就必须理解结构性存款的性质和特点。结构性存款,是指嵌入金融衍生产品的存款,通过与利率、汇率、指数等的波动挂钩或者与某实体的信用情况挂钩,使存款人在承担一定风险的基础上获得相应的收益。结构性存款因为"保本"、期限短、利息高等特点,兼顾安全与收益,成为企业认购的重点产品。

在以往,企业购买的结构性存款,在会计分类时可以计入其资产端"货币现金"下设的"银行存款"这一会计科目。而 2021 年 2 月 5 日,财政部、国资委、银保监会、证监会联合发布《关于严格执行企业会计准则切实加强企业 2020 年年报工作的通知》。其中明确,企业持有的结构性存款,应记入"交易性金融资产"科目,并在资产负债表中"交易性金融资产"项目列示。FYBL 公司编制 2019 年年报时就已经按这种方法列示,一定程度上反映了其报表数据的严谨性。

现实中,上市公司利用闲置资金购买短期理财产品是正常行为,是企业现金管理的常规方式。考虑到结构性存款与银行存款在列示上存在一定的替代关系,FYBL 公司在结构性存款大幅增长的同时,货币资金项目仍增长了 4.01%,对资产(权益)总额的影响为 0.78%,影响程度在流动资产各项目中排第五位,可以认为整体上该公司高流动性的资产增长较好。

(2) 从筹资或权益角度进行分析评价

① 权益整体评价

由于总资产=权益总额,所以 FYBL 公司(母公司)权益总额的变动情况与上述总资产的变动情况是一致的,增长幅度为 10.15%。其中,负债本期增加了 1 641 378 719 元,增长幅度为 11.05%,使权益总额增长了 5.29%;所有者权益本期增加了 1 504 518 385 元,增长幅度为 9.31%,使权益总额增长了 4.85%。

② 负债变动原因及重点项目分析评价

从负债变动情况看,由于流动负债本期增长 1 603 453 322 元,增长幅度为 11.84%,对权益总额的影响为 5.17%,可以认为本期负债总额增长主要体现在流动负债方面。流动负债的增加,会增加企业偿债压力,加大财务风险。非流动负债各项目变化均较小,可不作详细分析。

流动负债增加主要来自其他应付款和应付票据的增加。其中,其他应付款本期增加了 2 145 938 618 元,增长幅度为 28.58%,对权益总额的影响为 6.92%。由于合并资产负债表中其他应付款仅增加 378 461 342 元(主要是因为应付仲裁索赔款 274 093 405 元,占 72.42%),而母公司资产负债表中其他应付款增加额高达 2 145 938 618 元,可见母公司的其他应付款增加主要来自对内部成员企业的各类应付款项。

应付票据本期增加了 326 443 710 元,增长幅度为 20.15%,对权益总额的影响为 1.05%。考虑到合并资产负债表中应付票据(银行承兑汇票)减少了 303 829 149 元,因此可以推定母公司应付票据的增加主要是对成员企业的应付票据增加,占用了成员企业的资金。

③ 所有者权益变动原因及重点项目分析评价

从所有者权益变动情况看,本期所有者权益增加,主要是因为未分配利润本期增加 1 165 920 231 元,增长幅度为 22.89%,对权益总额的影响为 3.76%。为进一步了解未分配利润增加的原因,需查阅 2019 年母公司所有者权益变动表,可知综合收益总额为 3 385 981 534 元,利润分配为 2 220 061 303 元。此时还应结合 2018 年母公司所有者权益变动情况,才能对 2019 年未分配利润增减变动进行评价。2019 年未分配利润增加额比 2018 年多了 112 970 904 元,其中综合收益总额减少了 989 417 898 元,利润分配减少了 －1 102 388 802 元,进一步了解利润分配的构成项目发现,利润分配减少的原因,是提取盈余公积减少了 98 941 789 元,对股东的利润分配也减少了 1 003 447 013 元。可见,2019 年未分配利润增加的主要原因,是减少了对股东利润的分配,而综合收益总额是下降的,这说明未分配利润的增加并非是由于经营成果更多了,而是由于分配减少"显得"分配后剩下的经营成果看起来多了,这种增加不是一种有效的增加。但仍需结合 2018—2019 年的内外部经营环境的变化,区分导致综合收益总额下降的主观和客观原因,才能判断这种下降是不是经营管理的缺陷造成的。

综上,可以得出以下基本结论:FYBL 公司(母公司)2019 年总资产、负债和所有者权益都处于增长状态,三者增长幅度大致相当。流动资产、非流动资产、流动负债的增加都有一个共同特点,即母公司与集团内部成员企业之间的应收应付款项都增加,可能与集团内部的资金结算效率下降有关。2019 年利润分配减少,节省的现金流可能对总资产中具有高流动性的资产(交易性金融资产和货币资金)的增长做出了一定的贡献。

2. 资产增减变动的合理性与效率性分析评价

为了评价 FYBL 公司(母公司)2019 年总资产增长是否具有合理,需要结合 2019 年度相关财务报表中的数据进行对比。

第一,从资产变动情况看,2019 年资产总额为 34 150 906 915 元,2018 年资产总额为 31 005 009 811 元。本期资产增加了 3 145 897 104 元,增长幅度为 10.14%。

第二,从营业收入变动情况看,2019 年营业收入为 4 910 654 625 元,2018 年营业收入为 4 826 344 643 元。本期营业收入额增加 84 309 982 元,增长幅度为 1.74%。

第三，从利润变动情况看，2019 年净利润为 3 385 981 534 元，2018 年净利润为 4 375 399 432 元。本期净利润减少 989 417 898 元，增长幅度为 －22.61％。

第四，从经营活动现金流量净额变动情况看，2019 年经营活动产生的现金流量净额为 476 182 888 元，2018 年经营活动产生的现金流量净额为 382 108 451 元。本期经营活动产生的现金流量净额增加 94 074 437 元，增长幅度为 24.62％。

在实际案例中，有时会出现营业收入、净利润、经营活动现金流量净额的增减情况不同，使得资产变动的效率性评价并不像前述资金相对节约或绝对节约的概念那样能够很明确地区分，需要综合具体指标表现来做整体判断。

我们认为，FYBL 公司（母公司）营业收入增幅小于资产增幅，说明每单位资产创造的营业收入下降了；资产增加而净利润减少，说明每单位资产创造的利润减少了；营业收入小幅增加、净利润大幅下降，可能反映了市场行情低迷，公司为了占领市场降价促销但削弱了销售利润率；经营活动产生的现金流量净额增幅大于资产增幅，说明每单位资产创造的经营活动现金流量变多了，收入质量较高。

以上分析主要是从公司自身看到的情况，还需要结合 2019 年的宏观、中观和微观经营环境和同行业或可比企业的相关表现，才能正确认识 FYBL 公司的以上变动是否真的存在问题。例如，2019 年全球经济增速放缓，投资规模下降，贸易局势紧张和金融不稳、地缘政治不确定性的增加，削弱了全球经济增长；中国经济下行压力加大，尤其是制造业受到贸易摩擦最直接的影响，汽车消费动力明显偏弱，自 2018 年中国汽车产业出现了 28 年以来的首次下滑，中国汽车市场连续第二年出现年度下滑。这可能是市场行情低迷的外部原因，对于公司是不可抗因素。在此大环境下，如果 FYBL 公司的资产利用效率好于同类公司，也不失为值得肯定的表现。

3. 权益资金变动对企业未来经营影响的分析评价

2019 年 FYBL 公司（母公司）权益总额增加了 3 145 897 104 元，其中负债增加了 1 641 378 719 元，占 52.18％；所有者权益增加了 1 504 518 385 元，占 47.82％。所有者权益项目中，实收资本和资本公积没有变化，所有者权益的增长全部由盈余公积和未分配利润引起。可见，权益资金的增加既有负债的作用，也有自身经营成果积累的贡献，而且"造血"的作用不小，说明企业的经营是稳健的，发展是良性的。

二、资产负债表结构变动情况分析

对资产负债表结构变动情况的分析，通过编制垂直分析表，计算资产负债表各项目占总资产（或总权益）的比重，以此分析评价企业资产结构与权益结构的变动情况及其合理程度。

（一）资产负债表结构变动情况的总体分析评价

资产负债表结构变动情况的总体分析评价，可以从资产结构、权益结构和资产负债表整体结构三个方面进行分析评价。

总体分析可以分为静态和动态两个角度。从静态角度分析，就是以本期资产负债表为分析对象，分析评价其实际构成情况；从动态角度分析，就是将资产负债表的本期实际构成与选定的标准进行对比分析。对比的标准应根据分析目的选择，可以是上期实际数、预算数、同业平均数或可比企业实际数等。

1. 资产结构的分析评价

从静态角度分析,我们可以观察企业资产配置情况,其中重点关注流动资产和非流动资产的比重,以及其中重要项目的比重。通过与行业的平均水平或可比企业资产结构的比较,对企业资产的流动性和资产风险做出判断,进而对企业资产结构的合理性做出评价。从动态角度分析,我们可以分析企业资产结构的变动情况,对企业资产结构的稳定性做出评价,进而对企业资产结构的调整情况做出评价。

2. 权益结构的分析评价

企业权益结构,或称资本结构,包括负债总额占总权益的比例、股东权益占总权益的比例,以及负债中长期负债与短期负债的分布情况、股东权益中各项目之间的分布情况等。从静态角度分析,可以观察权益的构成,评价企业的财务风险,同时结合企业的盈利能力和经营风险,评价其结构合理性。从动态角度分析可以考察企业权益结构的变动情况或调整情况,分析评价其对股东收益可能产生的影响。

3. 资产负债表整体结构的分析评价

资产负债表左右两边各项目都按流动性强弱确定其排列顺序和结构,揭示了企业未来现金流量的数额、时间顺序以及不确定性,反映了企业财务风险的大小。从资产方面看,从流动资产到非流动资产,资产变现风险由小到大;从资产来源方面看,从短期融资到长期筹资,债务偿付风险由大到小。我们可以依据资产负债表各项目的排列顺序,从流动性、风险性和盈利性来揭示资产负债表的对称性关系。

资产负债表整体结构呈现的状态,从理论上说主要有四种:①平衡型结构,是指非流动资产用长期资金满足,流动资产用流动负债满足。这样的资本结构是理论上最适用的资本结构,企业风险较小,且资本成本较低,但在实际资本市场中很难找到实例。②保守型结构,是指企业主要使用长期资本保证流动资产和非流动资产的运营,风险较低,但资本成本较高,筹资结构弹性较差,很难发挥负债经营的优势。很多企业不愿采用这样的资本结构。③稳健型结构,是指非流动资产依靠长期资金解决,流动资产需要长期资金和短期资金共同解决。筹资结构具有一定弹性,风险上升幅度较小,为大多数企业所采用。④风险型结构,是指流动负债不仅用于满足流动资产的资金需要,而且用于满足部分非流动资产的资金需要。这是资本成本最低的资本结构,但过度运用流动负债,企业财务风险较大。适用于资产流动性很好且经营现金流量较充足的企业。企业处于发展壮大时期,或者企业在制定短期财务策略时,通常会采用风险型结构。

(二) 资产负债表结构变动情况的具体分析评价

资产负债表结构变动情况的具体分析评价内容,主要包括资产结构、负债结构和股东权益结构的具体分析评价。

1. 资产结构具体分析评价

分析企业资产结构,除了关注流动资产与非流动资产结构外,还应关注对以下三个方面的结构分析:第一,分析经营性资产与非经营性资产的结构,用来确定企业的经营和盈利重心是否偏离主业。经营性资产是指企业在开展自身生产经营活动过程中所拥有或控制的,在使用中能够为企业带来正常经营利润的资产,主要包括货币资金、预付款项、存货、固定资产、在建工程、无形资产等项目。非经营性资产的业绩通常不具有可持续性,例如,投资性资产的收益依赖于金融市场行情表现,业绩具有很大不确定性,如果非投资性企业以投资性资产为主,则有荒废主业的倾向,长期盈利表现堪忧。第二,分析流动资产的内部结构,即流动资产的各个项目占流动资产总额的比重。此外,资产结构还可以与同行业平均水平或本企业认为理想的目标结构进行比较,才能判断其合理性。

2. 负债结构具体分析评价

企业的负债结构分析,包括负债期限结构、负债方式结构和负债成本结构三个方面。其中,负债期限结构是指负债总额中流动负债与长期负债的占比。负债按其取得方式(融资渠道)的不同可分为银行信用、商业信用、内部结构款项、外部结构款项、应付债券和其他负债等。负债方式结构就是各种负债方式的项目分别占负债总额的比重。负债成本结构是将负债按照成本高低归类,计算不同成本类别的项目占负债总额的比重。分析企业负债结构时还应考虑企业的债务期限结构和财务风险。

3. 股东权益结构具体分析评价

股东权益主要由股本、资本公积、盈余公积和未分配利润构成。股东权益结构即各股东权益项目占股东权益总额而形成的比例。股东权益项目占比的合理性,首先取决于权益融资的收益和成本。如果企业权益融资的收益大于其成本,或者权益融资成本低于负债融资成本,企业就有理由采用激进的负债结构。当然,这还要考虑融资风险的变化。其次,股东权益项目占比高低还与企业的利润分配方式和股利分配政策有关。企业留存收益是融资成本较低的融资方式,是企业融资的优先选择。但留存收益和股利发放是此消彼长的关系,企业留存收益的多少受利润分配和股利政策的影响。

(三) 资产负债表垂直分析示例

下面以上市公司 FYBL 的资产负债表为例,演示资产负债表垂直分析的主要过程。根据 FYBL 公司 2019 年母公司资产负债表数据,编制资产负债表垂直分析表。表中需分别计算 2018 年和 2019 年各项目占资产(权益)总额的比率及其变动情况,见表 3-2。

表 3-2　FYBL 公司(母公司)资产负债表垂直(结构)分析表　　　　单位:元

项　　目	2019 年年底	2018 年年底	占资产(权益)总额的比率/%		变动情况/%
			2019 年年底	2018 年年底	
流动资产:					
货币资金	6 258 632 627	6 017 450 898	18.33	19.4	−1.08
交易性金融资产	860 894 383	387 261 777	2.52	1.25	1.27
以公允价值计量且其变动计入当期损益的金融资产					
衍生金融资产		47 542 362	0	0.15	−0.15
应收票据		297 470 121	0	0.96	−0.96
应收账款	724 636 384	814 814 208	2.12	2.63	−0.51
应收款项融资	661 803 067		1.94	0	1.94
预付款项	62 803 137	66 954 047	0.18	0.22	−0.03

续表

项　目	2019年年底	2018年年底	占资产(权益)总额的比率/%		变动情况/%
			2019年年底	2018年年底	
其他应收款	13 694 010 897	12 858 289 129	40.10	41.47	−1.37
应收利息					
应收股利	177 178 595	134 235 731	0.52	0.43	0.09
存货	301 614 416	425 475 331	0.88	1.37	−0.49
合同资产					
持有待售资产					
一年内到期的非流动资产		190 000 000	0	0.61	−0.61
其他流动资产	10 862 820	41 438 065	0.03	0.13	−0.10
流动资产合计	22 575 257 731	21 146 695 938	66.10	68.20	−2.10
非流动资产:					
债权投资					
可供出售金融资产					
其他债权投资					
持有至到期投资					
长期应收款	3 793 547 710	2 238 295 416	11.11	7.22	3.89
长期股权投资	6 814 340 006	6 664 912 906	19.95	21.50	−1.54
其他权益工具投资					
其他非流动金融资产					
投资性房地产			0	0	0
固定资产	623 065 053	775 918 602	1.82	2.50	−0.68
在建工程	114 327 200	25 512 336	0.33	0.08	0.25
生产性生物资产					
油气资产					
使用权资产	54 777 088		0.16	0	0.16
无形资产	88 622 535	74 934 967	0.26	0.24	0.02
开发支出					
商誉	48 490 007	48 490 007	0.14	0.16	−0.01
长期待摊费用	29 752 382	20 917 147	0.09	0.07	0.02
递延所得税资产	8 727 203	9 332 492	0.03	0.03	−0.005
其他非流动资产					

续表

项目	2019年年底	2018年年底	占资产(权益)总额的比率/%		变动情况/%
			2019年年底	2018年年底	
非流动资产合计	11 575 649 184	9 858 313 873	33.90	31.80	2.10
资产总计	34 150 906 915	31 005 009 811	100.00	100.00	0
流动负债:					
短期借款	2 099 456 147	2 173 766 519	6.15	7.01	−0.86
交易性金融负债					
以公允价值计量且其变动计入当期损益的金融负债					
衍生金融负债	3 795 000	3 077 741	0.01	0.01	0.001
应付票据	1 946 635 672	1 620 191 962	5.70	5.23	0.47
应付账款	145 904 629	177 867 816	0.43	0.57	−0.15
预收款项					
合同负债	56 212 023	200 064 096	0.16	0.65	−0.48
应付职工薪酬	97 473 681	127 297 440	0.29	0.41	−0.13
应交税费	80 241 158	114 905 997	0.23	0.37	−0.14
其他应付款	9 654 412 279	7 508 473 661	28.27	24.22	4.05
应付利息					
应付股利					
持有待售负债					
一年内到期的非流动负债	1 061 682 745	1 315 729 809	3.11	4.24	−1.13
其他流动负债		300 984 971	0	0.97	−0.97
流动负债合计	15 145 813 334	13 542 360 012	44.35	43.68	0.67
非流动负债:					
长期借款	1 193 000 000	1 177 000 000	3.49	3.80	−0.30
应付债券					
优先股					
永续债					
租赁负债	28 469 447		0.08	0	0.08
长期应付款					
长期应付职工薪酬					

续表

项 目	2019 年年底	2018 年年底	占资产(权益)总额的比率/%		变动情况/%
			2019 年年底	2018 年年底	
预计负债					
递延收益	18 346 105	25 059 372	0.05	0.08	−0.03
递延所得税负债	105 800 385	105 631 168	0.31	0.34	−0.03
其他非流动负债					
非流动负债合计	1 345 615 937	1 307 690 540	3.94	4.22	−0.28
负债合计	16 491 429 271	14 850 050 552	48.29	47.90	0.39
所有者权益(或股东权益):					
实收资本(或股本)	2 508 617 532	2 508 617 532	7.35	8.09	−0.75
其他权益工具					
优先股					
永续债					
资本公积	6 202 552 740	6 202 552 740	18.16	20.01	−1.84
减:库存股					
其他综合收益					
专项储备					
盈余公积	2 688 959 735	2 350 361 581	7.87	7.58	0.29
未分配利润	6 259 347 637	5 093 427 406	18.33	16.43	1.90
所有者权益(或股东权益)合计	17 659 477 644	16 154 959 259	51.71	52.10	−0.39
负债和所有者权益(或股东权益)总计	34 150 906 915	31 005 009 811	100.00	100.00	0

1. 资产负债表结构变动情况的总体分析评价

(1) 资产结构的分析评价

从静态方面分析,FYBL 公司本期流动资产比重为 66.10%,非流动资产比重为 33.90%,显示了企业资产流动性较高。观察流动资产和非流动资产各项目的变动情况,我们要选择重点项目进行详细分析。静态分析中,重点项目应按哪个项目"占比大"来判定。而动态分析中,重点项目应在"占比大"的项目中,再按哪个项目"变化大"来判定。至于值得重点分析的项目个数,要根据分析问题的需要而定。受篇幅所限,本例仅针对部分重点项目开展分析。

流动资产中的其他应收款、货币资金占比较高,分别为 41.47% 和 18.33%。虽然存货的比重很小,仅 1.37%,但也值得关注。非流动资产中长期股权投资和长期应收款占总资产的比重较高,分别为19.95%和11.11%。其他应收款占比较大,源于集团成员企业占款,不利于母公司资产利用。货币资金占比较高是值得好评的。存货占比小,可能与母公司在集团中的职能定位有关,即母公司不需要直接承担产销任务。

从动态方面分析,本期该企业流动资产比重减少了2.10%,其中,其他应收款降低了1.37%,货币资金降低了1.08%。非流动资产比重相应地增加了2.10%,主要来自于长期应收款,占比增长了3.89%,长期股权投资占比下降了1.54%。从整体来看,FYBL公司的资产结构相对稳定,但是各资产项目的结构变动有增有减,也可作分析。例如,读者可以尝试分析货币资金与交易性金融资产此消彼长的含义。

(2) 权益结构的分析评价

从静态方面来看,FYBL公司(母公司)2019年负债总额占权益总额的比重为48.29%。这样的权益结构是否合适,还需结合企业盈利能力、同行业平均水平等综合判断。

其中,流动负债占权益总额的44.35%,非流动负债占权益总额的3.94%,股东权益总额占权益总额的51.71%。负债总额中流动负债占比很大,但其中最主要的是其他应付款(占28.27%),这部分内部占款偿付压力较小,因此整体财务风险并不算大。

所有者权益各项目中,未分配利润和资本公积占比较大,显示了所有者权益的构成主要靠经营成果的积累,这是值得肯定的。

从动态方面看,FYBL公司(母公司)负债比重增加0.39%,股东权益比重相应下降0.39%,变动很小,资本结构基本稳定。

(3) 资产负债表整体结构的分析评价

根据表3-3的数据和以上理论,可知FYBL公司(母公司)2018年、2019年流动资产的比重均大于流动负债的比重,即公司非流动资产由长期资金解决,流动资产由短期资金和长期资金共同解决,这属于稳健型结构。该公司上年流动资产的比重为68.20%,也是大于流动负债的比重43.68%。从动态方面看,相对于上一年,虽然该公司的资产结构有所改变,但该公司资产结构与资本结构匹配的性质并未改变。

2. 资产负债表结构变动情况的具体分析评价

(1) 资产结构具体分析。此处以经营性资产与非经营性资产的结构分析为例。2019年FYBL公司(母公司)经营性资产各项目占比合计21.64%(见表3-3),占比并不大,但这与母公司的性质和在集团中的地位有关。母公司是指持有某个公司一定比例以上的股份,或者根据协议能够控制、支配其他公司的公司。母公司的主要职能是控股和管理,而非直接开展经营活动,因此经营性资产比例较低并不能说明其资产结构存在问题。此时,还需结合该公司合并资产负债表的经营性资产占比才能得出客观的评价。

表3-3　FYBL公司(母公司)经营性资产与非经营性资产结构分析表　　　单位:元

项　　目	2019年年底	2018年年底	各项目结构占比/%		变动情况/%
			2019年年底	2018年年底	
经营性资产					
货币资金	6 258 632 627	6 017 450 898	18.23	19.32	−1.09
预付款项	62 803 137	66 954 047	0.18	0.22	−0.03

续表

项　目	2019 年年底	2018 年年底	各项目结构占比/%		变动情况/%
			2019 年年底	2018 年年底	
存货	301 614 416	425 475 331	0.88	1.37	−0.49
固定资产	623 065 053	775 918 602	1.82	2.49	−0.68
在建工程	114 327 200	25 512 336	0.33	0.08	0.25
无形资产	88 622 535	74 934 967	0.26	0.24	0.02
经营性资产合计	7 449 064 968	7 386 246 181	21.70	23.72	−2.02
非经营性资产					
交易性金融资产	860 894 383	387 261 777	2.51	1.24	1.26
以公允价值计量且其变动计入当期损益的金融资产					
衍生金融资产		47 542 362	0.00	0.15	−0.15
应收票据		297 470 121	0.00	0.96	−0.96
应收账款	724 636 384	814 814 208	2.11	2.62	−0.51
应收款项融资	661 803 067		1.93	0.00	1.93
其他应收款	13 694 010 897	12 858 289 129	39.89	41.29	−1.40
应收利息					
应收股利	177 178 595	134 235 731	0.52	0.43	0.09
可供出售金融资产					
一年内到期的非流动资产		190 000 000	0.00	0.61	−0.61
其他流动资产	10 862 820	41 438 065	0.03	0.13	−0.10
发放贷款和垫款					
债权投资					
长期应收款	3 793 547 710	2 238 295 416	11.05	7.19	3.86
长期股权投资	6 814 340 006	6 664 912 906	19.85	21.40	−1.55
其他权益工具投资			0.00	0.00	0.00
开发支出			0.00	0.00	0.00
递延所得税资产	8 727 203	9 332 492	0.03	0.03	0.00
其他非流动金融资产					
投资性房地产					
使用权资产	54 777 088		0.16	0.00	0.16

项　目	2019年年底	2018年年底	各项目结构占比/%		变动情况/%
			2019年年底	2018年年底	
商誉	48 490 007	48 490 007	0.14	0.16	-0.01
长期待摊费用	29 752 382	20 917 147	0.09	0.07	0.02
其他非流动资产					
非经营性资产合计	26 701 841 947	23 618 763 630	78.30	76.28	2.02
资产合计	34 150 906 915	31 005 009 811	100.00	100.00	0.00

作为对比,我们观察FYBL公司(母公司)合并资产负债表的经营性资产与非经营性资产的结构,如表3-4所示。2019年FYBL公司(母公司)的经营性资产各项目占比合计53.17%,与2018年基本持平。虽然经营性资产总体占比没有明显变化,但其内部结构发生了一定的变化。存货、固定资产、在建工程的占比均下降,合计下降了2.56%,而货币资金占比上升了2.14%。这反映了经营性资产内部的流动性提高了,是一种积极的变化。非经营性资产中增长较多的项目是应收款项融资、使用权资产和交易性金融资产,下降较多的项目是应收票据和应收账款,这同样显示了非经营性资产内部的流动性在提高。综上,FYBL公司的经营性资产占比保持了稳定,且整体资产流动性出现了一定的良性变化。

表3-4　FYBL公司(合并报表)经营性资产与非经营性资产结构分析表　　单位:元

项　目	2019年年底	2018年年底	各项目结构占比/%		变动情况/%
			2019年年底	2018年年底	
经营性资产					
货币资金	8 356 153 735	6 365 973 126	14.51	12.38	2.14
预付款项	222 501 827	220 126 772	0.39	0.43	-0.04
存货	3 280 465 303	3 241 739 977	5.70	6.30	-0.61
固定资产	14 520 366 436	13 629 887 296	25.22	26.50	-1.28
在建工程	2 901 032 823	2 936 812 592	5.04	5.71	-0.67
无形资产	1 337 282 523	1 219 578 721	2.32	2.37	-0.05
经营性资产合计	30 617 802 647	27 614 118 484	53.17	53.68	-0.51
非经营性资产					
交易性金融资产	860 894 383	387 261 777	1.49	0.75	0.74
以公允价值计量且其变动计入当期损益的金融资产					
衍生金融资产	85 110	47 542 362	0.00	0.09	-0.09
应收票据	20 011 631	710 399 926	0.03	1.38	-1.35

续表

项 目	2019年年底	2018年年底	各项目结构占比/%		变动情况/%
			2019年年底	2018年年底	
应收账款	3 457 428 686	3 593 707 590	6.00	6.99	−0.98
应收款项融资	784 417 775		1.36	0.00	1.36
其他应收款	472 000 751	510 753 825	0.82	0.99	−0.17
应收利息					
应收股利					
可供出售金融资产					
一年内到期的非流动资产		190 000 000	0.00	0.37	−0.37
其他流动资产	320 404 434	313 634 314	0.56	0.61	−0.05
发放贷款和垫款					
债权投资					
长期应收款	180 000 000		0.31	0.00	0.31
长期股权投资	199 805 151	205 738 050	0.35	0.40	−0.05
其他权益工具投资					
开发支出					
递延所得税资产	518 504 986	252 461 078	0.90	0.49	0.41
其他非流动金融资产					
投资性房地产					
使用权资产	701 329 178		1.22	0.00	1.22
商誉	154 940 513	153 707 174	0.27	0.30	−0.03
长期待摊费用	538 654 362	510 271 130	0.94	0.99	−0.06
其他非流动资产		842 960	0.00	0.00	0.00
非经营性资产合计	8 208 476 960	6 876 320 186	46.83	46.32	0.51
资产合计	38 826 279 607	34 490 438 670	100.00	100.00	0.00

(2) 负债结构具体分析。负债期限结构、负债方式结构和负债成本结构需查阅报表项目注释才能分析。由于FYBL公司（母公司）财务报表主要项目注释未披露上述具体信息，此处略。而合并财务报表项目注释中有这些项目的详细信息，可以在合并报表分析中展开分析。

(3) 股东权益结构具体分析。权益融资成本与债务融资成本的比较，需通过运用后续章节的内容计算财务比率和比较，此处略。从股东权益各项目中变化较大的是未分配利润和资本公积，其中未分配利润占比的提高，与资本公积占比相对下降形成对比，显示了所有者权益结构的优化。FYBL 公司 2019 年股利分配少于 2018 年,可以认为上述未分配利润占比提高实际上是股利分配政策调整,导致留存收益增加的结果。

三、资产负债表趋势分析

根据 FYBL 公司(母公司)2015 年 12 月 31 日至 2019 年 12 月 31 日的资产负债表数据,可编制资产负债表定基趋势分析表(见表 3-5)和环比趋势分析表(见表 3-6),并进行资产负债表趋势分析。

(一)资产负债表定基趋势分析示例

资产负债表定基趋势分析示例见表 3-5。

表 3-5　FYBL 公司(母公司)资产负债表定基趋势分析表　　　　单位:%

项　目	2015 年年底	2016 年年底	2017 年年底	2018 年年底	2019 年年底
流动资产:					
货币资金	100.00	113.39	109.37	103.58	107.73
交易性金融资产	100.00	—	—	—	—
以公允价值计量且其变动计入当期损益的金融资产					
衍生金融资产	100.00	—	—	—	—
应收票据	100.00	162.25	173.02	60.32	0
应收账款	100.00	98.71	168.29	222.61	197.98
应收款项融资	100.00	—	—	—	—
预付款项	100.00	68.90	93.01	195.76	183.62
其他应收款	100.00	158.10	137.48	201.87	214.99
应收利息	100.00	—	—	—	—
应收股利	100.00	232.18	119.15	145.91	192.58
存货	100.00	82.06	68.42	81.85	58.02
合同资产	100.00	—	—	—	—
持有待售资产	100.00	0	0	0	0
一年内到期的非流动资产	100.00	0	0	35 859.41	0
其他流动资产	100.00	108.50	209.65	205.19	53.79
流动资产合计	100.00	131.66	123.19	152.21	162.49
非流动资产:	100.00	—	—	—	—
债权投资	100.00				
可供出售金融资产					
其他债权投资	100.00	—	—	—	—

续表

项　　目	2015年年底	2016年年底	2017年年底	2018年年底	2019年年底
持有至到期投资	100.00	40.87	964.53	588.65	997.67
长期应收款	100.00	107.76	126.62	129.29	132.19
长期股权投资	100.00	—	—	—	—
其他权益工具投资	100.00				
其他非流动金融资产	100.00				
投资性房地产	100.00	84.02	84.21	105.83	84.98
固定资产	100.00	239.16	1 236.03	149.66	670.65
在建工程	100.00	—	—	—	—
生产性生物资产	100.00				
油气资产	100.00				
使用权资产	100.00	92.85	84.31	120.41	142.40
无形资产	100.00				
开发支出	100.00	100.00	100.00	100.00	100.00
商誉	100.00	112.50	97.09	129.47	184.16
长期待摊费用	100.00	62.19	997.04	98.50	92.11
递延所得税资产	100.00	—			
其他非流动资产	100.00	101.18	174.93	153.51	180.25
非流动资产合计	100.00	122.02	139.55	152.62	168.11
资产总计					
流动负债：					
短期借款	100.00	171.47	1 528.65	873.59	843.73
交易性金融负债	100.00	0	2 948.29	0	0
以公允价值计量且其变动计入当期损益的金融负债					
衍生金融负债	100.00	—	—	—	—
应付票据	100.00	154.09	76.11	117.56	141.25
应付账款	100.00	1 324.42	1 387.20	1 196.57	981.55
预收款项	100.00	88.47	88.47	0	0
合同负债	100.00	—	—	—	—
应付职工薪酬	100.00	110.61	107.87	137.61	105.37
应交税费	100.00	128.76	2.27	100.20	69.97

续表

项　　目	2015年年底	2016年年底	2017年年底	2018年年底	2019年年底
其他应付款	100.00	139.23	166.71	216.88	278.86
应付利息	100.00	74.04	171.65	0	0
应付股利	100.00	—	—	—	—
持有待售负债	100.00	—	—	—	—
一年内到期的非流动负债	100.00	78.10	0.82	127.17	102.62
其他流动负债	100.00	—	—	—	—
流动负债合计	100.00	140.28	166.61	202.28	226.23
非流动负债：	100.00				
长期借款	100.00	91.51	197.05	138.80	140.68
应付债券	100.00	—	—	—	—
其中:优先股	100.00	—	—	—	—
永续债	100.00	—	—	—	—
租赁负债	100.00	—	—	—	—
长期应付款	100.00	—	—	—	—
长期应付职工薪酬					
预计负债	100.00	—	—	—	—
递延收益	100.00	271.64	274.24	250.36	183.29
递延所得税负债	100.00	110.70	103.03	326.80	327.33
其他非流动负债	100.00	—	—	—	—
非流动负债合计	100.00	183.81	284.20	146.88	151.14
负债合计	100.00	145.39	180.41	195.78	217.42
所有者权益(或股东权益)：	100.00	—	—	—	—
实收资本(或股本)	100.00	100.00	100.00	100.00	100.00
其他权益工具	100.00	—	—	—	—
优先股	100.00	—	—	—	—
永续债	100.00	—	—	—	—
资本公积	100.00	100.00	100.00	100.00	100.00
减:库存股	100.00	—	—	—	—
其他综合收益	100.00	—	—	—	—
专项储备	100.00	—	—	—	—
盈余公积	100.00	121.68	142.43	175.00	200.21

续表

项目	2015年年底	2016年年底	2017年年底	2018年年底	2019年年底
未分配利润	100.00	127.65	151.04	190.36	233.93
所有者权益(或股东权益)合计	100.00	108.10	115.20	126.90	138.72
负债和所有者权益(或股东权益)总计	100.00	122.02	139.55	152.62	168.11

如表3-5所示，相对于2015年年底，FYBL公司(母公司)的资产、负债和股东权益的规模呈持续上升趋势。2019年年底FYBL公司(母公司)的资产、负债、股东权益规模分别是2015年年底的1.68倍、2.17倍、1.38倍左右，股东权益增速稍低于资产增速，而负债增速高于资产增速，说明在资产扩张的过程中，负债增长快于股东权益增长，意味着资本结构变化了，资产负债率在提高。

进一步观察各类资产、权益的变化趋势可见，流动资产、非流动资产、流动负债、股东权益整体呈上升趋势，而非流动负债呈先上升后回落的趋势。整体保持上升趋势的流动资产项目是其他应收款、应收账款和预付账款，它们是流动资产规模上升的主要原因；同理，长期应收款和在建工程是非流动资产规模上升的主要原因；应付账款和短期借款是流动负债规模上升的主要原因；盈余公积和未分配利润是股东权益规模上升的主要原因。

(二) 资产负债表环比趋势分析示例

资产负债表环比趋势分析示例见表3-6。

表3-6 FYBL公司(母公司)资产负债表环比趋势分析表   单位：%

项目	2015年年底	2016年年底	2017年年底	2018年年底	2019年年底
流动资产：					
货币资金	100.00	113.39	96.45	94.71	104.01
交易性金融资产	100.00	—	—	367.11	222.30
以公允价值计量且其变动计入当期损益的金融资产					
衍生金融资产	100.00	—	—	—	0
应收票据	100.00	162.25	106.64	34.87	0
应收账款	100.00	98.71	170.50	132.28	88.93
应收款项融资	100.00	—	—	—	—
预付款项	100.00	68.90	134.99	210.48	93.80
其他应收款	100.00	158.10	86.96	146.83	106.50
应收利息	100.00	—	—	—	—
应收股利	100.00	232.18	51.32	122.46	131.99
存货	100.00	82.06	83.37	119.63	70.89

续表

项　　目	2015年年底	2016年年底	2017年年底	2018年年底	2019年年底
合同资产	100.00	—	—	—	—
持有待售资产	100.00	0	—	—	—
一年内到期的非流动资产	100.00	0	—	—	0
其他流动资产	100.00	108.50	193.22	97.87	26.21
流动资产合计	100.00	131.66	93.57	123.55	106.76
非流动资产：	100.00	—	—	—	—
债权投资	100.00	—	—	—	—
可供出售金融资产					
其他债权投资	100.00	—	—	—	—
持有至到期投资	100.00	40.87	2 360.24	61.03	169.48
长期应收款	100.00	107.76	117.50	102.11	102.24
长期股权投资	100.00	—	—	—	—
其他权益工具投资	100.00	—	—	—	—
其他非流动金融资产	100.00	—	—	—	—
投资性房地产	100.00	84.02	100.23	125.67	80.30
固定资产	100.00	239.16	516.81	12.11	448.13
在建工程	100.00	—	—	—	—
生产性生物资产	100.00	—	—	—	—
油气资产	100.00	—	—	—	—
使用权资产	100.00	92.85	90.81	142.81	118.27
无形资产	100.00	—	—	—	—
开发支出	100.00	100.00	100.00	100.00	100.00
商誉	100.00	112.50	86.30	133.35	142.24
长期待摊费用	100.00	62.19	1 603.12	9.88	93.51
递延所得税资产	100.00	—	—	—	—
其他非流动资产	100.00	101.18	172.90	87.75	117.42
非流动资产合计	100.00	122.02	114.37	109.37	110.15
资产总计					
流动负债：					
短期借款	100.00	171.47	891.49	57.15	96.58
交易性金融负债	100.00	0	—	0	—

续表

项　　目	2015年年底	2016年年底	2017年年底	2018年年底	2019年年底
以公允价值计量且其变动计入当期损益的金融负债					
衍生金融负债	100.00	—	—	—	—
应付票据	100.00	154.09	49.39	154.47	120.15
应付账款	100.00	1 324.42	104.74	86.26	82.03
预收款项	100.00	88.47	100.00	0	—
合同负债	100.00	—	—	—	28.10
应付职工薪酬	100.00	110.61	97.52	127.57	76.57
应交税费	100.00	128.76	1.76	4 420.02	69.83
其他应付款	100.00	139.23	119.74	130.09	128.58
应付利息	100.00	74.04	231.85	0	—
应付股利	100.00	—	—	—	—
持有待售负债	100.00	—	—	—	—
一年内到期的非流动负债	100.00	78.10	1.05	15 479.17	80.69
其他流动负债	100.00	—	0	—	0
流动负债合计	100.00	140.28	118.77	121.41	111.84
非流动负债：	100.00	—	—	—	—
长期借款	100.00	91.51	215.34	70.44	101.36
应付债券	100.00	—	100.13	0	—
优先股	100.00	—	—	—	—
永续债	100.00	—	—	—	—
租赁负债	100.00	—	—	—	—
长期应付款	100.00	—	—	—	—
长期应付职工薪酬					
预计负债	100.00	—	—	—	—
递延收益	100.00	271.64	100.96	91.29	73.21
递延所得税负债	100.00	110.70	93.07	317.20	100.16
其他非流动负债	100.00	—	—	—	—
非流动负债合计	100.00	183.81	154.62	51.68	102.90
负债合计	100.00	145.39	124.09	108.52	111.05

续表

项　目	2015年年底	2016年年底	2017年年底	2018年年底	2019年年底
所有者权益(或股东权益):	100.00	—	—	—	—
实收资本(或股本)	100.00	100.00	100.00	100.00	100.00
其他权益工具	100.00	—	—	—	—
优先股	100.00	—	—	—	—
永续债	100.00	—	—	—	—
资本公积	100.00	100.00	100.00	100.00	100.00
减:库存股	100.00	—	—	—	—
其他综合收益	100.00	—	—	—	—
专项储备	100.00	—	—	—	—
盈余公积	100.00	121.68	117.05	122.87	114.41
未分配利润	100.00	127.65	118.33	126.03	122.89
所有者权益(或股东权益)合计	100.00	108.10	106.57	110.16	109.31
负债和所有者权益(或股东权益)总计	100.00	122.02	114.37	109.37	110.15

通过 FYBL 公司(母公司)环比趋势分析,我们可以了解资产负债表各类资产和权益项目之间的相对变化过程。环比比率反映各项目的增长速度。根据表 3-6 可知,2015 年年底至 2019 年年底,企业的总资产规模前期增速较快,后期有所下降,但仍保持约 10% 的增长率。其中,流动资产和非流动资产的增速波动较大,反映了不同年份资产结构的变化比较明显,但二者增速快慢交错变化,使各年总资产仍能持续增长。流动负债和非流动负债的增速都呈前高后低的趋势,且流动负债增速整体上快于非流动负债增速,而股东权益的增速比较稳定,与资产增速相当。这说明资产前期的较快增长,主要是依靠负债尤其是非流动负债增加来支撑的,近期的资产增长中,股东权益增长占有越来越重要的地位,而负债也更多地依靠流动负债来取得。

【讨论 3-1】 通过分析企业资产负债规模和结构的变化,如何判断和评价企业选择的发展战略及其实施效果?

第三节　合并资产负债表分析

一、合并财务报表分析基本理论

合并财务报表包括合并资产负债表、合并利润表、合并现金流量表、合并所有者权益变动表及报表附注。虽然合并财务报表并不能直接给使用者提供决策信息,但是对于母公司而言,尤其对于母公司股东、债权人、治理层以及管理层,合并财务报表可以更加全面地了解母公司情况。合并财务报表是对母公司财务报表的延伸,使被合并的子公司的信息得到释放,能够更加立体全面地反映整个集团的财务状况信息。本节先对合并财务报表分析的基本理论进行概述,为后续合并财务报表展开分析做准备。

(一)合并财务报表的概念

合并财务报表是以企业集团为会计主体编制的财务报表。合并会计报表与个别会计报表不同,它以纳入合并范围所有企业的个别报表为编制依据,由拥有控制权的母公司进行编制,将内部交易进行剔除,反映的是若干个法人共同形成的会计主体的财务状况、经营成果和现金流量的信息。

(二)合并财务报表的编制理论

合并财务报表的编制除遵循会计报表编制的一般原则和要求外,还应当遵循合并会计报表理论,科学界定企业集团范围,合理确定编制合并财务报表时所采用的合并方法等。合并财务报表合并理论主要有母公司理论、所有权理论和实体理论。

1. 母公司理论

母公司理论是一种基于母公司股东的角度来界定控股合并关系的理论,主要服务母公司的股东。当子公司不完全归属于母公司所有时,要将子公司中的少数股东视为集团外的利益群体,将少数股东所持有的权益视为整个集团的负债。在该理论指导下编制的合并财务报表更像是母公司报表的附表,既不强调集团企业作为经济实体的实质,也无法充分反映母子公司之间的控制与被控制关系。

2. 所有权理论

所有权理论是指站在母公司对子公司所有权的角度来看待控股合并形成的母子公司关系的一种合并理论。当母公司合并非全资子公司的财务报表时,母公司仅按照对子公司的控股比例合并子公司的资产、负债、权益以及损益,即"比例合并法"。该理论下的合并财务报表既不关注"控制"概念,也不关注少数股东的权益与损益,实践中的应用范围在不断缩小。

3. 实体理论

实体理论是一种基于母子公司所形成的统一经济实体来定义控股合并的理论,主要服务母公司的控股股东。该理论将企业集团作为一个会计主体的角度来看待企业集团的构成及集团中母子公司关系,凡是对企业集团进行投资的都是这一会计主体的所有者。在子公司的股东中,母公司为控股股东,其他股东为少数股东。该理论对母公司的控股权益与少数股东权益一视同仁,较好地解决了少数股东权益与少数股东损益的定性与计量问题,有取代母公司理论成为合并财务报表编制的主要理论的趋势。①

我国最早的合并财务报表的规范是 1995 年财政部发布的《合并会计报表暂行规定》,简称《暂行规定(1995)》;《暂行规定(1995)》于 2006 年被确立为正式会计准则,即《企业会计准则第 33 号——合并财务报表》[CAS33(2006)];现在执行的是于 2014 年经重要修订后的版本[CAS33(2014)]。

《暂行规定(1995)》虽是基于母公司理论制定的,但也采纳了其他两种理论的部分思想,合并财务报表的理论定位仍比较模糊。相比之下,CAS33(2006)强调合并财务报表的范围

---

① 冯卫东. 知识经济下商誉会计:理论研究与准则改进[D]. 北京:北京交通大学,2014.

应当以控制为基础加以确定,母公司应当将其控制的所有子公司均纳入合并财务报表的合并范围;不再强调50%以上的权益性资本对于控制概念的作用,而是强调母公司在实质上是否直接或间接拥有被投资单位半数以上的表决权。此外,从合并方法来看,比例合并法被予以废除;少数股东权益与少数股东损益得以在合并财务报表中明确认定。CAS33(2006)明确表明,我国集团企业合并财务报表的编制遵循的是实体理论。[①]

(三) 合并财务报表的范围

控制权是编制合并报表的起点和基础。控制是指投资方能够决定被投资方相关财务和经营活动,并且通过该活动而享有可变回报,并且有能力运用对被投资方的权力影响其回报金额。在企业集团里,母公司是指可以控制一个或多个公司的企业主体,子公司是指被母公司控制的企业。所以,合并财务报表的范围包括企业集团的母公司和子公司。

(四) 合并财务报表的分析方法

比较合并报表和母公司个别报表主要采用差量分析法和倍数分析法。差量分析法是指用合并报表中的数据减去对应母公司个别报表中相对应的数据,该方法是通过相对数进行比较。倍数分析法是以合并报表中的数据除以母公司对应报表中的数据,用以相对数进行比较分析。

(五) 合并财务报表的分析要点

虽然合并财务报表与个别报表的格式和内容大体一致,但是二者经济本质和编制方法存在不同,因此合并财务报表的分析方法与个别财务报表的分析方法有所不同。分析合并财务报表的前提,是要掌握集团公司的特点,但不同行业、不同生命周期的企业集团有着不同的特点,这对合并财务报表的数据有很大的影响。我们应主要关注以下三项内容。

(1) 母子公司的关系,包括母子公司业务范围、母公司持股比例、资金借贷关系、人事关系等。

(2) 母子公司集团管控模式,包括战略管理制度、资产管理制度、人事管理制度、财务管理制度等。

在战略管理方面,如果母公司报表和合并财务报表中的经营资产规模相似,则可推断集团的大部分资源集中于母公司,集团采取以母公司为主体的经营战略。通过比较母公司报表和合并财务报表中的长期股权投资项目的差异,以及母公司报表和合并财务报表中所反映的母子公司融资状况,可以大致了解集团的扩张战略及其实施后果。

在资产管理方面,通过母公司报表和合并财务报表中短期债权债务(应收、应付账款和预收、预付账款)规模差异的比较,可以在一定程度上了解母子公司在采购和销售环节的市场地位,以及债权债务质量;通过对母公司报表和合并财务报表中存货规模、结构、周转率和毛利率的差异分析,可以了解母子公司产品的比较竞争优势;通过对母公司报表和合并财务报表中固定资产(原值)和存货、营业收入的规模及结构变化进行分析,可以了解母子公司的固定资产对营业收入的贡献度。

在获利能力方面,通过比较母公司利润表和合并利润表的主要项目之间的差异,比较营业收入、营业成本、毛利及毛利率、核心利润、营业利润、净利润等,了解母子公司获利能力的差异。

---

① 耿建新,徐同. 合并财务报表准则的历史沿革、国际比较与展望[J]. 财会月刊,2020(12).

（3）母子公司、子子公司之间的关联交易程度。

关联交易是集团审计重点方向，合并报表有助于帮助使用者大致了解内部交易的情况。内部关联方交易的发生，经常会伴随着财务报表中项目"越合并越小"的现象。受关联方交易影响的主要项目有债权债务类项目、存货、长期股权投资、投资收益、营业收入、营业支出等。若母公司（上市公司）的其他应付款项规模比合并财务报表的其他应付款项规模大，说明母公司的主要债权人是纳入合并范围的子公司，该集团在资金运作上存在以子公司为平台，为母公司提供大部分经营资金的融资管理体制。另外，母公司的长期股权投资金额比合并财务报表中的长期股权投资金额大，说明上市公司资金的主要投向是子公司，其长期股权投资以控制性投资为主，且大部分已纳入合并范围。

二、合并资产负债表的格式和内容

根据财政部《关于修订印发合并财务报表格式（2019版）的通知》，合并财务报表格式涵盖了母公司和从事各类经济业务的子公司的情况，包括一般企业、商业银行、保险公司和证券公司等。对比个别资产负债表，合并资产负债表增加了以下项目：在"开发支出"项目之下增加了"商誉"，主要反映在母公司合并子公司时，所付出对价超过对子公司所持有的所有者权益的部分；在"所有者权益"项目中增加"归属于母公司所有者权益（或股东权益）合计""少数股东权益"。

三、合并资产负债表一般分析示例

对于合并资产负债表的一般分析，我们在了解合并资产负债表的结构和内容的基础上，结合母公司资产负债表的分析方法，以FYBL公司合并资产负债表为例，着重对其总体变动情况、一般项目和特殊项目三个方面进行分析。

（一）总体变动情况分析

从表3-7可知，FYBL公司2019年年末资产总额为38 826 279 607元，其中流动资产为17 774 363 635元，占总资产比例为45.78%；非流动资产为21 051 915 972元，占总资产比例为54.22%；FYBL公司2019年的流动资产主要包括货币资金、应收票据及应收账款，各项分别占比为47.01%、19.56%和19.45%。非流动资产主要包括固定资产、在建工程以及无形资产，各项分别占比为68.97%、13.78%和6.35%。

从资产项目的变化情况看，2019年变化较大的项目有三个。交易性金融资产上涨122%，其主要原因是结构性存款增加；衍生金融资产下降99.82%，其主要原因是大部分外汇衍生合同到期；《2019年1月1日起施行企业会计准则第21号——租赁（修订版）》（财会〔2018〕35号），融资租赁和经营租赁均通过统一设置的"使用权资产"科目进行处理，故合并报表中2018年年末未填列使用权资产的数据，但根据合并财务报表项目注释，2019年期初账面价值为349 857 658元，增长100.46%。

FYBL公司2019年年末总负债金额为17 457 198 085元，所有者权益总额为21 369 081 522元，其中资本金为2 508 617 532元，资产负债率为44.96%，在负债中，流动负债为14 785 897 820元，占负债和所有者权益总额的38.08%，非流动负债为2 671 300 265元，占负债和所有者权益总额的6.88%。FYBL公司2019年的流动负债主要包括短期借款、其他应付款以及应付票据及应付账款,各项分别占比为 63.25%,10.52% 和 8.36%。非流动负债主要包括长期借款、递延收益以及租赁负债,各项分别占比为 44.66%,25.21% 和 21.39%。

所有者权益部分主要包括实收资本(或股本)、其他权益工具、资本公积、库存股其他综合收益、专项储备、盈余公积、未分配利润、少数股东权益科目,2019 年年末 FYBL 公司的所有者权益部分主要包括未分配利润、资本公积以及盈余公积,各项分别占比为 45.99%,29.12% 和 12.58%。

从权益项目的变化情况看,2019 年变化较大的项目有三个。根据合并财务报表项目注释,其他应付款上涨 32.15%,其主要原因是对集团内部企业应付款增加;递延收益增加 25.45%,全部来自政府补助增加;其他综合收益由负转正,增长了 391.79%,全部是由外币折算差额引起。

(二) 一般项目分析

下面以 2019 年 FYBL 公司合并资产负债表和母公司资产负债表为例,运用倍数分析法,主要从四个方面进行分析,如表 3-7 所示。其中标注"＊"的项目为金融企业专用行项目。

表 3-7　FYBL 公司合并资产负债表与母公司资产负债表比较　　　单位:元

资产	合并数	母公司数	合并倍数	负债和所有者权益(或股东权益)	合并数	母公司数	合并倍数
流动资产:				流动负债:			
货币资金	8 356 153 735	6 258 632 627	1.34	短期借款	8 491 599 785	2 099 456 147	4.04
结算备付金＊				向中央银行借款＊			
拆出资金＊				拆入资金＊			
交易性金融资产	860 894 383	860 894 383	1.00	交易性金融负债			
以公允价值计量且其变动计入当期损益的金融资产				以公允价值计量且其变动计入当期损益的金融负债			
衍生金融资产	85.110			衍生金融负债	3 795 000	3 795 000	1.00
应收票据	20 011 631			应付票据	860 739 543	1 946 635 672	0.44
应收账款	3 457 428 686	724 636 384	4.77	应付账款	1 236 580 062	145 904 629	8.48
应收款项融资	784 417 775	661 803 067	1.19	预收款项			
预付款项	222 501 827	62 803 137	3.54	合同负债	695 400 166	56 212 023	12.37
应收保费＊				卖出回购金融资产款			
应收分保账款＊				吸收存款及同业存放＊			

续表

资产	合并数	母公司数	合并倍数	负债和所有者权益（或股东权益）	合并数	母公司数	合并倍数
应收分保合同准备金 *				代理买卖证券款 *			
其他应收款	472 000 751	13 694 010 897	0.03	代理承销证券款 *			
应收利息				应付职工薪酬	473 972 041	97 473 681	4.86
应收股利				应交税费	344 357 096	80 241 158	4.29
买入返售金融资产 *				其他应付款	1 555 660 964	9 654 412 279	0.16
存货	3 280 465 303	301 614 416	10.88	应付利息			
合同资产				应付股利			
持有待售资产				应付手续费及佣金 *			
一年内到期的非流动资产				应付分保账款 *			
其他流动资产	320 404 434	10 862 820	29.50	持有待售负债			
流动资产合计	17 774 363 635	22 575 257 731	0.79	一年内到期的非流动负债	1 123 793 163	1 061 682 745	1.06
非流动资产：				其他流动负债			
发放贷款和垫款 *				流动负债合计	14 785 897 820	15 145 813 334	0.98
债权投资				非流动负债：			
可供出售金融资产				保险合同准备金 *			
其他债权投资				长期借款	1 193 000 000	1 193 000 000	1.00
持有至到期投资				应付债券			
长期应收款	180 000 000	3 793 547 710	0.05	优先股			
长期股权投资	199 805 151	6 814 340 006	0.03	永续债			
其他权益工具投资				租赁负债	571 281 590	28 469 447	20.07
其他非流动金融资产				长期应付款	72 490 512		
投资性房地产				长期应付职工薪酬			
固定资产	14 520 366 436	623 065 053	23.30	预计负债			

第3章 资产负债表分析

续表

资产	合并数	母公司数	合并倍数	负债和所有者权益（或股东权益）	合并数	母公司数	合并倍数
在建工程	2 901 032 823	114 327 200	25.37	递延收益	673 448 373	18 346 105	36.71
生产性生物资产				递延所得税负债	161 079 790	105 800 385	1.52
油气资产				其他非流动负债			
使用权资产	701 329 178	54 777 088	12.80	非流动负债合计	2 671 300 265	1 345 615 937	1.99
无形资产	1 337 282 523	88 622 535	15.09	负债合计	17 457 198 085	16 491 429 271	1.06
开发支出				所有者权益（或股东权益）：			
商誉	154 940 513			实收资本（或股本）	2 508 617 532	2 508 617 532	1.00
长期待摊费用	538 654 362	29 752 382	18.10	其他权益工具			
递延所得税资产	518 504 986	8 727 203	59.41	其中：优先股			
其他非流动资产				永续债			
非流动资产合计	21 051 915 972	11 527 159 177	1.83	资本公积	6 223 078 157	6 202 552 740	1.00
				减：库存股			
				其他综合收益	121 015 957		
				专项储备			
				盈余公积	2 688 959 735	2 688 959 735	1.00
				一般风险准备*			
				未分配利润	9 828 694 828	6 259 347 637	1.57
				归属于母公司所有者权益（或股东权益）合计	21 370 366 209		
				少数股东权益	−1 284 687		
				所有者权益（或股东权益）合计	21 369 081 522	17 659 477 644	1.21
资产总计	38 826 279 607	34 102 416 908	1.14	负债和所有者权益（或股东权益）总计	38 826 279 607	34 150 906 915	1.14

（1）总资产分析。FYBL公司总资产合并倍数是1.14,其中流动资产倍数0.79,非流动资产倍数1.83。合并报表的流动资产之所以小于母公司流动资产,主要是因为母公司的其他应收款远大于合并报表的其他应收款,大部分的母公司其他应收款是集团内部

资金占用造成的。合并报表的非流动资产之所以大于母公司非流动资产，主要是因为合并报表的固定资产、在建工程、使用权资产、无形资产等项目金额远大于母公司的这些项目金额，抵消了因剔除内部交易而减少的长期应收款、长期股权投资等项目金额的影响，合并报表的整体非流动资产比母公司大。这种情况基本正常，但内部资金占用问题仍值得关注。

（2）应收、应付分析。编制合并报表时，要把母子、子子公司之间内部交易所产生的应收、应付账款予以抵消。若应收、应付账款的合并倍数接近1，说明内部交易不多。合并倍数越小，说明内部交易越多。FYBL公司应收账款、应付账款的合并倍数分别为4.47、8.48，倍数较大，说明整个集团应收、应付账款主要是子公司对集团外部企业形成的。

（3）存货分析。FYBL公司存货合并倍数为10.88，说明整个集团存货较多，而母公司存货较少。结合前述母公司与子公司的职能分工关系，可以推断母公司不是以生产性活动为主，所以存货规模小，而子公司承担了主要的生产性活动，所以整个企业集团的存货规模较为正常。

（4）未分配利润分析。若未分配利润合并倍数接近1，说明子公司几乎没有留存收益，而母公司的未分配利润几乎等于整个集团的未分配利润。如果子公司未分配利润极少，既可能因为自身无盈利，也可能因为利润全部分配掉了，可从利润表和利润分配方案查证。母公司所获利润既可能来自企业集团外部，也可能来自子公司的利润分配。如果子公司发放现金股利，则构成母公司当期利润的一部分。如果子公司发放股票股利，则不影响母公司当期利润，即母公司利润全部来自企业集团外部。

鉴于母公司在子公司利润分配中的影响力，假如子公司采用现金股利形式分配全部利润，可推断母公司将子公司当做"摇钱树"，而缺乏对子公司未来发展的支持。FYBL公司未分配利润的合并倍数为1.57，说明母公司未分配利润约占整个集团六成，子公司约占四成，表明子公司仍有较好的自身积累。

（三）特殊项目分析

特殊项目分析，主要是指合并财务报表和母公司报表相比增加的一些项目，主要有商誉、归属母公司所有者权益合计、少数股东权益和外币报表折算差额。

（1）商誉分析。在合并资产负债表中，商誉为154 940 513元，这是母公司在合并子公司时，合并对价超过了被合并企业可辨认净资产公允价值的份额。应关注长期经营过程中商誉减值等问题。

（2）归属母公司所有者权益合计分析。归属母公司所有者权益合计项目，用于反映企业集团的所有者权益中归属于母公司所有者权益的部分。2019年年末，FYBL公司的所有者权益中归属于母公司所有者权益的部分为213.7亿元。

（3）少数股东权益分析。少数股东权益是合并资产负债表中净资产属于少数股东的部分，即其他投资者对上市公司子公司享有的权益。2019年年末。FYBL公司的少数股东权益为-1 284 687元。少数股东权益为负，说明集团公司下属至少有一家非全资子公司或多家非全资子公司的组合处于累计亏损的状态，少数股东按照持股比例应当承担的累计亏损额。

第四节 资产与权益质量分析

财务报表虽然能反映企业的财务状况,但报表里的数据不一定都是真实、完整、客观的。分析资产负债表,不仅要看各项目的金额,更要考虑数据的质量信息。因此,本节在资产负债表整体分析的基础上,从资产和权益两个方面对资产负债表质量做进一步分析。

一、资产质量分析

(一) 资产质量分析概述

资产质量分析,是指通过了解企业资产质量状况,分析资产的现金含量,以及是否存在变现能力受限,如难以销售的存货、应收账款中的坏账、被抵押的资产、作为担保物的资产等情况,以确定各项资产的实际获利能力和变现能力的过程。

需要注意的是,不同企业或同一企业在不同时期、不同环境之下,对同一项资产的质量评价也会有所差异。因此,对资产质量的分析,必须结合企业特定的经济环境(如企业所属的行业特征和经营内容、企业的经营战略、所处的特定发展阶段和宏观经济背景)来进行。

(二) 流动资产质量分析

流动资产质量分析从流动资产整体质量和主要项目的质量两个方面展开。

1. 流动资产整体质量分析

流动资产整体质量分析,应主要考察四个方面。第一,结合企业所处行业的特点及所经历的不同发展阶段,对各项流动资产所占比重的合理性进行分析。高质量的流动资产,货币资金应处于适度规模;应收账款、应收票据及存货规模控制在与自身营销模式和生产经营规模相吻合的范围内,以最大限度地降低经营成本与风险;其他应收款等不良资金占用较低。第二,考察企业流动资产整体周转效率与行业特征的吻合性。其中,重点考察商业债权的周转效率、商业债权与存货的整体周转状况,以及经营性流动资产的周转状况三个方面。第三,要考察企业不同销售结算方式与采购结算方式对经营性现金流量的不同影响。第四,要考察企业流动资产与流动负债的配合性,重点是采购付款、销售回款、短期融资,以及异常的其他应收款规模和异常的会计处理问题(如异常计提或冲销坏账准备、存货跌价准备)。

2. 流动资产主要项目的质量分析

流动资产主要项目是指商业债权、其他应收款和存货三个项目。

(1) 商业债权质量分析

对商业债权的质量分析,包括对预付款项、应收票据和应收账款的分析。一般来说,影响企业商业债权大小及其变动的因素有同行业竞争、销售规模、企业的信用政策、企业产品在市场上的需求情况、产品质量、季节变化等。商业债权的质量分析主要看三个方面。首先,决定商业债权质量的关键是其变现性及总额的真实性。分析时将应收票据与应收账款相加,比较年末与年初的规模差异,再比较年末与年初的结构差异。其次,分析应收账款的增长速度是否异常,是否与销售收入增长相匹配,防止虚增收入或滥用赊销政策粉饰收入数据。最后,关注债权的账龄和坏账准备计提,着重看坏账计提比例和政策运用的正当性。另外,如果可以获得相关数据,还可以关注债务的内部经手人,以判断债务的真实性;关注债务人的信用等级、欠款集中度、是否关联方,以判断债务获得清偿的可能性。

【讨论3-2】 根据表3-1中FYBL公司(母公司)的上述项目数据,分析该公司的商业债权质量。

(2) 其他应收款质量分析

一般情况下,其他应收款在企业资产中所占比重不会很大。实务中,一些企业常常把其他应收款作为企业调整成本费用和利润、抽逃或无偿占用资金、违规拆借资金和实施不当财务处理等的手段。因此,对其他应收款质量分析时应注意:一是通过水平分析、结构分析和趋势分析,关注其他应收款的规模与结构增减变动趋势;二要注意结合"合并财务报表项目注释"或"母公司财务报表主要项目注释"披露的其他应收款资料,观察是否存在大股东或关联方长期、大量占用上市公司资金,是否存在通过其他应收款科目、违规拆借资金搞"委托理财";三要观察其他应收款的偿付是否合理合规,有无诸如对方以劣质实物资产抵债、实施债转股、债务重组、应收抵应付等异常情况;四要特别注意母公司报表对外投资领域较大规模的其他应收款获得偿付的可能性;五要关注会计政策变更对其他应收款的影响。

(3) 存货质量分析

对存货质量的分析,一要关注存货的质量状况及减值准备计提的情况,尤其是保存期短、性质不稳定、对存储环境要求较高的产品,例如,鲜活农产品、疫苗等;二要关注存货构成,分析各类存货规模和结构增减变动的原因;三要关注存货的周转率和毛利率变化,考察存货的周转性和盈利性。例如,加快存货销售往往需要降低售价,导致毛利率下降。

【讨论3-3】 根据FYBL公司2019年合并财务报表项目注释披露的存货信息(见表3-8)和存货跌价准备及合同履约成本减值准备情况(见表3-9),分析该公司的存货质量。

表3-8 FYBL公司2019年存货信息 单位:元

项目	期末余额			期初余额		
	账面余额	存货跌价准备/合同履约成本减值准备	账面价值	账面余额	存货跌价准备/合同履约成本减值准备	账面价值
原材料	1 269 491 880	18 866 900	1 250 624 980	1 288 788 120	15 960 047	1 272 828 073
在产品	245 330 321		245 330 321	172 089 862		172 089 862
库存商品	1 769 989 542	2 114 143	1 767 875 399	1 792 977 367	12 789 805	1 780 187 562
周转材料	16 634 603		16 634 603	16 634 480		16 634 480
合计	3 301 446 346	20 981 043	3 280 465 303	3 270 489 829	28 749 852	3 241 739 977

表3-9 FYBL公司2019年存货跌价准备及合同履约成本减值准备情况 单位:元

项目	期初余额	本期增加金额		本期减少金额		期末余额
		计提	其他	转回或转销	其他	
原材料	15 960 047	4 542 518		1 635 665		18 866 900
在产品						
库存商品	12 789 805	7 572 159		18 247 821		2 114 143

续表

项目	期初余额	本期增加金额		本期减少金额		期末余额
		计提	其他	转回或转销	其他	
周转材料						
合计	28 749 852	12 114 677		19 883 486		20 981 043

（三）非流动资产质量分析

非流动资产质量分析要侧重于合理性、变现性、效率性、盈利性，以及与其他资产组合的增值性，重点是固定资产与在建工程两个项目。

1. 固定资产质量分析

固定资产占资产总额的比重，不同行业差异很大。同一个行业中的企业，其固定资产也有不同规模和先进程度。固定资产的利用效率和利用效果的大小，与企业所处的历史时期、企业战略、客观经济环境有着直接联系。因此，固定资产质量分析包括分析固定资产规模、搭配的合理性，生产经营用设备占比，以及企业战略契合度等方面。

2. 在建工程的质量分析

在建工程本质上是正在形成中的固定资产，反映了企业固定资产新建、改扩建、更新改造、大修理等工程的进行情况和规模。分析在建工程的质量，首先应了解是否有不能按计划完工的"烂尾工程"；其次，应关注企业是否存在已完工而借故未结转为固定资产，规避计提折旧来调节利润的问题。

二、权益质量分析

由于权益由债权人权益（负债）和所有者权益（上市公司为股东权益）构成，所以权益质量分析包括负债质量分析和所有者权益质量分析两个部分。

（一）负债质量分析

负债质量分析包括流动负债质量分析和非流动负债质量分析两部分。

1. 流动负债质量分析

分析流动负债的质量时应注意以下三点。第一，注意流动负债不同项目的流动性的差异。流动性较低的流动负债往往会减轻企业的偿债压力，例如与关联企业往来结算而形成的其他应付款项。分析流动负债周转状况时，应该特别注意应付票据与应付账款的规模变化及其与企业存货规模变化之间的关系。第二，注意区分强制性与非强制性流动负债。非强制性流动负债如预收款项、其他应付款等，并不会给企业带来短期付款的压力。真正影响企业偿债能力的强制性流动负债，到期必须无条件偿还，如当期必须支付的应付票据、大部分应付账款、银行借款、应付股利等。第三，关注短期借款与货币资金的数量关系，要结合企业融资环境、融资政策，分析短期借款增减变动的原因和对偿债能力、资本结构的影响。

2. 非流动负债质量分析

在稳健型资本结构中，非流动负债应该是企业的非流动资产和流动资产中长期稳定的那部分资金的来源。对非流动负债的质量进行分析，一要注意企业非流动负债所对应的流动资产及其质量;二要注意企业非流动负债所形成的长期股权投资的效益及其质量;三要注意企业非流动负债所形成的固定资产、无形资产的利用状况与增量效益;四要重视或有负债质量分析。

(二) 所有者权益质量分析

所有者权益(股东权益)是指企业资产扣除负债后由所有者享有的剩余权益,一般包括企业所有者投入的资本及留存收益两大类内容。对企业所有者权益质量的分析,主要从所有者入资、投入资本与留存收益的比例关系两个方面进行。

1. 企业所有者入资质量分析

企业所有者入资质量分析,应该从关注股权结构变化对企业产生的方向性影响和对资本公积所包含的质量信息的分析两个方面进行。股权结构的动态变化会导致企业组织结构、经营走向和管理方式的变化。资本公积包括资本溢价和直接计入所有者权益的利得和损失等。资本溢价是由于企业内在的高质量等原因产生的,包含重要的质量信息;而直接计入所有者权益的利得和损失所形成的所有者权益并不代表所有者真正享有的权益。

2. 投入资本与留存收益的关系所包含的质量信息

投入资本总额大致反映了企业所有者对企业的累计投资规模,而留存收益则大致反映了企业自成立以来的自身积累规模。剔除转增资本和股利分配等因素的影响后的投入资本与留存收益之间的比例关系,可以揭示企业的竞争能力、自我发展能力、为股东创造价值能力。

资产负债表由表首、基本部分和补充资料三部分组成。资产负债表左边反映企业特定日期的资源项目的数额,右边反映企业特定日期的资源权益归属项目的数额。

资产负债表整体分析,是运用水平分析法、垂直分析法和趋势分析法等分析方法对资产负债表整体进行分析,以揭示资产负债表的资产与权益规模的变动及原因、资产变动的合理性与效率性、资产结构与资本结构变动的平衡性,以及资产与权益变动趋势。

合并财务报表是以企业集团为会计主体编制的财务报表。合并财务报表合并理论主要有母公司理论、实体理论和所有权理论。比较合并报表和母公司个别报表主要采用差量分析法和倍数分析法。

分析资产负债表,不仅要看各项目的金额,更要考虑资产、负债和所有者权益的质量信息。

 本章练习题

第4章

利润表分析

【教学目标】

通过本章的学习,使学生了解利润表的概念,理解利润表结构及各类项目的含义,掌握利润表整体分析方法和分部分析方法,掌握合并利润表分析方法,掌握利润表项目质量分析的方法与内容。

引例

永辉超市,巨轮搁浅

2021年10月29日,永辉超市发布三季报。报告显示,永辉超市前三季度营业收入698.35亿元,同比减少3.9%;净亏损21.78亿元,上年同期净利润20.28亿元,由盈转亏;扣非净利润亏损18.28亿元,同比下降220.33%。其中,2021年第三季度,永辉超市营业收入为230.08亿元,同比增长3.86%,环比增长12.28%;净亏损10.95亿元,同比下降726.56%,由盈转亏;单季度扣非净利润亏损9.03亿元,同比下降822.52%。至此,永辉超市2021年前三季度的亏损总额已达21.78亿元。

面对巨大的亏损,永辉超市表示,收入及毛利率的下滑主要源于其主动降低库存,调整结构。看得出来,社区团购的竞争以及疫情的反复让永辉超市的日子过得十分煎熬。

永辉的危机,还要从互联网巨头阿里巴巴从线上反攻线下说起。连锁超市行业风云变幻,没有哪一种模式能长久引领市场。永辉超市自诞生之日起,练就了生鲜品类的绝活,在差异化的赛道上一直保持着较为稳定的发展,成为引领行业的现象级企业。

作为一家优质的投资标的,早期的永辉超市得到了各路大资本的青睐。但连锁超市行业看似规模大,实际上盈利水平普遍较低,对经营者的运营能力有着极高要求。随着行业竞争加剧,电商的冲击更是摧枯拉朽,线下商超一度面临行业性生存困境。曾经的行业前十:新一佳、农工商超市等,都快速倒下成为了牺牲品。永辉,似乎也没能例外。

数据显示,2021年前三季度,永辉超市在全国7个大区经营业务,其中6个大区的营业收入下滑,降幅从0.35%到12.04%不等。仅第七区(豫、晋、冀)的营业收入出现0.35%的小幅度增长。7个大区的毛利率在12.23%～14.18%,本季度均出现不同幅度的下降,降幅在2~4个百分点。公司整体毛利率为13.36%。

但这不是全部原因。今年以来,永辉超市在亏损的情况下,加大研发投入,高举科技永辉的大旗,让人不得不联想:永辉,急了。

资料来源:BT财经 V.永辉超市,巨轮搁浅.https://mbd.baidu.com/newspage/data/landingsuper?context=%7B%22nid%22%3A%22news_9991009750604119015%22%7D&n_type=-1&p_from=-1.

第一节 利润表分析概述

利润表又称损益表、收益表,是反映企业在一定会计期间经营成果的财务报表。它是一张动态的财务报表,是以"收入－费用＋利得－损失＝利润"为理论依据而编制的。利润表不仅反映了企业在一定时期内运用其资源进行经营所产生的经济成果,而且部分解释了资产负债表中所有者权益发生变化的原因。透过利润表可以从总体上了解企业的收入、成本和费用构成,以及净利润(或亏损)的形成情况,借此可以分析评价企业的获利能力,考核企业管理层的经营业绩,以及预测企业净利润的持续性。

一、利润表结构

(一)基本利润层次及其关系

依据《财政部关于修订印发2019年度一般企业财务报表格式的通知》(财会〔2019〕6号),企业利润表的格式如表4-1所示。我国现行企业利润表都采用多步式利润表。多步式利润表将当期收入和费用按性质加以分类,通过营业利润、利润总额、净利润和综合收益总额四个层次来分布计算。各层次利润的计算公式如下:

营业利润＝营业收入－营业成本－税金及附加－销售费用－管理费用－研发费用
　　　　－财务费用＋其他投资收益＋净敞口套期收益＋公允价值变动收益
　　　　－信用减值损失－资产减值损失＋资产处置收益

利润总额＝营业利润＋营业外收入－营业外支出
　　净利润＝利润总额－所得税费用
　　综合收益总额＝净利润＋其他综合收益的税后净额

综合收益，是指企业在某一期间除与所有者以其所有者身份进行的交易之外的其他交易或事项所引起的所有者权益变动。其他综合收益，是指企业根据其他会计准则的规定未在当期损益中确认的各项利得和损失，属于未实现的利润。

分析利润表应反映企业一定时期的利润构成和利润形成过程，进而解析企业一定时期的盈利能力与利润质量。

（二）经常性项目与非经常性项目

根据盈利持久性的差异，利润项目可划分为经常性项目和非经常性项目。

非经常性项目具有特殊性和偶发性，其收入和费用与企业的主要营业活动不直接相关。非经常性项目包括其他收益、投资收益中"以摊余成本计量的金融资产终止确认收益"、净敞口套期收益、公允价值变动收益、资产处置收益、营业外收入、营业外支出、终止经营净利润。经常性项目所代表的收入和费用与企业的主要营业活动直接相关，其产生的利润是稳定和可持续的。除上述非经常性项目之外的其他项目均为经常性项目。

2008年中国证券监督管理委员会发布了《公开发行证券的公司信息披露规范问答第1号——非经营性损益》，特别指出注册会计师应单独对非经常性损益项目予以充分关注，对企业在财务报告附注中所披露的非经营性损益的真实性、准确性与完整性进行核实。在评价时，对于经常性损益占全部损益比例较大的损益结果应给予更高的评价。

拓展阅读 4-1　新增"扣非前后净利润孰低者为负值且营业收入低于 1 亿元"的组合型退市指标

【讨论 4-1】　从利润表结构看，影响利润表信息真实性的因素有哪些？

二、利润表分析的内容

利润表分析的主要内容包括整体分析、分部分析、合并利润表分析和利润表项目质量分析。其中，利润表整体分析包括利润表增减变动分析、利润表结构变动分析和利润表趋势分析。利润表分部分析对企业以合并报表为基础的整体信息进行分解。合并利润表分析着重分析合并利润表总体变动情况、一般项目和特殊项目的变化情况。企业利润质量的分析包括核心利润形成过程分析和利润结构分析。

第二节　利润表整体分析

一、利润表增减变动分析

（一）利润表增减变动分析方法

利润表增减变动分析，即利润表的水平分析，就是将利润表的实际数与对比标准或基数进行比较，以揭示利润变动差异的过程。通过水平分析，可以揭示利润增减变动的基本情况,以及导致利润增减变动的主要原因,从而对企业的经营情况做出判断。

利润表增减变动分析的核心工作是编制利润表的水平分析表,然后根据不同的分析目的选择比较标准。编制利润表的水平分析表,需要计算增减变动额和增减变动率。由于利润表增减变动分析的实质是解析利润增减变动的原因,即本期相对于基期的利润增减额是如何形成的,因此应主要根据增减变动额选择重点项目,而增减变动率作为辅助参考。

水平分析时的比较基准可根据分析目的有不同选择。如果要揭示本年与上年对比产生差异的原因,则比较标准可选择本企业的上期实际数;如果要评价各项目预算完成情况,则比较标准可选择报告期的计划数或预算数;如果要评价企业的盈利是否具有竞争力,则比较标准可选择可比企业的同期实际数。

利润表增减变动分析应围绕净利润、利润总额、营业利润、核心利润和毛利逐层递进。净利润是企业最终的财务成果,综合反映企业的经营业绩,归属于企业所有者,也是利润分配的主要来源。净利润的增长是企业成长性的基本表现。利润总额是企业税前财务成果,反映企业投入产出的效率与管理水平的高低,即反映综合获利能力。营业利润是指企业在销售商品、提供劳务等日常活动中所产生的利润。从营业利润的计算公式可见,影响营业利润的项目很多,我们暂且将其划分为"核心利润"和"其他营业利润"(主要是缺乏业绩持续性的非经常性项目,如投资收益、资产减值损失等)两类。虽然利润表未列示"核心利润"项目,但其具有重要的分析价值。核心利润是指企业自身开展经营活动所产生的经营成果,强调公司正常经营状态下所产生的利润。在直接法下,核心利润可用下式计算得到:

核心利润＝营业收入－营业成本－税金及附加－销售费用－管理费用
　　　　－研发费用－财务费用

总体来说,核心利润越高,盈利能力越强,盈利质量越高。所以,核心利润是衡量企业竞争力的重要指标之一。毛利,即营业收入减去营业成本的差额,反映企业的初始盈利能力。

需要强调的是,分析思路上,应依据各层次利润项目的计算式,以相邻层次利润计算式的差异项目为基础,结合利润金额的增减变动情况(主要是增加额的变动),解释不同层次利润额差异的原因,并注意评价非核心利润部分经常性损益的影响。

(二)利润表增减变动分析示例

下面根据 FYBL 公司(母公司)利润表资料,编制 FYBL 公司(母公司)利润水平分析表,如表 4-1 所示。所选择的比较标准是其 2018 年实际数。

表 4-1　FYBL 公司(母公司)利润表水平分析表　　　　　单位:元

项目	2019 年	2018 年	增减额	增减率/%
一、营业收入	4 910 654 625	4 826 344 643	84 309 982	1.75
减:营业成本	4 257 129 161	4 145 346 028	111 783 133	2.70
税金及附加	19 863 535	17 138 302	2 725 233	15.90
销售费用	285 871 841	256 084 032	29 787 809	11.63

续表

项　目	2019 年	2018 年	增减额	增减率/%
管理费用	346 797 714	375 969 010	−29 171 296	−7.76
研发费用	47 680 748	40 128 780	7 551 968	18.82
财务费用	−252 118 459	−498 247 762	246 129 303	−49.40
利息费用	278 021 523	262 966 590	15 054 933	5.73
利息收入	335 787 655	336 861 747	−1 074 092	−0.32
加：其他收益	48 978 508	20 720 242	28 258 266	136.38
投资收益	3 238 547 487	4 086 446 432	−847 898 945	−20.75
其中：对联营企业和合营企业的投资收益	3 267 100	4 649 233	−1 382 133	−29.73
以摊余成本计量的金融资产终止确认收益		−28 522 947	28 522 947	−100
净敞口套期收益（损失以"−"号填列）				
公允价值变动收益（损失以"−"号填列）	−35 832 014	63 560 754	−99 392 768	−156.37
信用减值损失（损失以"−"号填列）				
资产减值损失（损失以"−"号填列）	7 353	−12 380 513	12 387 866	−100.06
资产处置收益（损失以"−"号填列）	3 276 161	3 516 482	−240 321	−6.83
二、营业利润（亏损以"−"号填列）	3 457 140 480	4 647 140 417	−1 189 999 937	−25.61
加：营业外收入	11 774 551	665 359	11 109 192	1 669.65
减：营业外支出	1 098 916	1 995 764	−896 848	−44.94
三、利润总额（亏损总额以"−"号填列）	3 467 816 115	4 645 810 012	−1 177 993 897	−25.36
减：所得税费用	81 834 581	270 410 580	−188 575 999	−69.74
四、净利润（净亏损以"−"号填列）	3 385 981 534	4 375 399 432	−989 417 898	−22.61

1. 净利润或税后利润分析

FYBL 公司（母公司）在 2019 年实现净利润 3 385 981 534 元，比上年减少了 989 417 898 元，降幅为 22.61%。从表 4-3 中可知，净利润减少的主要原因是 2019 年利润总额比 2018 年利润总额减少了 1 177 993 897 元，所得税费用的减少额仅有 188 575 999 元。

2. 利润总额分析

FYBL 公司(母公司)在 2019 年实现利润总额 3 467 816 115 元,比 2018 年的 4 645 810 012 元减少了 1 177 993 897 元,降幅为 25.35%。从表 4-6 中可知,利润总额降低的主要原因是公司的营业利润减少了 1 189 999 937 元,而营业外收入与营业外支出合计增加了 10 212 344 元,影响很小。

3. 营业利润分析

FYBL 公司(母公司)在 2019 年实现营业利润 3 457 140 480 元,比 2018 年的 4 647 140 417 元减少了 1 189 999 937 元,降幅为 25.61%。营业利润减少的主要原因是"其他营业利润"部分减少了 905 503 769 元,而"核心利润"部分的减少额仅为 284 496 168 元,占营业利润减少额的 23.91%,所以说企业的核心利润具有较好的稳定性。

从营业利润变动的主要项目看,最主要的变化来自于企业的投资收益,企业 2019 年实现投资收益 3 238 547 487 元,相比 2018 年减少 847 898 945 元,该项目的减少额占营业利润减少额的 71.25%。根据"母公司财务报表主要项目注释",投资收益主要来自"成本法核算的长期股权投资收益",受非控股性被投资单位的经营业绩及宣告分派的现金股利或利润影响。

4. 核心利润分析

根据核心利润的计算公式可计算得知,FYBL 公司(母公司)在 2019 年实现核心利润 205 430 085 元,比 2018 年的 489 926 253 元减少了 284 496 168 元,降幅为 58.07%。其中,最主要的变化来自财务费用负数变少,由 −498 247 762 元"上升"为 −252 118 459 元。财务费用为负,代表利息收入、汇兑收益多于利息支出、汇兑损失。财务费用负数变少,表示利息收入、汇兑收益相对下降,而利息支出、汇兑损失相对上升。虽然母公司财务报表主要项目注释未披露汇兑损益的情况,但从表 4-3 可见,利息收入减少额和利息费用增加额之和 16 129 025 元,仅占财务费用增加额的 6.55%,所以推断其余 93.45% 的增长部分来自汇兑损失变多,金额约 2.3 亿元,不容小觑。

5. 毛利分析

通过表 4-1 可知,FYBL 公司(母公司)在 2019 年实现毛利 653 525 464 元,比 2018 年的 680 998 615 元减少了 27 473 151 元,减少 4.03%。毛利减少的主要原因是 2019 年营业收入增长了 1.75%,营业成本增长了 2.7%,营业成本增长快于营业收入增长。根据"母公司财务报表主要项目注释"披露的营业成本情况,营业成本增加主要原因是主营业务成本上升,该公司的两类主要产品成本上升程度相当。

综上,可以得出以下结论:该公司毛利仅略有减少,说明其初始经营成果保持了基本稳定;核心利润受财务费用增加主要是汇兑损失的影响有一定的下降,应重点查找引起汇兑损失的原因;营业利润主要受"其他营业利润"部分减少的影响,而持续性较好的"核心利润"部分减少得较少,反映了企业经营的基本面没有明显恶化。利润总额和净利润变动幅度与营业利润基本一致,营业外收支和所得税费用的影响额均较小。整体来看,2019 年 FYBL 公司(母公司)盈利状况有所下降,但主要由核心利润之外的非持续性影响因素引起,需在提高自身经营活动的盈利水平的同时,加强外部投资管理和汇率管理,减轻偶发性因素对当期经营业绩的负面影响。

二、利润表结构变动分析

(一) 利润表结构变动分析方法

利润表结构变动分析,即利润表的垂直分析,是通过计算利润表中各项目或各因素在营业收入中所占的比重,来揭示各环节的利润构成、利润水平和成本费用水平,从而洞悉企业盈利能力的一种分析方法。利润表结构变动分析的主要目的,是将原本不易比较的绝对数,转换为在同基础上的相对数,以便于比较;将报告期与前一期或前几期的共同比利润表加以比较,从中看出各项目共同比数字(即百分比)的变化,据此找出导致报告期利润构成较前期发生变动的主要项目。

利润表结构变动分析的核心工作是编制利润表的垂直分析表,需要计算的分析指标有两个。一是各项目占某个共同基数的比重,即结构比率,形成纵向比较分析表。共同基数应选择同期利润表中金额最大的项目,以使计算出来的结构占比不会超过100%。利润表中金额最大的项目通常是"营业收入",但某些特殊情况下也可能是其他项目,例如企业当期产品销售遭遇严重危机,导致营业收入大减,或者某些企业集团的母公司主要收入来源并非营业收入等。二是各项目比重的变动程度,即各项目的报告期比重减去各项目的比较标准比重。

利润表结构变动分析目的不同,选择的比较标准也不同。如果分析是为了评价各项目增减变动情况,揭示本年与上年对比产生差异的原因,比较标准可以是本企业的上期实际数;如果分析是为了评价各项目预算完成情况,比较标准可以是报告期的计划数或预算数;如果分析是为了评价企业的盈利是否具有竞争力,比较标准可以是可比企业的同期实际数。

从利润形成角度看,我们通常对净利润、利润总额、营业利润、核心利润和毛利等关键指标进行重点分析。分析顺序与前述相同。

(二) 利润表结构变动分析示例

下面根据FYBL公司(母公司)的利润表资料,编制FYBL公司(母公司)的利润垂直分析表,如表4-2所示。所选择的比较标准是2018年实际数。

表 4-2　FYBL公司(母公司)利润表垂直分析表　　　　　单位:元

项　目	金　额		构成比率/%		变动幅度/%
	2019年	2018年	2019年	2018年	
一、营业收入	4 910 654 625	4 826 344 643	100.00	100.00	0.00
减:营业成本	4 257 129 161	4 145 346 028	86.69	85.89	0.80
税金及附加	19 863 535	17 138 302	0.40	0.36	0.05
销售费用	285 871 841	256 084 032	5.82	5.31	0.52
管理费用	346 797 714	375 969 010	7.06	7.79	−0.73
研发费用	47 680 748	40 128 780	0.97	0.83	0.14
财务费用	−252 118 459	−498 247 762	−5.13	−10.32	5.19
利息费用	278 021 523	262 966 590	5.66	5.45	0.21

续表

项 目	金 额		构成比率/%		变动幅度/%
	2019年	2018年	2019年	2018年	
利息收入	335 787 655	336 861 747	6.84	6.98	−0.14
加:其他收益	48 978 508	20 720 242	1.00	0.43	0.57
投资收益	3 238 547 487	4 086 446 432	65.95	84.67	−18.72
其中:对联营企业和合营企业的投资收益	3 267 100	4 649 233	0.07	0.10	−0.03
以摊余成本计量的金融资产终止确认收益		−28 522 947	0.00	−0.59	0.59
净敞口套期收益(损失以"−"号填列)			0.00	0.00	0.00
公允价值变动收益(损失以"−"号填列)	−35 832 014	63 560 754	−0.73	1.32	−2.05
信用减值损失(损失以"−"号填列)			0.00	0.00	0.00
资产减值损失(损失以"−"号填列)	7 353	−12 380 513	0.00	−0.26	0.26
资产处置收益(损失以"−"号填列)	3 276 161	3 516 482	0.07	0.07	−0.01
二、营业利润(亏损以"−"号填列)	3 457 140 480	4 647 140 417	70.40	96.29	−25.89
加:营业外收入	11 774 551	665 359	0.24	0.01	0.23
减:营业外支出	1 098 916	1 995 764	0.02	0.04	−0.02
三、利润总额(亏损总额以"−"号填列)	3 467 816 115	4 645 810 012	70.62	96.26	−25.64
减:所得税费用	81 834 581	270 410 580	1.67	5.60	−3.94
四、净利润(净亏损以"−"号填列)	3 385 981 534	4 375 399 432	68.95	90.66	−21.70

1. 净利润或税后利润分析

如表 4-2 所示,FYBL 公司(母公司)2019 年和 2018 年净利润占营业收入的比重分别为 68.95% 和 90.66%,2019 年比上年度下降了 21.7 个百分点,小于利润总额下降的 25.64 个百分点。其原因是 2019 年所得税费用占营业收入的比重为 1.67%,比 2018 年下降了 3.94 个百分点,降幅远小于利润总额,因此净利润占比减少得比利润总额的占比少一些。需要注意的是,净利润占营业收入的比例很高,主要与其母公司地位有关,母公司营业收入仅占全部收入的一部分,而投资收益、利息收入等非营业收入占比很大,对净利润有重要贡献,应结合具体情况解释。

2. 利润总额分析

利润总额包括营业利润和营业外收入、营业外支出。FYBL公司（母公司）2019年和2018年利润总额占营业收入的比重分别为70.62%和96.26%，2019年比上年度下降了25.64个百分点。其主要原因是营业利润是构成FYBL公司利润总额的主体，营业外收支占营业收入的比重很小，利润总额占比及其变动情况与营业利润基本一致。

3. 营业利润分析

营业利润包括核心利润和非核心利润。FYBL公司（母公司）2019年和2018年营业利润占营业收入的比重分别为70.4%和96.29%，2019年比上年度下降了25.89个百分点。其主要原因是2019年投资收益和公允价值变动损益占营业收入的比例均有所下降，分别下降了18.12、2.05个百分点，所有非核心利润项目金额占营业收入的比重与2018年相比下降了19.95%，而核心利润占比下降较少。

4. 核心利润分析

核心利润由毛利、期间费用、研发费用和税金及附加构成。FYBL公司（母公司）2019年核心利润占营业收入的比重为4.18%，比2018年的10.15%下降了5.97个百分点。其中毛利占营业收入的比重仅下降了0.8%，核心利润占比下降的主要原因是期间费用占比的上升。2019年期间费用占营业收入的比重为7.75%，比2018年增加了4.98个百分点。期间费用中比重最大的项目是管理费用，占比7.06%，相对2018年下降了0.73个百分点，销售费用也增加了0.52个百分点。期间费用中变化最大的项目是财务费用（负数），其占营业收入的比重为5.13%，占比的绝对值减少了5.19个百分点，财务费用中主要减少的是母公司的利息收入和汇兑收益。

5. 毛利分析

FYBL公司（母公司）2019年毛利占营业收入的比重为13.3%，2019年比2018年的14.1%下降了0.8个百分点。其原因是2019年营业成本占营业收入比重为86.7%，比2018年下降了0.8个百分点。由于营业成本占比大，FYBL公司（母公司）毛利占比不足15%，属于中低水平。

通过对FYBL公司（母公司）利润表垂直分析表的分析，可以得出结论：从企业利润的构成情况来看，虽然其毛利占比较低，但核心利润受财务费用（利息收入和汇兑收益）的影响较大，营业利润受投资收益的影响较大，考虑到其母公司的身份，上述利润构成特点尚可接受，但营业成本居高不下、毛利占比较低是个需要重视的问题。公司主营业务对利润的贡献有待提高。

拓展阅读4-2 景创科技大客户"依赖症"难解上半年毛利率下降盈利能力令人担忧

【讨论4-2】 如果A公司毛利高，但净利润不高，而B公司营业利润为负，但净利润为正，应该从哪些方面来分析其中的原因？

三、主营业务利润因素分析

主营业务利润是综合反映企业主营业务最终财务成果的指标，直接反映企业生产经营状况和经济效益状况，是影响营业利润最重要的因素。作为企业内部财务分析的重要内容，我们需要运用因素分析的方法，对主营业务利润做进一步分析。

要进行主营业务利润的因素分析,首先要确定影响主营业务利润的因素。根据主营业务利润的一般计算公式:

$$主营业务利润 = \sum[产品销量 \times (产品单价 - 单位销售成本)]$$

可见,影响主营业务利润的基本因素是产品销量、产品单价和单位销售成本。如果考虑更具体的实际经营状况,主营业务利润还会受到产品销售品种结构变动、产品等级构成变动、单位税金变动等因素的影响。

(一)产品销量变动对主营业务利润的影响分析

产品销量变动对主营业务利润的影响可用下式表示:

$$产品销量变动对利润的影响 = 产品销售利润基期数 \times (产品销量完成率 - 1)$$

其中,在企业同时生产多种产品时,不同产品的实物量不能直接相加,产品销量完成率可用下式表示:

$$产品销量完成率 = \frac{\sum(产品本期销量 \times 基期单价)}{\sum(产品基期销量 \times 基期单价)} \times 100\%$$

(二)产品单价变动对主营业务利润的影响分析

导致产品单价变动的原因可归纳为供求关系引起的变动和产品质量差异(即产品等级构成)引起的变动。由供求关系引起的产品(假设产品质量无差异)单价变动对主营业务利润的影响可用下式表示:

$$产品单价变动对利润的影响 = \sum[本期产品销量 \times (本期产品单价 - 基期产品单价)]$$

(三)单位销售成本变动对主营业务利润的影响分析

单位销售成本变动对主营业务利润的影响可用下式表示:

$$单位销售成本变动对利润的影响 = \sum[本期产品销量 \times (基期单位销售成本 - 本期单位销售成本)]$$

(四)产品销售品种结构变动对主营业务利润的影响分析

企业同时生产多种产品时,由于不同产品的单价和单位销售成本不同,不同产品带来的单位主营业务利润有高有低。如果不同产品的销量发生结构性变化,则必然会对主营业务利润产生影响。产品销售品种构成对主营业务利润的影响可用下式表示:

$$产品销售品种结构变动对利润的影响 = \sum(本期产品销量 \times 基期产品单位利润) - 基期主营业务利润 \times 产品销量完成率$$

(五)产品等级构成变动对主营业务利润的影响分析

产品等级构成是指总销量中,各等级产品销量的占比。产品等级构成变动是由于生产管理不完善导致产出不同(质量)等级的产品。产品的等级高低决定了其售价高低,在生产成本投入相同的情况下,将引起主营业务利润的变动。产品等级构成变动对主营业务利润的影响可用下式表示:

$$产品等级构成变动对利润的影响 = \sum[本期等级产品销量 \times (本期等级基期平均单价 - 基期等级基期平均单价)]$$

其中，

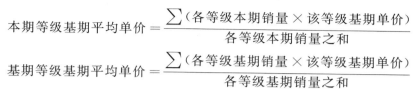

(六) 单位税金变动对主营业务利润的影响分析

税金主要指增值税和消费税。由于产品单价和单位销售成本均不含增值税，因此增值税对主营业务利润没有直接影响。城市维护建设税及教育费附加的计税依据包括增值税，但影响金额小且影响较复杂，故暂不考虑这部分增值税对主营业务利润的间接影响。对于从价定率征收的消费税税率变动对主营业务利润的影响可用下式[①]表示：

$$消费税税率变动对利润的影响 = \sum[本期产品销售收入 \times (基期消费税税率 - 本期消费税税率)]$$

【例 4-1】 某企业 2018 年和 2019 年的主营业务利润明细资料分别如表 4-3 和表 4-4 所示，试分析相关因素变动对主营业务利润的影响。

表 4-3 2018 年某企业主营业务利润明细表   金额单位：万元

产品名称	销量/件	产品单价	单位产品成本	单位产品主营业务利润	主营业务利润
甲	500	900	850	50	25 000
乙	400	1 100	1 000	100	40 000
丙	300	1 400	1 300	100	30 000
合计	1 200				95 000

表 4-4 2019 年某企业主营业务利润明细表   金额单位：元

产品名称	销量/件	产品单价	单位产品成本	单位产品主营业务利润	主营业务利润
甲	500	800	750	50	25 000
乙	400	1 100	800	300	120 000
丙	600	1 400	1 300	100	60 000
合计	1 500				205 000

经比较表 4-3 和表 4-4 的数据，影响主营业务利润的因素有销量和销售品种构成（丙产品销量增加了 300 件，进而引起甲、乙、丙产品之间的销量结构变化）、产品单价（甲产品单价下降了 100 元）、单位产品成本（甲产品降低了 100 元，乙产品下降了 200 元）。

分析对象：

205 000 − 95 000 = 110 000(元)

[①] 张先治，陈友邦. 财务分析[M]. 9 版. 大连：东北财经大学出版社，2019.

第一，销量变动对主营业务利润的影响为
$$95\,000\times(132.06\%-1)=30\,457(元)$$
其中，产品销量完成率为
$$(500\times900+400\times1\,100+600\times1\,400)\div(500\times900+400\times1\,100+300\times1\,400)$$
$$=132.06\%$$
第二，产品单价变动对主营业务利润的影响为
$$500\times(800-900)+400\times(1\,100-1\,100)+600\times(1\,400-1\,400)=-50\,000(元)$$
第三，单位产品成本变动对主营业务利润的影响为
$$500\times(850-750)+400\times(1\,000-800)+600\times(1\,300-1\,300)=130\,000(元)$$
第四，销售品种构成变动对主营业务利润的影响为
$$500\times50+400\times100+600\times100-95\,000\times132.06\%=125\,000-125\,457=-457(元)$$
检验：
$$30\,457-50\,000+130\,000-457=110\,000(元)$$

经过计算可知，本年企业主营业务利润比上年增加 110 000 元，其中，产品成本下降使主营业务利润增加了 130 000 元，是主营业务利润增加的主要原因；销量增加是主营业务利润的次要原因；其他产品单价不变的情况下，甲产品单位价格下降使主营业务利润减少了 50 000 元；销售品种构成变动使主营业务利润减少了 457 元，影响极小。所以，要提高主营业务利润，可以从加强成本管理、提高产品竞争力及其单价、增加产品销量、优化产品结构四个方面着手。

四、利润表趋势分析

（一）定基趋势分析示例

利润表定基趋势分析以某一分析期的数值为基期数值计算定基指数。下面，我们根据 FYBL 公司（母公司）2015—2019 年的利润表数据，如表 4-5 所示，编制利润表定基趋势分析表，如表 4-6 所示。

表 4-5　FYBL 公司（母公司）2015—2019 年利润表数据　　　　　　　　单位：元

项　　目	2015 年	2016 年	2017 年	2018 年	2019 年
一、营业收入	4 412 710 821	4 497 001 121	4 253 048 052	4 826 344 643	4 910 654 625
减：营业成本	3 828 652 858	3 994 860 124	3 885 321 770	4 145 346 028	4 257 129 161
税金及附加	16 978 075	18 607 288	12 527 189	17 138 302	19 863 535
销售费用	142 759 176	185 116 329	204 040 963	256 084 032	285 871 841
管理费用	307 224 318	309 302 913	352 479 786	375 969 010	346 797 714
研发费用				40 128 780	47 680 748
财务费用	−338 760 105	−564 555 131	448 502 182	−498 247 762	−252 118 459
加：其他收益			66 748 251	20 720 242	48 978 508
投资收益（损失以"−"号填列）	2 058 539 016	2 466 027 931	3 289 786 391	4 086 446 432	3 238 547 487

续表

项　　目	2015年	2016年	2017年	2018年	2019年
净敞口套期收益（损失以"－"号填列）					
公允价值变动收益（损失以"－"号填列）	117 410	675 290	－16 834 357	63 560 754	－35 832 014
信用减值损失（损失以"－"号填列）					
资产减值损失（损失以"－"号填列）	－9 054 382	－7 203 838	－4 540 753	－12 380 513	7 353
资产处置收益（损失以"－"号填列）		－4 965 930	3 356 997	3 516 482	3 276 161
二、营业利润（亏损以"－"号填列）	2 505 458 543	3 008 203 051	2 688 692 691	4 647 140 417	3 457 140 480
加：营业外收入	30 769 811	33 182 412	5 555 239	665 359	11 774 551
减：营业外支出	6 435 670	36 968	69 876	1 995 764	1 098 916
三、利润总额（亏损总额以"－"号填列）	2 529 792 684	3 041 348 495	2 694 178 054	4 645 810 012	3 467 816 115
减：所得税费用	120 382 875	128 941 755	－91 772 908	270 410 580	81 834 581
四、净利润（净亏损以"－"号填列）	2 409 409 809	2 912 406 740	2 785 950 962	4 375 399 432	3 385 981 534

表4-6　FYBL公司（母公司）利润表定基趋势分析　　　　　　　　　　　单位：%

项　　目	2015年	2016年	2017年	2018年	2019年
一、营业收入	100.00	101.91	96.38	109.37	111.28
减：营业成本	100.00	104.34	101.48	108.27	111.19
税金及附加	100.00	109.60	73.78	100.94	117.00
销售费用	100.00	129.67	142.93	179.38	200.25
管理费用	100.00	100.68	114.73	122.38	112.88
研发费用					
财务费用					
加：其他收益					

续表

项　　目	2015 年	2016 年	2017 年	2018 年	2019 年
投资收益（损失以"－"号填列）	100.00	119.80	159.81	198.51	157.32
净敞口套期收益（损失以"－"号填列）					
公允价值变动收益（损失以"－"号填列）	100.00	575.16	－14 338.09	54 135.72	－30 518.71
信用减值损失（损失以"－"号填列）					
资产减值损失（损失以"－"号填列）					
资产处置收益（损失以"－"号填列）					
二、营业利润（亏损以"－"号填列）	100.00	120.07	107.31	185.48	137.98
加：营业外收入	100.00	107.84	18.05	2.16	38.27
减：营业外支出	100.00	0.57	1.09	31.01	17.08
三、利润总额（亏损总额以"－"号填列）	100.00	120.22	106.50	183.64	137.08
减：所得税费用	100.00	107.11	－76.23	224.63	67.98
四、净利润（净亏损以"－"号填列）	100.00	120.88	115.63	181.60	140.53

注：财务费用、资产减值损失 2015 年基期数值为负，不适用计算定基指数。

表 4-6 表明，2015—2019 年 FYBL 公司（母公司）净利润、利润总额、营业利润等主要利润指标整体呈波动上升的趋势。其中 2018 年增长最多，2019 年虽有所回落，但仍比 2015—2017 年增长得多。净利润、利润总额、营业利润三种指标的各年定基指数均非常接近，说明所得税费用、营业外收支等因素的影响很小，没有明显改变三种指标之间的增长趋势。

从毛利看，营业收入和营业成本的各年增长情况比较接近，但整体变化明显小于前面三项利润指标，可以认为毛利的增长对营业利润、利润总额和净利润的增长有一定的贡献，但需关注毛利之外的其他项目，如投资收益、销售费用等。虽然财务费用、公允价值变动收益因数据不适用计算定基指数，未反映在表 4-6 中，但其绝对数值较大，需另行分析其影响。

（二）环比趋势分析示例

利润表环比趋势分析以每一分析期的前期数值为基期数值计算环比指数。下面，我们根据 FYBL 公司（母公司）2015—2019 年度的利润表数据，编制环比趋势分析表，如表 4-7 所示，并进行利润表趋势分析。

表 4-7　FYBL 公司（母公司）利润表环比趋势分析　　　　　单位：%

项　　目	2015 年	2016 年	2017 年	2018 年	2019 年
一、营业收入		101.91	94.58	113.48	101.75
减：营业成本		104.34	97.26	106.69	102.70
税金及附加		109.60	67.32	136.81	115.90
销售费用		129.67	110.22	125.51	111.63
管理费用		100.68	113.96	106.66	92.24
研发费用					118.82
财务费用		166.65	−79.44	−111.09	50.60
加：其他收益				31.04	236.38
投资收益（损失以"−"号填列）		119.80	133.40	124.22	79.25
净敞口套期收益（损失以"−"号填列）					
公允价值变动收益（损失以"−"号填列）		575.16	−2 492.91	−377.57	−56.37
信用减值损失（损失以"−"号填列）					
资产减值损失（损失以"−"号填列）		79.56	63.03	272.65	−0.06
资产处置收益（损失以"−"号填列）			−67.60	104.75	93.17
二、营业利润（亏损以"−"号填列）		120.07	89.38	172.84	74.39
加：营业外收入		107.84	16.74	11.98	1 769.65
减：营业外支出		0.57	189.02	2 856.15	55.06
三、利润总额（亏损总额以"−"号填列）		120.22	88.58	172.44	74.64
减：所得税费用		107.11	−71.17	−294.65	30.26
四、净利润（净亏损以"−"号填列）		120.88	95.66	157.05	77.39

由表 4-7 可知，第一，FYBL 公司（母公司）净利润、利润总额、营业利润环比上升和环比下降交替出现，且变动幅度较大；构成毛利的营业收入和营业成本环比增减的幅度较小，且二者变化方向相同，变化幅度相近，说明毛利的变动相对平稳。第二，FYBL 公司（母公司）净利润、利润总额、营业利润各年环比增减幅度比较接近，说明尽管所得税费用、营业外收支环比增减波动大，但它们对利润总额和营业利润的影响较小，没有对净利润和利润总

额的变化起重要作用。第三,财务费用、投资收益、公允价值变动收益、资产减值损失、资产处置收益等项目的环比变动趋势与毛利环比变动趋势不一致,需要进一步分析其变动的原因。

第三节 利润表分部分析

一、分部报告的产生

对于跨行业、跨地区发展的企业来说,合并报告无法反映各部门在不同的行业与地区所承受的风险及盈利能力,可能导致企业经营者掩盖部分陷入财务困境的风险等情况的出现。[①] 分部报告是在企业对外提供的财务报告中,按照确定的企业内部组成部分(行业或地区分部)提供的关于其收入、资产和负债等信息的报告。[②] 美国财务会计准则委员会(FASB)修订发布的《财务会计准则委员会第131号公告——关于企业分部和相关信息的披露》(SFAS131,1997)把分部报告的作用描述为:帮助财务报表用户更好地理解企业的业绩;更好地评估其未来净现金流量的前景;对企业整体做出更有依据的判断。

继美国FASB和IASC修订了分部报告有关的准则之后,我国证监会也在1997年首次要求跨行业上市公司在其年报中披露分行业信息。其后,财政部在《股份公司会计制度》《企业会计制度》和《企业会计准则第35号——分部报告》中对分部报告进行了修订和完善。目前,我国分部信息的确认、计量与披露规则已非常接近国际会计准则。

二、分部报告的主要分析方法

(一)企业分部的确定方法

当前,对于分部的确定有两种流行的方法,一是国际会计准则理事会(IASB)提出的"风险与报酬法",二是美国财务会计准则委员会(FASB)提出的"管理法"。

"风险与报酬法"认为企业不同的业务和不同地区具有不同的风险和报酬,应将风险与报酬相同或相似业务和地区合并为一个业务分部或地区分部,而将风险与报酬不同的业务和地区分别划分为不同的分部。目前我国企业采用这种方法来确定分部。由于业务和地区所表现出的风险与报酬差异不易区分,而且以这种方式所划分的分部与企业的组织结构相脱节,划分分部有较大的主观随意性,增加了报表分析者获取有用信息的难度,为企业管理层掩盖其不良经营提供了可操纵空间。

"管理法"确定的经营分部是指高级决策人员出于资源配置的目的而确定的组织单位。该方法通过管理层的视角看管理企业,增强了信息使用者预测管理层的行动和反应能力,进而对企业未来的现金流量产生影响。另外,以现有的内部结构为基础划分的分部减少了主观性。

(二)企业可报告分部的确定方法

对于可报告分部的确定标准,国际上已达成共识:①其报告的收入(包括对外部客户的销售和分部间销售或转移)占所有报告经营分部内部和外部总收入的10%以上。②其报

---

① 屈扬.我国分部报告实施现状分析[J].财会通讯,2013(1).
② 樊行健,胡成.分部报告及其财务分析[J].经济经纬,2005(6).

的盈利或亏损的绝对额占下列两者绝对值较大的10%以上：一是所有盈利经营分部报告的总盈利；二是所有亏损经营分部报告的总亏损。③其资产占所有经营分部的总资产的10%以上。某一分部按上述标准递次检验，符合条件之一即可作为可报告分部。为防止企业披露较少的分部，一般要求可报告分部的合并外部总收入应不低于企业合并总收入的75%，否则应增加可报告分部。

我国财政部2001年修订发布的《企业会计制度》对可报告分部判定标准第二条，"分部营业利润占所有盈利分部的营业利润合计的10%或以上；或者分部营业亏损占所有亏损分部的营业亏损合计的10%或以上"，与国际惯例有所不同。在实践中，有些企业为隐瞒经营亏损分部或资源占用较多而业绩不良的分部，将其合并为"所有其他"类别中披露，影响了报表分析者的判断。

（三）报告分部所采用的会计政策以及分部主要项目的确认与计量方法

关于分部报告的信息采用什么样的政策，目前国际上也存在两种不同的观点。国际会计准则委员会认为，由于按"风险与报酬法"确定的分部，与企业的管理报告单位一般不一致，所以对报告分部采用的会计政策只能是遵循与企业集团或母公司财务报表编制和报告相一致的会计政策(IAS14,1997)。美国财务会计准则委员会则规定：对各个分部所报告的信息应采用与主要经营决策者为向分部分配资源和评估分部业绩所用的信息同样的计量基础，即计量分部信息的管理法(SFAS131,1997)。按"管理法"确定的分部，由于其企业管理报告单位基本一致，所以报告分部所选用的会计政策，既可以是企业内部报告所采用的政策，也可选用合并报表或母公司报表所采用的会计政策。

提倡建立高质量的会计准则，强调会计信息的可靠性和透明度，已成为财务会计发展的趋势。企业分部报告信息选择与合并报表或母公司报表相一致的会计政策已成为国际社会的主流。我国《企业会计制度》规定，当母公司会计报表和合并报表一并提供时，分部报告只需在合并会计报表的基础上编制。

（四）分部报告的分析和利用方法

对分部报告进行分析，除了传统的财务报表分析方法，如比率分析法、趋势分析法、比较分析法等继续适用之外，从分部报告的目的出发，结合企业管理部门的设定目标、管理战略，财务分析者还可以从以下角度展开进一步分析。

第一，分析可报告分部外销业务在企业集团中的相对重要性。对管理层来说，向外销收入高、获利能力强的分部投入更多资源，是企业战略的重要内容。对于外部信息使用者来说，可以了解到公司的收入和利润主要来自于什么业务、什么经营部门、什么地区。第二，分析不同报告分部的增长趋势。分析者可以采用趋势分析法来计算和比较各分部的增长率水平、销售水平和盈利水平的变化，并解释整个公司增长率变动的原因。管理层可据此调整企业的产品结构和业务方向。外部信息使用者可据此判断持续发展能力以及存在的潜在风险。[①] 第三，分析可报告分部对外部客户的依赖程度。如果一个分部的销售主要来自于外销，说明该分部对外部客户的依赖程度高，需要分析可能来自客户的潜在风险。

---

① 桑士俊,吕斐适. 分部报告的分析与利用——兼论我国有关企业分部信息披露的要求[J]. 会计研究,2002(8).

第四节 合并利润表分析

对于合并利润表分析,需要在了解合并利润表的结构和内容的基础上,结合母公司利润表的分析方法,着重分析合并利润表总体变动情况、一般项目和特殊项目的变化情况。

一、合并利润表的格式和内容

合并利润表的格式在个别利润表的基础上,在"净利润"项目下增加了"归属于母公司所有者的净利润"和"少数股东损益"两个项目,分别反映净利润中由母公司所有者享有的份额和非全资子公司当期实现的净利润中属于少数股东权益的份额。

二、合并利润表一般分析

对合并利润表一般分析,主要从合并利润表总体变动情况、一般项目和特殊项目三个方面进行分析。

(一)总体变动情况分析

2019年FYBL公司实现净利润为2 898 182 172元,同比上年减少了29.44%;利润总额为3 231 138 052元,同比上年减少了34.89%;营业利润为3 415 937 939元,同比上年减少了31.31%;毛利7 906 323 130元,同比上年减少8.3%;营业收入为21 103 877 523元,同比上涨4.35%;营业成本17 896 220 191元,同比上涨13.74%。可见,FYBL公司合并利润表呈现增收减利的特点,主要原因是营业成本较大幅度上升,使毛利减少;财务费用明显增加,投资收益大幅减少,使营业利润下降较多。从利润结构看,毛利减幅较小,而营业利润、利润总额、净利润减幅较大,说明虽然最终利润成果减少,但盈利基础尚在,最终利润成果变化主要来自期间费用、资产价值变动等方面。

我们还可以查阅分析合并利润表附注,进一步了解FYBL公司合并利润表主要项目变动的原因。

(二)一般项目分析

我们采用倍数分析法,将FYBL公司合并利润表各项目与母公司利润表对比,作一般项目分析,如表4-8所示,其中标注"*"的项目为金融企业专用行项目。

表4-8 FYBL公司2019年度合并利润表与母公司利润表对比 单位:元

项　　目	合并数	母公司	合并倍数
一、营业总收入	21 103 877 523	4 910 654 625	4.30
营业收入	21 103 877 523		
利息收入*			
已赚保费*			
手续费及佣金收入*			
二、营业总成本	17 896 220 191		

续表

项　　目	合并数	母公司	合并倍数
营业成本	13 197 554 393	4 257 129 161	3.10
利息支出 *			
手续费及佣金支出 *			
退保金 *			
赔付支出净额 *			
提取保险责任准备金净额 *			
保单红利支出 *			
分保费用 *			
税金及附加	197 816 747	19 863 535	9.96
销售费用	1 481 567 161	285 871 841	5.18
管理费用	2 185 363 063	346 797 714	6.30
研发费用	813 129 835	47 680 748	17.05
财务费用	20 788 992	－252 118 459	－0.08
利息费用	432 679 520	278 021 523	1.56
利息收入	284 421 399	335 787 655	0.85
加：其他收益	181 754 102	48 978 508	3.71
其中：投资收益（损失以"－"号填列）	82 377 957	3 238 547 487	0.03
对联营企业和合营企业投资收益	－5 932 899	3 267 100	－1.82
以摊余成本计量的金融资产终止确认收益			
汇兑收益（损失以"－"号填列）*			
净敞口套期收益（损失以"－"号填列）			
公允价值变动收益（损失以"－"号填列）	－35 747 594	－35 832 014	1.00
信用减值损失（损失以"－"号填列）	－20 511 657		
资产减值损失（损失以"－"号填列）	－3 939 955	7 353	－535.83
资产处置收益（损失以"－"号填列）	4 347 754	9 061	479.83
三、营业利润（亏损以"－"号填列）	3 415 937 939	3 457 140 480	0.99
加：营业外收入	109 494 454	11 774 551	9.30
减：营业外支出	294 294 341	1 098 916	267.80
四、利润总额（亏损总额以"－"号填列）	3 231 138 052	3 467 816 115	0.93
减：所得税费用	332 955 880	81 834 581	4.07

续表

项　　目	合并数	母公司	合并倍数
五、净利润（净亏损以"－"号填列）	2 898 182 172	3 385 981 534	0.86
（一）按经营持续性分类			
1. 持续经营净利润（净亏损以"－"号填列）	2 898 182 172	3 385 981 534	0.86
2. 终止经营净利润（净亏损以"－"号填列）			
（二）按所有权归属分类			
1. 归属于母公司股东的净利润（净亏损以"－"号填列）	2 898 433 273		
2. 少数股东损益（净亏损以"－"号填列）	－251 101		
六、其他综合收益的税后净额	162 489 893		
（一）归属于母公司所有者的其他综合收益的税后净额	162 489 893		
1. 不能重分类进损益的其他综合收益			
（1）重新计量设定受益计划变动额			
（2）权益法下不能转损益的其他综合收益			
（3）其他权益工具投资公允价值变动			
（4）企业自身信用风险公允价值变动			
2. 将重分类进损益的其他综合收益	162 489 893		
（1）权益法下可转损益的其他综合收益			
（2）权益法下不能转损益的其他综合收益			
（3）其他权益工具投资公允价值变动			
（4）金融资产重分类计入其他综合收益的金额			
（5）持有至到期投资重分类为可供出售金融资产损益			
（6）其他债权投资信用减值准备			
（7）现金流量套期储备（现金流量套期损益的有效部分）			
（8）外币财务报表折算差额	162 489 893		
（9）其他			
（二）归属于少数股东的其他综合收益的税后净额			
七、综合收益总额	3 060 672 065	3 385 981 534	0.90
（一）归属于母公司所有者的综合收益总额	3 060 923 166		

续表

项　　目	合并数	母公司	合并倍数
（二）归属于少数股东的综合收益总额	－251 101		
八、每股收益			
（一）基本每股收益	1.16		
（二）稀释每股收益	1.16		

1. 营业收入、成本项目的分析

合并报表中营业收入是母公司营业收入的4.3倍，合并报表中营业成本是母公司营业成本的3.1倍，说明FYBL公司内部母子公司、子子公司之间存在较少的内部抵销项目。母公司营业收入占整个集团的23.26%，即子公司营业收入占76.74%，因此集团营业收入主要依靠对外销售取得。

2. 期间费用项目分析

期间费用包括销售费用、管理费用、财务费用、研发费用。我国会计准则对研发费用处理分为两大部分。一是企业开发阶段的支出，能够证明符合无形资产条件的资本化支出，达到预定用途之后，结转到无形资产，不属于期间费用；二是研究阶段发生的费用及无法区分研究阶段研发支出和开发阶段研发的支出，以及开发阶段不符合资本化条件的费用，期末转入"管理费用"，属于期间费用。为简化起见，本处暂将"研发费用"项目计入期间费用考虑。

合并利润表四项期间费用之和与母公司报表相比，合并倍数达10.51倍。一般而言，超过5倍即说明集团内部存在较少的委托、代理等业务。从期间费用的合并倍数看，FYBL公司的子公司实质性承担了绝大部分的期间费用。

3. 投资收益项目的分析

当母公司与子公司、子公司相互之间持有对方长期股权投资时，产生的投资收益会相互抵销。因此，合并利润表中投资收益项目的数额一般会小于母公司财务报表的数额。FYBL公司"投资收益"项目的合并倍数为0.03，即母公司取得的投资收益几乎全部来自其子公司。

4. 净利润项目的分析

"净利润"项目的合并倍数是0.8，说明母公司盈利比整个集团的盈利还多，这主要是因为母公司盈利中有一部分来自其子公司，合并报表剔除这部分后，集团整体盈利就会低于母公司的盈利。

（三）**特殊项目分析**

根据表4-8对FYBL公司合并利润表的特殊项目分析，主要是归属于母公司股东的净利润和少数股东损益。FYBL公司2019年归属于母公司净利润为2 898 433 273元，低于母公司自身净利润3 385 981 534元，说明母公司的盈利状况比集团整体的盈利状况更好，集团中的一部分子公司可能出现了亏损。

FYBL公司少数股东损益为－251 101元，而归属于母公司净利润是正数，说明集团公司下属至少有一家非全资子公司处于累计亏损的状态，少数股东按照持股比例承担累计亏损额。

第五节　利润表项目质量分析

企业的效益主要体现在利润表上，在利润表分析中，要了解企业效益的质量，主要应从利润的实现过程和利润的结构及其变化发展方向来进行考察。当然，仅就利润表分析利润质量还是不够的，一定要结合资产负债表和现金流量表进行分析。

一、利润质量分析概述

对利润质量进行分析，需要了解利润质量的基本概念和基本特征，在把握利润质量恶化的主要表现、贯穿报表间的清晰脉络的基础上，找准利润质量分析的视点，从而正确而深入地分析利润质量。

（一）利润质量的概念与特征

利润质量是指会计收益所表达的与企业经济价值有关信息的可靠程度。管理层可能通过降低企业利润质量来增加利润，误导外界对企业实际状态及未来前景的判断。判断一个企业是否利润质量高，可以看它是否具有以下特点：实行持续、稳健的会计政策；对企业财务状况和利润的计量是谨慎的；利润主要是由主营业务创造的；会计上反映的收入能迅速转化为现金。

（二）利润质量分析的视角

利润质量分析可以从两个方面展开。一是从核心利润形成过程分析利润质量；二是从利润的结果分析，这在第 3 章资产质量分析已有涉及。下面从第一个方面作利润质量分析。

二、核心利润形成过程的质量分析

如前所述，核心利润没有考虑信用减值损失、资产减值损失、公允价值变动收益和投资收益等，反映的是企业经营资产的综合盈利能力，是衡量企业竞争力的重要指标之一。对核心利润形成过程的质量分析，应当从营业收入、成本费用等主要项目入手。

（一）营业收入质量分析

对企业营业收入质量的分析主要从营业收入的合理性和持续性两个方面进行。

1. 营业收入的合理性分析

营业收入的合理性分析包括对收入确认时间和确认方法的合理性分析。重点是如何发现和查证收入是否存在舞弊，此部分详见第 7 章的内容。

2. 营业收入的持续性分析

营业收入的持续性，是企业经营业绩良好的集中表现，也是上市公司股价攀升的有力依托。对企业营业收入的持续性分析，应主要关注四点：卖什么、卖到哪里、卖给谁、靠什么。[1]"卖什么"主要看产品结构及其变化是否体现了企业战略发展方向，是否主要依赖少数产品取得；"卖到哪里"主要看产品销售市场是否过于集中在某一区域，并评估销售市场进一步开

---

[1] 万如荣，张莉芳，蒋琰. 财务分析[M]. 2 版. 北京：人民邮电出版社，2020.

发的潜力和市场竞争程度;"卖给谁"主要看产品是否由独立第三方购买,这才能体现产品的真实竞争力,因而收入可持续性较高;"靠什么"主要看销售业绩是否依赖外部条件(如政府补贴)或改变销售策略(如大幅度降价促销或放宽赊销条件)来获得。

（二）成本费用项目分析

成本费用项目主要包括营业成本、税金及附加和期间费用等。下面主要阐述营业成本、销售费用、管理费用、研发费用和财务费用的质量分析。

1. 营业成本质量分析

对企业营业成本质量进行分析,主要从三个方面展开。第一,营业收入相对营业成本的变化趋势分析。一般而言,营业成本相对营业收入增幅较大的企业,其盈利前景堪忧。第二,影响营业成本水平高低的因素分析。影响企业营业成本水平高低因素既有客观、不可控因素,如市场价格波动,也有主观、可控因素,如选择供货渠道、采购批量来控制成本,以及调整会计方法影响费用分配和产品计价。第三,注意识别企业操纵营业成本的行为。常见的操纵方式有:将营业成本列作资产挂账,导致当期费用低估,资产价值高估;将资产列作费用,导致当期费用高估,资产价值低估。

2. 销售费用、管理费用、研发费用和财务费用的质量分析

在企业业务发展的条件下,企业销售费用、管理费用下降不一定总是合理的,片面追求削减可能对企业未来发展带来不利影响,例如,削减促销商品发生的销售佣金、差旅费等可能导致销量大减。分析时,应通过行业平均水平以及本企业历史水平的比较,分析其必要性。管理费用的分析也有相似特点。

研发费用质量分析,首先应关注研发费用投入方向是否与战略目标相一致,其次是研发费用占营业收入比重的变动趋势,是否在企业可承受范围之内,是否跟企业的发展相适应等。

财务费用质量分析主要有四个方面。第一,财务费用赤字(利息收入大于利息支出的差额)是否过大。第二,汇兑损益反映企业外汇资产管理效果。第三,利息支出的影响因素分析。如果因外部市场导致贷款利率下降引起的财务费用减少,则由不应给予过高的评价。第四,财务费用"资本化/费用化"的规范性问题,防止被企业用于调节利润。

【讨论4-3】 福耀玻璃集团创始人、董事长曹德旺在央视《开讲啦》20181215期作了题为《为中国人做一片属于自己的玻璃》的演讲,其中提到2002年美国商务部对福耀汽车玻璃进行"反倾销"调查的经历。

演讲内容如下。"2002年被起诉了,美国认为这一次逮到我了,结果他的工作组进我公司的时候,去看我的账号,我们把计算机系统打开,他要看什么,就打开给他看,这里的财务制度非常完整:一个包装箱,用多少木材,多少根铁钉,铁钉是多长的,一斤多少根,我有这个数据给他。他根本不相信我们做这么细,带他去车间看包装箱,没有想到我原来学会计学得那么及时。因为在这个之前,我1976年进这个厂,到1983年我承包的这七年时间,大多数常驻福州。没有事情干了,读书的同时去学做会计。我后来发现,把会计制度健全建立完整是非常美的事情。后来在我们1987年办福耀的时候,就不断地升级会计制度。到了1999年,我就用了Oracle(甲骨文)系统,做一个我们信息集成数据的报表的时候,都是用那个做的。会计工作对企业是起到很大的作用,企业必须把账做完整,一是向国家交代,我总共卖了多少、赚了多少,应该交给你多少税;二是我向银行交代,我会跟他介绍我的

整个经营状况,这个是赚钱还是不赚钱;三是我向我的股东交代,他们的钱在进来的时候用在什么地方,现在还剩下多少,是赚还是亏;第四,面对自己的时候能够显得更加自信,我只要把账做清楚,自身干净,我没有掉,你就没有东西捡。就这样渡过难关,使我们摆平了这个反倾销。"

根据以上资料,请谈谈报表诚信对企业长期稳定经营的重要意义。

本章概要

利润表将当期收入和费用按性质加以分类,通过营业利润、利润总额、净利润和综合收益总额四个层次来分布计算,层次清晰。分析利润表能够找出利润变动的原因,预测企业今后的经营趋势和盈利能力。

利润表分析的主要内容包括整体分析、分部分析、合并利润表分析和利润表项目质量分析。其中,利润表整体分析包括利润表增减变动分析、利润表结构变动分析和利润表趋势分析。利润表分部分析对企业以合并报表为基础的整体信息进行分解。合并利润表分析着重分析合并利润表总体变动情况、一般项目和特殊项目的变化情况。企业利润质量的分析包括核心利润形成过程分析。

 本章练习题

第 5 章

现金流量表分析

【教学目标】

通过本章的学习,学生应了解现金流量表的结构,理解现金流量表各项目的内容,理解现金流量表与利润表、资产负债表的关系,了解现金流量分析的相关理论,掌握现金流量表整体分析方法和合并现金流量表分析方法,掌握现金流量质量分析的基本方法。

引例

苏宁环球 2019 营收利润双增长,经营性现金流八年来首次变负数

苏宁环球是以房地产开发为主营业务,文化、医美等产业齐头并进的企业。2020 年 4 月 15 日,苏宁环球披露了 2019 年年报。报告期内,公司实现营业收入 39.24 亿元,同比增长 20.98%;实现"归属于上市公司股东的净利润"12.31 亿元,同比增长 20.60%;实现"归属于上市公司股东的扣除非经常性损益的净利润"1.29 亿元,同比增长 35.09%。苏宁环球 2019 年的"经营活动产生的现金流量净额"是 —5.39 亿元,这一数字较 2018 年同比下降 173.77%。

苏宁环球上一次出现"经营活动产生的现金流量净额"为负数,还要追溯到 2011 年,那一年的"经营活动产生的现金流量净额"为 —8.79 亿元。自 2012 年以来,苏宁环球的"经营活动产生的现金流量净额"一直为正数,直到 2019 年突然转为负数,令人感觉很奇怪。

除了"经营活动产生的现金流量净额"为负数之外,苏宁环球的"投资活动产生的现金流量净额"为 6.19 亿元,较 2018 年 2.37 亿元增长了 3.82 亿元;其"筹资活动产生的现金流量净额"为－11.91亿元,而2018年这一项目的数额为－7.09亿元。

当"经营活动产生的现金流量净额"为负数,"投资活动产生的现金流量净额"为正数,"筹资活动产生的现金流量净额"为负数时,对苏宁环球来说,可不是一个好的信号。

对于"经营活动产生的现金流量净额"为何是负数,苏宁环球在2019年年报中的解释是"系地产项目推盘量同比减少,融资租赁业务增加所致"。在苏宁环球2019年财报中的"其他流动资产"中,其"融资租赁应收款"达到5.49亿元,较2018年年末的1.12亿元增长了390.18%,但苏宁环球并没有在年报中披露融资租赁应收款的具体明细及原因。而"筹资活动产生的现金流量净额"大幅减少的解释原因是"系本年回购股份7.77亿元以及利润分配8.6亿元所致"。

资料来源:朱益民.新浪财经.2020年4月15日.http://finance.sina.com.cn/stock/relnews/cn/2020-04-15/doc-iircuyvh8014978.shtml.

第一节　现金流量表分析概述

一、现金流量表的概念

现金是企业的"血液",是企业短期财务实力的象征,是衡量企业短期偿债能力和借贷信誉的标准。财务管理的重要任务之一就是筹集资金,为企业供"血"并良性运用,才能促使企业健康成长。现金流量表是以现金为基础编制的,反映企业在一定会计期间现金流入与现金流出情况的财务状态变动表,它表明企业在一定时期的获现能力。在资产负债表中,分析者只能掌握企业现金的静态情况。在利润表中,分析者只能从权责发生制角度了解"确认"了多少收入、利润,但无法了解其是否真实流入了企业。而现金流量表能够从企业各种活动引起的现金流量的变化及其占现金流量总额的比重等反映现金流量的动态情况。因此,现金流量表是沟通资产负债表和利润表的桥梁。

现金流量表中的现金是指现金和现金等价物。现金是指企业的库存现金以及可以随时用于支付的存款,包括提前通知银行即可支取的定期存款,但不包括不能随时用于支付的定期存款。现金等价物是指企业持有的期限短、流动性高、易于转化为已知金额现金、价值变动风险很小的短期投资。现金等价物通常包括企业购买的、持有时间在3个月内的短期债券投资。例如,企业于2020年7月1日购买的2015年9月1日发行的期限为5年的记账式国债,购买时还有2个月到期,属于现金等价物。

二、现金流量表结构

现金流量表包括基本报表和补充资料。基本报表的内容有六项,即经营活动产生的现金流量、投资活动产生的现金流量、筹资活动产生的现金流量、汇率变动对现金及现金等价物的影响、现金及现金等价物净增加额、期末现金及现金等价物余额等。现金流量表补充资料的内容有三项,即将净利润调节为经营活动现金流量、不涉及现金收支的重大投资和筹资活动、现金及现金等价物净变动情况。

经营活动是指企业投资活动和筹资活动以外的所有交易和事项。"销售商品、提供劳务收到的现金"和"购买商品、接受劳务支付的现金"项目分别是企业经营活动现金流入和现金流出的主要来源,通常具有数额大、所占比重大、持续性较强的特点,在现金流量表分析中属于重点分析项目。

投资活动是指企业固定资产、无形资产、其他非流动资产的购建,以及短期投资、长期债权投资、长期股权投资及其处置活动。"取得投资收益收到的现金"项目反映来自股权性投资和子公司、联营企业或合营企业的利润分成,表明企业进入投资回收期,具有较强的持续性。

筹资活动是指导致企业资本及债务规模和构成发生变化的活动。"吸收投资收到的现金"项目反映企业发行股票、债券等方式筹资额减去发行费用后的净额。"取得借款收到的现金"项目反映企业通过短期、长期借款收到的现金。"偿还债务支付的现金"项目与筹资活动的"取得借款收到的现金"项目是对应项目,比较二者可判断企业负债规模变化情况。

三、现金流量表与资产负债表、利润表的关系

现金流量表与资产负债表的关系体现为资产负债表期末"货币资金"(包括现金等价物)与期初"货币资金"的差额与现金流量表中"现金与现金等价物净增加额"的金额一致,如图 5-1 所示。

现金流量表			资产负债表		
主表	附注		项目	期初	期末
经营活动净现金流量	1. 将净利润调节为经营活动现金流量		货币资金		
	净利润		其他流动资产项目		
	调节项目		非流动资产项目		
			资产总计		
投资活动净现金流量	经营活动净现金流量		负债		
	2. 不涉及现金收支的重大投资和筹资括动		流动负债		
			所有者权益		
	3. 现金及现金等价物净变动情况		负债和所有者权益合计		
筹资活动净现金流量	现金的期末余额				
	减:现金的期初余额				
现金及现金等价物净增加额	加:现金等价物的期末余额				
	减:现金等价物的期初余额				
	加:其他原因对现金的影响				
	现金及现金等价物净增加额				

图 5-1 现金流量表与资产负债表的关系

现金流量表与利润表的项目之间的关系如图 5-2 所示。现金流量表补充资料在财务报表附注中披露,其中的主要内容是以净利润为基础,根据"收付实现制"原理,增减有关项目后求得"经营活动产生的现金流量净额"。而净利润是根据"权责发生制"原理计算得出的,为此,需要对利润表中的不属于经营活动的投资筹资活动的收入、成本费用等予以剔除,使利润表中的收支项目均属于经营活动范畴。具体做法是加上非经营活动(投资活动和筹资活动)损失或减去非经营活动收益,包括处置固定资产、无形资产和其他长期资产的损失,固定资产报废损失,公允价值变动损失,财务费用、投资损失,递延所得税资产减少,递延所得税负债增加。

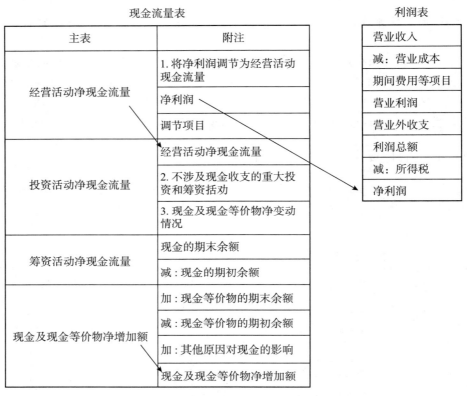

图 5-2 现金流量表与利润表的关系

在此基础上,再将利润表中的经营活动事项从"权责发生制"调整为"收付实现制",调节项目可分为两类。一是加上非付现费用,包括资产减值准备、固定资产折旧、各类摊销等;二是加上经营性应收项目和存货的减少、经营性应付项目的增加。

上述过程用公式概括如下:

经营活动产生的现金流量净额＝净利润＋(非经营活动损失－非经营活动收益)
　　　　　　　　　　　＋非付现费用＋[(经营性应收项目和存货的减少
　　　　　　　　　　　＋经营性应付项目的增加)
　　　　　　　　　　　－(经营性应收项目和存货的增加
　　　　　　　　　　　＋经营性应付项目的减少)]

四、现金流量表的分析内容和常用分析方法

现金流量表分析主要包括三个方面的内容。第一,现金流量表整体分析。该分析主要针对直接法编制的现金流量表主表,包括现金流量表水平分析、垂直分析和趋势分析。第二,合并现金流量表分析。第三,现金流量质量分析。依据现金流量质量与现金流量的质量特征,对现金流量表的质量进行分析,主要包括经营活动产生现金流量的质量分析、投资活动产生现金流量的质量分析和筹资活动产生现金流量的质量分析。

第二节 现金流量表整体分析

现金流量表整体分析包括三个方面的内容,即现金流量表水平分析、现金流量表垂直分析和现金流量表趋势分析。

一、现金流量表水平分析

(一)现金流量表水平分析方法

如前所述,现金流量表就是对资产负债表中的重点项目——"货币资金"的进一步展现和解释。现金流量表水平分析过程应体现层层递进的分析思路。在步骤上,水平分析应先从"现金及现金等价物净增加额"分析开始,根据企业经营活动、投资活动、筹资活动的大体状况,判断企业整体状况是否正常;再分析经营活动、投资活动和筹资活动产生的现金流量净额;最后分析各项活动的主要现金流入项目和现金流出项目,以了解造成各项活动现金流量净额(净流入或净流出)的原因是来自哪些具体的活动,并评价这些变化的合理性。

需要注意的是,"现金及现金等价物净增加额"是一个绝对数项目,分析时应围绕该项目增减变化的形成过程展开,因此,应主要关注水平分析表中的"变动额",而"变动率"项目仅供参考。

(二)现金流量表水平分析示例

下面根据 FYBL 公司(母公司)现金流量表编制现金流量表水平分析表,如表 5-1 所示,并据此进行水平分析。

表 5-1 FYBL 公司(母公司)现金流量表水平分析表 单位:元

项 目	2019 年度	2018 年度	变动额	变动率/%
一、经营活动产生的现金流量:				
销售商品、提供劳务收到的现金	5 007 230 941	5 769 009 036	−761 778 095	−13.20
收到的税费返还	214 656 640	258 795 447	−44 138 807	−17.06
收到其他与经营活动有关的现金	399 792 470	355 810 105	43 982 365	12.36
经营活动现金流入小计	5 621 680 051	6 383 614 588	−761 934 537	−11.94
购买商品、接受劳务支付的现金	4 548 303 690	4 542 670 065	5 633 625	0.12
支付给职工以及为职工支付的现金	349 356 829	308 178 205	41 178 624	13.36

续表

项　　目	2019 年度	2018 年度	变动额	变动率/%
支付的各项税费	137 266 834	19 762 279	117 504 555	594.59
支付其他与经营活动有关的现金	110 569 810	1 130 895 588	−1 020 325 778	−90.22
经营活动现金流出小计	5 145 497 163	6 001 506 137	−856 008 974	−14.26
经营活动产生的现金流量净额	476 182 888	382 108 451	94 074 437	24.62
二、投资活动产生的现金流量：				
收回投资收到的现金				
取得投资收益所收到的现金	3 137 076 503	3 676 961 994	−539 885 491	−14.68
处置固定资产、无形资产和其他长期资产所收回的现金净额	1 281 647	849 961	431 686	50.79
处置子公司及其他营业单位收到的现金净额		683 050 000	−683 050 000	−100.00
收到其他与投资活动有关的现金	3 933 833 082	2 065 253 973	1 868 579 109	90.48
投资活动现金流入小计	7 072 191 232	6 426 115 928	646 075 304	10.05
购建固定资产、无形资产和其他长期资产所支付的现金	82 452 977	112 856 981	−30 404 004	−26.94
投资支付的现金	146 160 000	442 440 781	−296 280 781	−66.97
取得子公司及其他营业单位支付的现金净额				
支付其他与投资活动有关的现金	4 300 000 000	2 315 000 000	1 985 000 000	85.75
投资活动现金流出小计	4 528 612 977	2 870 297 762	1 658 315 215	57.78
投资活动产生的现金流量净额	2 543 578 255	3 555 818 166	−1 012 239 911	−28.47
三、筹资活动产生的现金流量：				
吸收投资收到的现金				
取得借款收到的现金	7 400 936 466	8 244 764 436	−843 827 970	−10.23
收到其他与筹资活动有关的现金	1 700 000 000	300 000 000	1 400 000 000	466.67
筹资活动现金流入小计	9 100 936 466	8 544 764 436	556 172 030	6.51
偿还债务支付的现金	9 736 702 409	9 883 528 142	−146 825 733	−1.49
分配股利、利润或偿付利息所支付的现金	2 156 721 214	3 180 962 258	−1 024 241 044	−32.20
支付其他与筹资活动有关的现金	23 687 709	299 581	23 388 128	7 806.95
筹资活动现金流出小计	11 917 111 332	13 064 789 981	−1 147 678 649	−8.78
筹资活动产生的现金流量净额	−2 816 174 866	−4 520 025 545	1 703 850 679	−37.70
四、汇率变动对现金及现金等价物的影响	37 595 452	245 683 241	−208 087 789	−84.70

续表

项　　目	2019 年度	2018 年度	变动额	变动率/%
五、现金及现金等价物净增加额	241 181 729	−336 415 687	577 597 416	−171.69
加:期初现金及现金等价物余额	6 017 450 898	6 353 866 585	−336 415 687	−5.29
六、期末现金及现金等价物余额	6 258 632 627	6 017 450 898	241 181 729	4.01

依据表 5-1,可以做出以下分析。

(1) 2019 年 FYBL 公司(母公司)现金及现金等价物净增加额为 241 181 729 元,扭转了 2018 年现金及现金等价物减少 336 415 687 元的状态。2019 年现金及现金等价物净增加主要是因为投资活动产生的现金流量净流入,经营活动产生的现金流量虽有净流入但金额较小,汇率变动对现金及现金等价物的影响只有金额很小的正数,筹资活动产生的现金流量净流出很大,抵消了大部分现金净流入量。

(2) 经营活动产生的现金流量净额小,投资活动、筹资活动产生的现金流量净额大,反映了母公司的业务重点是投资、控制、管理成员企业,自身经营活动并不是母公司的主要现金流量来源。投资活动产生了较大的现金净流入,而筹资活动产生了较大的现金净流出,进一步查阅投资活动和筹资活动的具体项目发现,投资活动现金净流入主要来自取得投资收益所收到的现金,而筹资活动现金净流出主要是因为偿还债务支付的现金,说明该公司能够从投资中取得较充沛的现金流入,用以偿还到期债务,处于投资成果收获和还本付息阶段,投融资活动衔接顺畅,能够有效履行母公司投融资管理职能。

(3) 与 2018 年的现金流量情况相比,2019 年经营活动、投资活动、筹资活动产生的现金流量净额的基本分布特点是一致的,即以投资活动、筹资活动产生的现金流量净额为主,但数量关系上有一定的变化,即筹资活动产生的现金净流出减少量大于投资活动产生的现金净流入的减少量,再配合经营活动产生的现金流量净额和汇率变动对现金及现金等价物的影响额增加,使得现金及现金等价物净增加额由 2018 年负增长转为 2019 年的正增长。

(4) 从投资活动、筹资活动产生的现金流量主要项目的变化情况看,相对于 2018 年,2019 年筹资活动现金流出减少最多的项目是"分配股利、利润或偿付利息所支付的现金",减少了 1 024 241 044 元,现金流入增加最多的项目是"收到的其他与筹资活动有关的现金",经查阅合并财务报表项目注释[①],全部是 2019 年大量增加了发行超短期融资券所致,另外,"取得借款收到的现金"也有一定的减少,说明 2019 年虽然公司仍以借款作为主要的筹资渠道,但其重要性在相对地下降,公司的筹资策略更多地表现为通过直接融资来获得外部融资,逐渐减少对间接融资(借款)的依赖。

投资活动现金流入增加最多的项目是"收到其他与投资活动有关的现金",增加了 1 868 579 109 元,原因是收回的理财产品本金及其利息收入;但"取得投资收益所收到的现金"和"处置子公司及其他营业单位收到的现金净额"均有一定的减少。现金流出增加最多的项目是"支付其他与投资活动有关的现金",增加了 1 985 000 000 元,均用于购买理财产品。该公司在理财产品上有较大规模的购买和收回,引起的现金流入和现金流出金额比较

---

① 因 2019 年年度报告"母公司财务报表主要项目注释"未单独披露该项目,而该项目金额在母公司现金流量表与合并现金流量表中相同,所以此处查阅合并财务报表项目注释。

接近,推测大部分发生额应该是2019年度内即将到期的理财产品进行了再投资,反映了公司资金管理已十分熟练,符合母公司投资管理的职能特点。

经营活动现金流入的主要项目是"销售商品、提供劳务收到的现金",现金流出的主要项目是"购买商品、接受劳务支付的现金",其绝对值在现金流量表各项目中仍较大,符合正常企业的基本特点。但由于这两个项目的金额差距较小,使得经营活动产生的现金流量净额偏小,未对现金及现金等价物的变动产生主要影响。

综合来看,该公司2019年投资活动产生的现金流量净额减少,剔除理财产品到期再投资的影响后,主因是来自子公司的投资收益有所减少;筹资活动产生的现金流量净额增加(净流出减少),主因是减少了股利分配和通过发行短期融资券代替借款并增加了融资规模。经营活动产生的现金流量净额变动较小。该公司现金流量特点符合母公司以投资、控股子公司为主要业务的特点,但仍需进一步分析造成子公司投资收益减少的原因,以及公司股利政策和融资政策的调整是否与公司战略目标吻合,进而评价这些变化对企业未来业绩的影响。

二、现金流量表垂直分析

(一)现金流量表垂直分析方法

现金流量表的垂直分析根据现金流量的方向分别计算现金流入结构占比、现金流出结构占比,以及现金流量产生的各类活动内部结构占比。现金流入结构可进一步分为总现金流入结构和内部现金流入结构。现金流出结构可进一步分为总现金流出结构和内部现金流出结构。总现金流入(或现金流出)结构是以现金流入(或现金流出)总额为基数,各现金流入(或现金流出)项目与该基数相除,得到各现金流入(或现金流出)项目在总现金流入(或现金流出)量的占比,以了解主要的现金流入(或现金流出)来自哪些项目。内部现金流入(或现金流出)结构是分别以经营活动/投资活动/筹资活动现金流入(或现金流出)量为基数,经营活动/投资活动/筹资活动各现金流入(或现金流出)项目分别与该基数相除,得到各项活动现金流入(或现金流出)项目在该项活动现金流入(或现金流出)量中的占比,以了解各项活动的现金流入(或现金流出)的构成情况。

(二)现金流量表垂直分析示例

根据FYBL公司(母公司)2019年现金流量表数据编制的结构分析表,如表5-2所示。

表 5-2　FYBL公司(母公司)现金流量表垂直分析表　　　　　单位:元

项目	2019年度	流入结构/%	流出结构/%	内部结构/%
一、经营活动产生的现金流量:				
销售商品、提供劳务收到的现金	5 007 230 941	22.97		89.07
收到的税费返还	214 656 640	0.98		3.82
收到其他与经营活动有关的现金	399 792 470	1.83		7.11
经营活动现金流入小计	5 621 680 051	25.79		100.00
购买商品、接受劳务支付的现金	4 548 303 690		21.07	88.39

续表

项　　目	2019 年度	流入结构/%	流出结构/%	内部结构/%
支付给职工以及为职工支付的现金	349 356 829		1.62	6.79
支付的各项税费	137 266 834		0.64	2.67
支付其他与经营活动有关的现金	110 569 810		0.51	2.15
经营活动现金流出小计	5 145 497 163		23.83	100.00
经营活动产生的现金流量净额	476 182 888			
二、投资活动产生的现金流量：				
收回投资收到的现金		0.00		0.00
取得投资收益所收到的现金	3 137 076 503	14.39		44.36
处置固定资产、无形资产和其他长期资产所收回的现金净额	1 281 647	0.01		0.02
处置子公司及其他营业单位收到的现金净额		0.00		0.00
收到其他与投资活动有关的现金	3 933 833 082	18.05		55.62
投资活动现金流入小计	7 072 191 232	32.45		100.00
购建固定资产、无形资产和其他长期资产所支付的现金	82 452 977		0.38	1.82
投资支付的现金	146 160 000		0.68	3.23
取得子公司及其他营业单位支付的现金净额			0.00	0.00
支付其他与投资活动有关的现金	4 300 000 000		19.92	94.95
投资活动现金流出小计	4 528 612 977		20.97	100.00
投资活动产生的现金流量净额	2 543 578 255			
三、筹资活动产生的现金流量：				
吸收投资收到的现金		0.00		0.00
取得借款收到的现金	7 400 936 466	33.96		81.32
收到其他与筹资活动有关的现金	1 700 000 000	7.80		18.68
筹资活动现金流入小计	9 100 936 466	41.76		100.00
偿还债务支付的现金	9 736 702 409		45.10	81.70
分配股利、利润或偿付利息所支付的现金	2 156 721 214		9.99	18.10
支付其他与筹资活动有关的现金	23 687 709		0.11	0.20
筹资活动现金流出小计	11 917 111 332		55.19	100.00
筹资活动产生的现金流量净额	−2 816 174 866			

续表

项　　目	2019 年度	流入结构/%	流出结构/%	内部结构/%
现金流入总额	21 794 807 749	100.00		
现金流出总额	21 591 221 472		100.00	
四、汇率变动对现金及现金等价物的影响	37 595 452			
五、现金及现金等价物净增加额	241 181 729			
加:期初现金及现金等价物余额	6 017 450 898			
六、期末现金及现金等价物余额	6 258 632 627			

根据表 5-2,我们对现金流量表垂直分析的具体解析内容如下。

1. 现金流入结构分析

从总流入结构看,根据表 5-2 中的现金流入结构占比,FYBL 公司(母公司)总体上现金流入是以筹资活动产生的现金流入为主的,占比达 41.76%,其次是投资活动产生的现金流入,占 32.45%,经营活动现金流入占比仅为 25.79%。这个占比结构整体上符合母公司的业务和职能特点。

从内部流入结构看,筹资活动产生的现金流入中,有 81.32% 来自"取得借款收到的现金"项目,说明借款是主要的外部资金来源。投资活动产生的现金流入中,虽然"收到其他与投资活动有关的现金"(收回的理财产品本金及其利息收入)占比超过一半,但投资收益仍是主要现金流入项目。经营活动产生的现金流入中,89.07% 来自"销售商品、提供劳务收到的现金"项目。

2. 现金流出结构分析

从总流出结构看,根据表 5-2 中的现金流出结构占比,FYBL 公司(母公司)现金流出以筹资活动产生的现金流出为主,占比达 55.19%;其次是经营活动产生的现金流出,占比达 23.83%;最后是投资活动产生的现金流出,占比达 20.97%。这个结构基本符合母公司的业务和职能特点。

从内部流出结构看,筹资活动产生的现金流出中,有 81.70% 来自"偿还债务支付的现金"项目,说明偿还借款本金是公司当前最主要的现金流出。经营活动产生的现金流出中,88.39% 来自"购买商品、接受劳务支付的现金"项目。投资活动产生的现金流出中,有 94.95% 来自"支付其他与投资活动有关的现金"(购买理财产品)项目,基本没有再对子公司继续投资。

本例只以一个年度的现金流量结构来介绍垂直分析方法。如果将本年度现金流量结构与上年度(或同业竞争对手或本企业预算)的现金流量结构进行对比,还可以得到更为丰富的分析结果。

三、现金流量表趋势分析示例

现金流量表趋势分析通过计算现金流量表各项目在一定时期内的变动情况,观察和分析经营活动、筹资活动、投资活动产生净现金流量的变动趋势,评价企业各项活动产生现金流量的能力和合理性,发现现金流入、流出的规律,从而为财务决策和编制现金预算奠定基础。

下面以 FYBL 公司(母公司)2015—2019 年现金流量表数据为例,扫右侧二维码如表 5-3 所示,采用定基增长率法,分析 FYBL 公司(母公司)现金流量的变化趋势和规律。为了突出重点,本例仅对现金流量表的主要数据进行分析。

表 5-3

(一)现金及现金等价物增长趋势分析

以表 5-3 为基础,编制 FYBL 公司(母公司)现金及现金等价物定基增长趋势表,如表 5-4 所示。

表 5-4　FYBL 公司(母公司)现金及现金等价物定基增长趋势表

报告年度	汇率变动对现金及现金等价物的影响		现金及现金等价物净增加额		期末现金及现金等价物余额	
	金额/元	定基指数/%	金额/元	定基指数/%	金额/元	定基指数/%
2015	294 750 545	100.00	5 520 788 519	100.00	5 809 618 357	100.00
2016	395 875 592	134.31	778 112 685	14.09	6 587 731 042	113.39
2017	−316 599 173	−107.41	−233 864 457	−4.24	6 353 866 585	109.37
2018	245 683 241	83.35	−336 415 687	−6.09	6 017 450 898	103.58
2019	37 595 452	12.76	241 181 729	4.37	6 258 632 627	107.73

现金类资产的特点是流动性高但收益性低,因此企业现金管理的基本原则是现金规模适度,既要满足企业各方面需求,也要把钱用活,产生效益。从表 5-4 中可以看出,FYBL 公司(母公司)现金及现金等价物期末余额五年来保持了基本稳定。现金流能在五年的较长时期做到持续稳定,反映了公司具备稳健的经营基本面和较高的现金流管理水平。其中汇率变动对现金及现金等价物的影响持续大幅下降,说明外汇资产管理效果持续改善。而现金及现金等价物净增加额在 2015 年有大量增加之后,后四年的变化量呈迅速收敛趋势,这是合理调控经营活动、投资活动、筹资活动现金流量的结果。结合期末现金及现金等价物余额的稳定表现,反映了公司灵活运用各种现金流入和现金流出手段实现现金管理的能力。

(二)经营活动现金流量趋势分析

以表 5-3 为基础,编制 FYBL 公司(母公司)经营活动现金流量定基增长趋势表,如表 5-5 所示。

表 5-5　FYBL 公司(母公司)经营活动现金流量定基增长趋势表

报告年度	经营活动现金流入小计		经营活动现金流出小计		经营活动产生的现金流量净额	
	金额/元	增长率/%	金额/元	增长率/%	金额/元	增长率/%
2015	5 263 305 471	100.00	5 651 560 229	100.00	−388 254 758	—
2016	4 991 542 437	94.84	6 240 680 967	110.42	−1 249 138 530	—

续表

报告年度	经营活动现金流入小计		经营活动现金流出小计		经营活动产生的现金流量净额	
	金额/元	增长率/%	金额/元	增长率/%	金额/元	增长率/%
2017	4 696 760 527	89.24	7 303 895 571	129.24	−2 607 135 044	—
2018	6 383 614 588	121.29	6 001 506 137	106.19	382 108 451	—
2019	5 621 680 051	106.81	5 145 497 163	91.05	476 182 888	—

注：经营活动产生的现金流量净额的基期数据为负值，不适用计算定基指数。此处直接观察该项目绝对值的变化情况。

从表 5-5 中可以看出，FYBL 公司（母公司）各年经营活动产生的现金流量净额呈先负后正的特点。2015—2017 年经营活动现金流入呈逐年萎缩的趋势，但同期经营活动现金流出则呈逐年较大幅度递增的趋势，使得经营活动现金净流出逐年增加，至 2017 年达到最大值。而自 2018 年起，经营活动现金流入量出现恢复性反增，且增幅连续两年大于经营活动现金流出量，从而扭转了经营活动产生的现金流量净额持续三年为负的趋势，转为连续正增长。经营活动现金流入的主要项目是"销售商品、提供劳务收到的现金"，各年变动幅度较小；现金流出的主要项目是"购买商品、接受劳务支付的现金"和"支付其他与经营活动有关的现金"，前者总体呈增长趋势，后者则呈快速下降的趋势。从"销售商品、提供劳务收到的现金"和"购买商品、接受劳务支付的现金"的历年金额对比看，同一年度内两个项目的金额差异并不大，变动率相对平稳，显示母公司的经营活动基本处于稳定发展状态，对经营活动产生的现金流量净额影响较大的项目就是其他与经营活动有关的现金收支。由于该公司年度报告"母公司财务报表主要项目注释"未披露母公司现金流量表的项目具体信息，此处暂无法证实其他与经营活动有关的现金收支变动的原因，但初步判断可能与母公司履行管理职能和与母公司战略定位以及在企业集团中的地位相对发生变化有关。具体的波动原因分析，应结合合并现金流量表分析母公司与子公司现金流量的分布情况来进行。如果确属这方面原因，则对现金流量的上述波动并不一定给予负面评价。

（三）投资活动现金流量趋势分析

以表 5-3 为基础，编制 FYBL 公司（母公司）投资活动现金流量定基增长趋势表，如表 5-6 所示。

表 5-6　FYBL 公司（母公司）投资活动现金流量定基增长趋势表

报告年度	投资活动现金流入小计		投资活动现金流出小计		投资活动产生的现金流量净额	
	金额/元	增长率/%	金额/元	增长率/%	金额/元	增长率/%
2015	2 318 028 324	100.00	747 138 070	100.00	1 570 890 254	100.00
2016	2 840 939 529	122.56	516 397 723	69.12	2 324 541 806	147.98
2017	3 726 977 631	160.78	1 861 439 164	249.14	1 865 538 467	118.76
2018	6 426 115 928	277.22	2 870 297 762	384.17	3 555 818 166	226.36
2019	7 072 191 232	305.10	4 528 612 977	606.13	2 543 578 255	161.92

从表 5-6 中可以看出,2015—2019 年 FYBL 公司(母公司)投资活动现金流量净额呈波动式上升趋势,最高点出现在 2018 年,而 2019 年是第二高点。投资活动现金流入呈连续增加趋势,而投资活动现金流出除个别年份下降外,整体呈快速增加趋势,且增幅高于现金流入量的增幅。但由于投资活动现金流入量绝对值比现金流出量大很多,现金流出量即使有较大幅度增加,投资活动产生的现金流量净额仍为正值且连年增长。公司的投资活动现金流入量主要来自"取得投资收益所收到的现金",五年来整体呈现连续增长的趋势,反映其处于投资回收期,获得大量股权性投资和子公司、联营企业或合营企业的利润分成,且有较强的持续性。

(四)筹资活动现金流量趋势分析

以表 5-3 为基础,编制 FYBL 公司(母公司)筹资活动现金流量定基增长趋势表,如表 5-7 所示。

表 5-7　FYBL 公司(母公司)筹资活动现金流量定基增长趋势表

报告年度	筹资活动现金流入小计		筹资活动现金流出小计		筹资活动产生的现金流量净额	
	金额/元	增长率/%	金额/元	增长率/%	金额/元	增长率/%
2015	10 049 673 964	100.00	6 006 271 486	100.00	4 043 402 478	100.00
2016	4 666 134 156	46.43	5 359 300 339	89.23	-693 166 183	-17.14
2017	9 415 181 874	93.69	8 590 850 581	143.03	824 331 293	20.39
2018	8 544 764 436	85.03	13 064 789 981	217.52	-4 520 025 545	-111.79
2019	9 100 936 466	90.56	11 917 111 332	198.41	-2 816 174 866	-69.65

从表 5-7 中可以看出,FYBL 公司(母公司)2015—2019 年筹资活动产生的现金流量净额呈正负相间的大幅波动,其中 2018—2019 年均为较大规模的筹资活动现金净流出。筹资活动现金流入量呈小幅下降趋势,但现金流出量保持较高的增幅。现金流入量和现金流出量变化趋势相背离,逐渐改变了筹资活动产生的现金流量净额早期净流入的状态,呈逐渐扩大的净流出状态。筹资活动现金流入的主要项目是"取得借款收到的现金",说明银行借款是其重要的外部融资来源。筹资活动现金流出的主要项目是"偿还债务支付的现金",其次是"分配股利、利润或偿付利息所支付的现金",说明其已进入还本付息高峰期,对股东现金分红的规模也较大。

综合考虑五年来该公司现金流量的各种表现,可以做出以下结论:该公司经营活动现金流量净额逐步下降为负值,主要受"其他与经营活动有关的现金收支"项目变动有关,但与经营活动直接相关的商品购销形成的现金流量仍能保持基本平衡;投资活动产生的现金流量净流入规模较大并有一定的增长趋势,对筹资活动以还本付息和现金股利分配为主的现金净流出提供了很好的支持。由此可认为该公司通过投资收益实现还本付息和股利分配,是成熟期企业应有的特点。由于其母公司的角色和企业集团的经营管理模式,经营活动现金净流量没有成为主要的现金流入来源也是可以接受的。公司的现金及现金等价物净增加额保持适度正增长,其现金流管理效果是比较令人满意的。

第三节　合并现金流量表分析

一、合并现金流量表的格式和内容

编制合并现金流量表,需要以合并利润表和合并资产负债表为基础,辅以其他与合并现金流量表编制有关的母公司和子公司账上的明细资料。与个别现金流量表编制一样,合并现金流量表的编制方法有直接法和间接法两种。

二、合并现金流量表一般分析示例

对合并现金流量表,我们以 FYBL 公司的合并现金流量表为例,就其总体变动情况、一般项目和特殊项目三个方面做分析演示。

（一）总体变动情况分析

2019 年 FYBL 公司的现金及现金等价物净增加额 1 995 012 325 元,与 2018 年的 -346 639 418 元相比不仅由负转正,且大幅增长 675.53%。其中,经营现金流量净额为 5 126 914 831 元,与 2018 年相比下降了 11.72%；投资活动现金流净额为 -3 125 297 837 元与 2018 年相比下降了 6%；筹资活动现金流净额为 -115 536 304 元,与 2018 年相比下降了 9%；汇率变动对现金及现金等价物的影响为 108 931 635 元,与 2018 年相比下降了 56.99%。经营活动产生的现金流量为正且较大,投资活动产生的现金流量为负,筹资活动产生的现金流量为负,说明企业的经营活动现金流量充沛,能够很好地支持企业扩大再生产和偿还债务本息与股利分配,符合成熟期企业的现金流量特点。汇率变动对现金及现金等价物的影响下降,说明企业的外汇资产管理效果相对于上年度有所改善。

（二）一般项目分析

本例的一般项目分析采用倍数分析法。表 5-8 显示 FYBL 公司合并现金流量表与母公司现金流量表对比分析,其中标注"＊"的项目为金融企业专用行项目。

表 5-8　合并现金流量表与母公司现金流量表对比　　单位:元

项　　目	合并数	母公司数	合并倍数
一、经营活动产生的现金流量:			
销售商品、提供劳务收到的现金	22 628 355 978	5 007 230 941	4.52
客户存款和同业存放款项净增加额＊			
向中央银行借款净增加额＊			
向其他金融机构拆入资金净增加额＊			
收到原保险合同保费取得的现金＊			
收到再保业务现金净额＊			
保户储金及投资款净增加额＊			

续表

项　　目	合并数	母公司数	合并倍数
收取利息、手续费及佣金的现金 *			
拆入资金净增加额 *			
回购业务资金净增加额 *			
代理买卖证券收到的现金净额 *			
收到的税费返还	240 853 074	214 656 640	1.12
收到其他与经营活动有关的现金	674 341 156	399 792 470	1.69
经营活动现金流入小计	23 543 550 208	5 621 680 051	4.19
购买商品、接受劳务支付的现金	11 860 432 727	4 548 303 690	2.61
客户贷款及垫款净增加额 *			
存放中央银行和同业款项净增加额 *			
支付原保险合同赔付款项的现金 *			
拆出资金净增加额 *			
支付利息、手续费及佣金的现金 *			
支付保单红利的现金 *			
支付给职工及为职工支付的现金	4 472 992 794	349 356 829	12.80
支付的各项税费	1 803 160 720	137 266 834	13.14
支付其他与经营活动有关的现金	280 049 136	110 569 810	2.53
经营活动现金流出小计	18 416 635 377	5 145 497 163	3.58
经营活动产生的现金流量净额	5 126 914 831	476 182 888	10.77
二、投资活动产生的现金流量：			
收回投资收到的现金			
取得投资收益收到的现金		3 137 076 503	0.00
处置固定资产、无形资产和其他长期资产收回的现金净额	40 775 890	1 281 647	31.82
处置子公司及其他营业单位收到的现金净额		683 050 000	0.00
收到其他与投资活动有关的现金	3 933 742 827	3 933 833 082	1.00
投资活动现金流入小计	3 974 518 717	7 072 191 232	0.56
购建固定资产、无形资产和其他长期资产支付的现金	2 779 502 262	82 452 977	33.71
投资支付的现金		146 160 000	0.00

续表

项　　目	合并数	母公司数	合并倍数
质押贷款净增加额 *			
取得子公司及其他营业单位支付的现金净额	20 314 292		
支付其他与投资活动有关的现金	4 300 000 000	4 300 000 000	1.00
投资活动现金流出小计	7 099 816 554	4 528 612 977	1.57
投资活动产生的现金流量净额	−3 125 297 837	2 543 578 255	−1.23
三、筹资活动产生的现金流量：			
吸收投资收到的现金			
其中:子公司吸收少数股东投资收到的现金			
取得借款收到的现金	15 219 223 239	7 400 936 466	2.06
收到其他与筹资活动有关的现金	1 700 000 000	1 700 000 000	1.00
筹资活动现金流入小计	16 919 223 239	9 100 936 466	1.86
偿还债务支付的现金	14 637 412 694	9 736 702 409	1.50
分配股利、利润或偿付利息支付的现金	2 310 071 663	2 156 721 214	1.07
子公司支付给少数股东的股利、利润			
支付其他与筹资活动有关的现金	87 275 186	23 687 709	3.68
筹资活动现金流出小计	17 034 759 543	11 917 111 332	1.43
筹资活动产生的现金流量净额	−115 536 304	−2 816 174 866	0.04
四、汇率变动对现金及现金等价物的影响	108 931 635	37 595 452	2.90
五、现金及现金等价物净增加额	1 995 012 325	241 181 729	8.27
加:期初现金及现金等价物余额	6 357 656 210	6 017 450 898	1.06
六、期末现金及现金等价物余额	8 352 668 535	6 258 632 627	1.33

1. 经营活动产生的现金流量项目分析

经营活动产生的现金流量项目重点关注"销售商品、提供劳务收到的现金"和"购买商品、接受劳务支付的现金"这两个项目。

通过"销售商品、提供劳务收到的现金"主要分析企业主营业务能力。FYBL公司合并数是母公司个别报表的4.52倍,说明集团之内母子公司交易较少。母公司占集团22%,其余均为子公司销售,反映了子公司有较高的对外销售能力。母公司"销售商品、提供劳务收到的现金"包括对集团内部和对集团外部的销售,而合并现金流量表"销售商品、提供劳务收到的现金"只包括对集团外部的销售。FYBL公司合并数是母公司个别报表的4.52倍,即剔除集团内部销售产生的现金流入后,整个集团对外销售所得现金仍达母公司的销售所得现金的4.52倍,可以推定母公司对子公司的销售所得现金相对较少,可认为整个集团对外销售所得现金占比较高。

购买商品、接受劳务支付的现金,反映了企业主营业务的支付现金的能力。该项目的合并倍数为2.61,合并倍数越高,说明该企业母子公司之间的交易越少,所需商品大部分从外面购买。合并倍数越高,说明该企业母子公司之间的交易越少,所需商品大部分从外面购买。该项目的合并倍数为2.61,看似不算太大,但应结合企业集团内部成员企业之间是否存在战略联系来评价。

母公司选择哪些子公司进行股权投资,通常带有一定的战略考虑。比如制造业企业为谋求成本竞争优势,需要实施纵向一体化战略,并购或控股产业链的上游或下游企业以提供稳定低成本的原材料或销售渠道,由此形成的企业集团往往存在较大的产业关联,发生成员企业之间的购买关系也属于正常交易,表现为"购买商品、接受劳务支付的现金"的合并倍数可能会偏小。

2. 投资活动产生的现金流量的项目分析

该企业集团取得投资收益收到的现金为0元,母公司为3 137 076 503元,说明母公司的投资收益全部由对集团内部成员公司的控股产生。

"处置固定资产、无形资产和其他长期资产收回的现金净额"和"购建固定资产、无形资产和其他长期资产支付的现金"的合并倍数分别为31.82和33.71,说明整个集团主要是从外部构建固定资产、无形资产和长期资产,母子公司业务关系清晰明确。

3. 筹资活动产生的现金流量的项目分析

"取得借款收到的现金""偿还债务支付的现金"的合并倍数分别为2.06和1.50,说明当年母公司取得的借款与子公司几乎相等,但母公司用于偿还债务的现金比子公司要多一倍。当然这个差距也不算很明显,而且与借款的偿还期限分布有关。"分配股利、利润或偿付利息支付的现金"的合并倍数为1.07,说明这部分现金流出基本由母公司承担了。

(三) 特殊项目分析

合并现金流量表的特殊项目分析,主要指子公司与少数股东之间发生的影响现金流入和现金流出的经济业务,包括少数股东对子公司增加权益性投资、子公司吸收少数股东投资收到的现金,以及子公司向其少数股东支付现金股利或利润等。因FYBL公司合并现金流量表中这三个特殊项目的金额均没有披露,故此处略去。

第四节 现金流量质量分析

为了深入把握企业现金流量质量,我们有必要专门从质量分析的角度对现金流量做深入分析。为此,本节在阐述现金流量质量与现金流量的质量特征的基础上,重点对分类现金流量,即经营活动产生的现金流量质量、投资活动产生的现金流量质量和筹资活动产生的现金流量质量进行分析。

一、现金流量质量与现金流量的质量特征

现金流量质量,是指企业的现金流量能够按照企业的预期目标进行顺畅运转的质量。

现金流量质量较高的突出表现是：各类活动的现金流量周转正常，现金流转状况与企业短期经营状况和企业长期发展目标相适应。

二、经营活动产生的现金流量质量分析

经营活动是企业经济活动的主体，经营活动产生的现金流量体现了企业"自我造血"的功能。因此，在企业各类现金流量中，经营活动现金流量显得尤为重要。经营活动现金流量的质量分析应包括真实性、充足性、合理性、稳定性和成长性五个方面。

（1）真实性分析主要通过考察企业经营活动现金流量的回笼状态是否与行业特点相符合，判断企业是否存在异常现金流的现象。当企业有大量关联交易时，分析者应注意识别其是否存在粉饰经营活动现金流量的情形。

（2）从充足性来看，"经营活动产生的现金流量净额"项目应能依次满足企业的以下要求：①补偿固定资产折旧、无形资产摊销、长期待摊费用与其他长期资产摊销；②能够支付经营用融资利息和投资用融资利息；③支付现金股利；④扩大再生产等。企业不同发展阶段给出的经营活动现金流量状况与企业发展阶段的对应关系及其评价，如表5-9所示。

表5-9　经营活动现金流量阶段性分析评价表

经营活动现金流量状况＼企业发展阶段	初创阶段	成长阶段	成熟阶段	衰退阶段
经营活动产生的现金流量小于零	正常	长期持续状态说明企业回笼资金的能力很差		很差
经营活动产生的现金流量等于零	中等	长期持续状态说明企业回笼资金的能力很差		一般
经营活动产生的现金流量大于零，但不足以补偿当期的非现金损耗性成本	较好	长期持续状态不能给予较高评价		较好
经营活动产生的现金流量大于零，并能补偿当期的非现金损耗性成本	好	较好	好	好
经营活动产生的现金流量大于零，并在补偿当期的非现金损耗性成本后仍有剩余	很好	很好	很好	很好

【讨论5-1】　评价经营活动产生的现金流量净额的充足性时，为什么要考虑用"货币性"的经营活动产生的现金流量去补偿"非付现"的当期非现金损耗性成本？

（3）合理性分析主要包括对企业经营活动现金流入是否顺畅、经营活动现金流出是否恰当、经营活动现金流入量与流出量结构是否合理三个方面的分析。其中，判断企业经营活动现金流入是否顺畅，应当重点分析考察经营活动现金流入的"销售商品、提供劳务收到的现金"是否规模较大且稳定增长，以及"购买商品、接受劳务支付的现金"是否合理、有无过度支付行为。经营活动现金流量结构的合理性分析，应关注现金流量的结构特点是否与企业经营特点相符。例如，人工成本不高、外购原材料和燃料占生产成本比重较高的企业，其"购买商品、接受劳务支付的现金"会显著高于为职工支付的现金。一般认为，现金流入量和现金流出量在规模和时间上能基本做到相互匹配的现金流量质量较高。

（4）在稳定性方面，如果维持企业运行和支撑企业发展的大部分资金由非核心业务活动提供，企业缺少稳定可靠的、来自核心业务的经营现金流量，则说明企业的主营业务获现能力差，这样的经营现金流量质量差。

（5）在成长性方面，经营活动现金流量净额的增长主要来源于销售业绩的真实提高，而不是通过推迟应付款项的支付或超常规消化存货来增加现金流，才是较为理想的状态。①

三、投资活动产生的现金流量质量分析

企业投资活动的现金流入和现金流出包含了企业对内投资和对外投资的基本思路，应结合企业发展战略，分析其投资活动现金流量的表现是否与当前战略目标相吻合。

"购建固定资产、无形资产和其他长期资产支付的现金"项目与投资活动的现金流入中"处置固定资产、无形资产和其他长期资产收回的现金净额"项目是对应项目，比较二者可判断企业对内投资战略的变化，如调整产品结构或业务方向。"取得子公司及其他营业单位支付的现金净额"项目与投资活动现金流入的"处置子公司及其他营业单位收到的现金净额"项目是对应项目，比较二者可判断企业对外投资战略的变化。

"投资活动产生的现金流量净额"项目如为净现金流出，表明企业投资规模在扩大。这多发生在企业初创阶段或成长阶段，用于对内投资购买固定资产；也可能发生在企业的成熟阶段，用于对外股权或债权性投资。如果该项目为净现金流入，表明企业进入投资回收期。这种情形多发生在企业成熟阶段，但也可能发生在企业战略调整阶段或企业衰退阶段。成熟期形成的现金流量通常具有持续性，从而提高企业现金流量的质量；战略调整或衰退期形成的现金流量通常不具有持续性。

【讨论 5-2】 试结合 FYBL 公司现金流量表的有关数据，判断其投资活动现金流量体现的投资战略类型。

四、筹资活动产生的现金流量质量分析

筹资活动产生的现金流量的意义在于满足企业的经营活动现金流量、投资活动现金流量需求，然而不同发展阶段的企业现金流量需求是变化的，所以筹资活动产生的现金流量质量评价不能简单地依靠固定的指标值，而应从筹资活动现金流量的适应性、企业筹资渠道与筹资方式的多样性，以及筹资行为的恰当性三个方面进行。

（一）筹资活动现金流量的适应性分析

筹资活动现金流量的适应性分析，是指对筹资活动现金流量与经营活动、投资活动现金流量周转状况的适应性分析。企业在不同的发展阶段，需要不同的筹资方式。创业初期，企业很难获得债务融资，也无法通过自身盈利获得内源融资，只能依靠吸收投资者的股权性资金。进入成长期的企业，融资环境得以改善，债务融资逐渐成为重要的筹资方式。进入成熟期之后企业筹资活动的重点放在偿还前期债务的本息和通过现金股利回报投资者。但也有其他可能性，比如衰退阶段的企业由于筹资能力较差，筹资活动现金流量表现为净流出，又如成熟期企业也可能需要临时筹资用于并购活动等。

---

① 万如荣,张莉芳,蒋琰.财务分析[M].2 版.北京:人民邮电出版社,2020.

对于企业的筹资活动是否适应不同生命阶段经营活动和投资活动的周转状况,主要根据经营活动和投资活动对现金需求量的大小来判断。如果企业经营活动和投资活动现金流量净额之和小于零,且企业没有或不准备动用已有现金来补充,就需要通过筹资活动弥补资金缺口。如果企业经营活动和投资活动现金流量之和大于零,且现金规模已满足日常所需,就需要调整筹资规模和速度,并积极归还借款本金或发放现金股利,降低资本成本,避免现金闲置,提高企业的经济效益。另外,企业筹资活动还需要及时筹集资金用于到期债务的偿还。

(二) 筹资渠道与筹资方式的多样性分析

不同筹资渠道及筹资方式,其筹资成本与筹资风险相差很大。高质量的筹资活动现金流应当有多元化、可靠的筹资渠道和多种可选择的筹资方式,能够根据外部形势变化灵活选择筹资方式,保证筹资的及时性、稳定性、低成本性。

(三) 筹资行为的恰当性分析

筹资行为的恰当性分析是指企业是否存在超过实际需求的过度融资、企业资金是否存在被其他企业无效益占用等不良融资行为,并进一步分析其背后真正的融资动机。首先,分析者应着重分析企业的筹资活动与企业未来的发展战略的一致性,是基于战略选择的主动筹资,还是为了弥补经营、投资失误产生的现金缺口而进行的被动筹资。其次,应结合考虑企业所处生命周期的具体阶段,分析企业是否存在过度融资,或者一面筹资一面从事财务性投资。例如,《上市公司证券发行管理办法》第十条、《创业板上市公司证券发行管理暂行办法》第十一条对上市公司再融资募集资金规模和用途等方面进行了规定。上市公司申请再融资时,除金融类企业外,原则上最近一期末不得存在持有金额较大、期限较长的交易性金融资产和可供出售的金融资产、借予他人款项、委托理财等财务性投资的情形,不得直接或间接投资于以买卖有价证券为主要业务的公司。最后,应分析企业筹资后的资金用途,募集资金原则上应当用于主营业务。还应警惕企业关联方(如大股东)假借企业名义融资,再以"其他应收款"形式无偿占用的问题。

【讨论 5-3】 企业现金流量"够用"和"充裕"的标准应如何界定?不拖欠工资和货款、风险意识强、社会责任感高的企业,其现金流量会有哪些特点?

现金流量表是按照收付实现制编制的,提供企业在报告期内现金收入与现金支出的所有信息。现金流量表的结构是按照净现金流量的构成分布安排的。现金流量表与资产负债表、利润表的项目之间存在一定的勾稽关系。

现金流量表分析主要包括三个方面的内容。第一,现金流量表整体分析。该分析主要针对直接法编制的现金流量表主表,包括现金流量表水平分析、垂直分析和趋势分析。第二,合并现金流量表分析。第三,现金流量质量分析。依据现金流量质量与现金流量的质量特征,对现金流量表的质量进行分析,主要包括经营活动产生现金流量的质量分析、投资活动产生现金流量的质量分析和筹资活动产生现金流量的质量分析。

本章练习题

第6章

所有者权益变动表分析

【教学目标】

通过本章的学习,使学生理解所有者权益变动表的基本结构和各项目的含义,掌握所有者权益变动表整体分析的方法,掌握合并所有者权益变动表分析方法和主要项目质量分析要点。

> **引例**
>
> **雷曼光电:1.83 亿元商誉及其他综合收益**
> **累计亏损近 1.5 亿元,盈利能力再度承压**
>
> 2020 年 4 月 25 日,雷曼光电公司发布 2019 年年报。年报显示,2019 年雷曼光电公司净利润扭亏为盈,实现净利润 4 568 万元,归属母公司所有者净利润 4 041 万元,扣非净利润 3 041 万元。表面看业绩大幅好转,但亏损高达 16 148 万元的其他综合收益引起了各方的关注,过高的其他综合收益亏损无疑给年度净利润仅 4 000 万元的雷曼光电公司未来业绩埋下巨大隐患。
>
> 2015—2019 年,雷曼光电公司其他综合收益分别为 360 万元、1 315 万元、−1 343 万元、911 万元、−16 148 万元,截至 2019 年 12 月 31 日,公司其他综合收益累计数额为−14 906 万元。
>
> 根据雷曼光电公司的年报解释,高达−16 148 万元的其他综合收益,主要是其他权益工具投资的公允价值变动和外币报表折算差额的影响所致。
>
> 由于会计准则调整,可供出售金融资产划归其他权益工具。根据雷曼光电公司年报的财务附注,公司其他权益工具均为股票投资。雷曼光电公

> 司对于该部分可供出售金融资产转为其他权益工具后,划归为不能重分类进损益的其他综合收益。这就意味着,该部分资产出让后的亏损只影响所有者权益,而对当期净利润并无影响,这却是盈利能力下滑隐藏的导火索。
>
> 雷曼光电公司有者权益抵达峰值 128 167 万元之后逐年下降,2016—2019 年分别为 114 256 万元、111 781 万元、105 647 万元、94 225 万元。同比下降比例分别为 10.85%、2.17%、5.49%、10.81%。近五年所有者权益累计下降 3.39 亿元,下降幅度高达 26.48%,年复合增长率为 -7.40%。
>
> 所有者权益的持续下滑,为雷曼光电公司净利润的下滑提供了极好的掩护。但通过对所有者权益内部构成进行深入分析,可以看出雷曼光电公司未来业绩仍存在较大的压力和挑战。
>
> 资料来源:和讯网. 2020-04-30. https://baijiahao.baidu.com/s?id=1665360507861126510&wfr=spider&for=pc.

所有者权益又称为股东权益,是指企业资产扣除负债后由所有者享有的剩余权益,是企业所有者投资、企业自身积累能力,以及企业发展能力的资本体现。从来源看,所有者权益包括所有者投入的资本、综合收益、留存收益等。从资产负债表项目构成来看,它主要包括实收资本、其他权益工具、资本公积、其他综合收益、盈余公积和未分配利润等项目。由于影响所有者权益的项目和因素众多并复杂,需要专门设立一张财务报表披露企业所有者权益的变动情况及其来龙去脉。本章将主要对所有者权益变动表的结构、具体项目等内容加以解读,并运用水平分析、垂直分析和比率分析等方法对报表整体以及该报表的重点项目加以分析,以利于企业利益相关者全面把握企业所有者权益变动表所包含的财务状况及质量信息。

第一节 所有者权益变动表分析概述

财政部 2006 年 2 月 15 日颁布的《企业会计准则第 30 号——财务报表列报》(财会〔2006〕3 号)第二条规定,财务报表是对企业财务状况、经营成果和现金流量的结构性表述,至少应当包括下列组成部分:资产负债表、利润表、现金流量表、所有者权益(或股东权益)变动表、附注,即"四表一注"。自此,原先在上市公司定期报告全文中以资产负债表附表形式出现的所有者权益变动表,便成为与资产负债表、利润表和现金流量表并列披露的第四张财务报表。

一、所有者权益变动表的含义、结构与基本原理

(一)所有者权益变动表的含义

所有者权益变动表,是全面反映企业一定时期(年度或中期)所有者权益各组成部分增减变动情况的报表。所有者权益变动表列示的内容包括当期损益、直接计入所有者权益的利得和损失、与所有者的资本交易导致的所有者权益变动等项目。所有者权益变动表不仅

能够反映所有者权益总量的变化,并且能够反映所有者权益结构性变动的信息。另外,所有者权益变动表还可以区分正常生产经营活动导致的所有者权益变化与非正常生产经营导致的所有者权益变化,以及当期对所有者分配利润的情况。所以说,所有者权益变动表能够让财务报表使用者了解所有者权益变动的根源。

(二)所有者权益变动表的结构

所有者权益变动表采用了矩阵的形式列示,与资产负债表、利润表和现金流量表存在明显的不同。报表的纵向,列示导致所有者权益变动的各种具体交易或事项,根据所有者权益变动的来源对一定时期所有者权益变动情况进行全面反映;报表的横向,按照所有者权益各组成部分,包括实收资本、其他权益工具、资本公积、库存股、其他综合收益、专项储备、盈余公积、未分配利润及其总额,列示各交易或事项对所有者权益的影响。

所有者权益变动表的横向项目与资产负债表的所有者权益部分的列报项目直接对应。报表横向上的"本年金额"栏与"上年金额"栏、"本年金额"栏下的具体项目与"上年金额"栏下的具体项目,从格局上形成清晰并对应的比较。所有者权益变动表的具体格式如表 6-1 所示。

(三)所有者权益变动表的基本原理

从静态的角度看,会计的基本等式是"资产=负债+所有者权益"。从动态的角度,该关系可用下式表示:

$$本期所有者权益 = 上期所有者权益 + 综合收益总额 + 本期增资 - 本期发放现金股利 - 本期股票回购 + 其他调整项目$$

其中,综合收益总额=净利润+其他综合收益所得扣除所得税后的净额。

这个关系式表明,综合收益总额(主要是净利润)是本期所有者权益变动的重要影响因素。企业如果盈利,则所有者权益增加;如果亏损,则所有者权益减少。此外,企业所有者的净投入(本期增资与本期发放现金股利之差)、发行的其他权益证券、股票回购产生的库存股以及其他调整项目(如会计调整项目等)都会引起所有者权益的变动。

二、四张报表之间的关系

所有者权益变动表与资产负债表、利润表、现金流量表存在一定的内在联系。

资产负债表分别反映了企业某一会计期间期初和期末两个时点的财务状况的存量数据。而从期初到期末,数据是如何演变的,则通常需要利润表、现金流量表以及所有者权益变动表来共同反映。利润表反映了所有者权益变化的一部分,现金流量表则反映了现金的变化过程及其结果,所有者权益变动表反映的是资产负债表中所有者权益具体项目的变化过程。四张会计报表的内在关联如图 6-1 所示。[①]

三、所有者权益变动表分析的内容

与其他报表分析的内容类似,所有者权益变动表分析的内容主要包括所有者权益变动表的整体分析和分项质量分析。

---

① 张先治,陈友邦,秦志敏. 财务分析[M]. 9 版. 大连:东北财经大学出版社,2019.

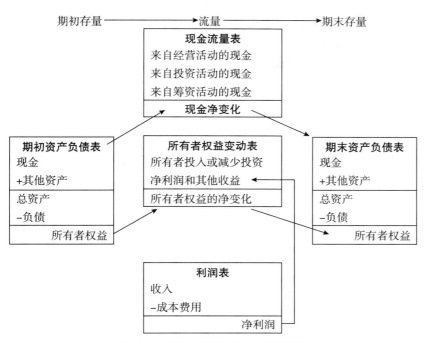

图 6-1 四张会计报表的内在关联图

第二节 所有者权益变动表整体分析

所有者权益变动表的整体分析,包括水平分析、垂直分析和趋势分析等三部分内容。限于篇幅,本节只对水平分析和垂直分析进行举例说明。整体分析主要是解释一定时期内所有者权益从期初到期末的变化过程或原因,有两个方面需要重点分析。

(1) 分析所有者权益的变动性质是"输血型"还是"盈利型"。引起所有者权益变动原因有两个方面。一是企业通过生产经营等活动形成的收益,二是投资者新增投入的资本。前者类似于企业的自我造血功能,是持续的"盈利型"变动;后者则类似于外来的输血功能,是不可持续或不可依赖的"输血型"变动。

前述报表分析中,FYBL 公司(母公司)2019 年累计保留盈余率高达 50.67%,且近三年都保持在 45% 以上,可见其自我发展能力不错,所有者权益增加属于持续的"盈利型"增加。

(2) 分析企业股利政策对所有者权益的影响。企业不同的股利发放形式、不同的股利政策,会对所有者权益产生不同的影响。派发现金股利会导致企业所有者权益增加幅度降低,而发放股票股利则不会减少所有者权益,只是影响所有者权益内部结构。

企业不同的股利形式和股利政策也会导致资本市场上不同的预期,从而影响企业在资本市场上的形象。股利政策通常被认为是管理者用来传递公司未来信息的信号,所有者权益董事会正式宣布公司未来的股利政策,必然会对公司的股票价格产生一定的影响。

拓展阅读 6-1 基于信号传递效应理论的上市公司股利政策行为研究

对股利政策的分析包括对股利分配政策的了解、对股利支付方式的类型及其优缺点的分析,以及利润分配项目分析,评价企业选择股利政策的适当性与合理性。

一、所有者权益变动表水平分析

所有者权益变动表的横向项目与资产负债表中所有者权益的内容是完全对应的,无须进行水平分析。所以,所有者权益变动表的水平分析,应当侧重将纵向项目的本期数与上期数进行对比,揭示企业当期所有者权益各个纵向项目的水平及其变动情况,解释企业净资产的变动原因,从而进行相关决策。

以 FYBL 公司(母公司)所有者权益变动表为基础,编制所有者权益变动的水平分析表,如表 6-1 所示。

表 6-1 FYBL 公司(母公司)所有者权益水平分析表　　　　　　　　　单位:元

项 目	2019 年	2018 年	变动额	变动率/%
一、上年期末余额	16 154 959 259	14 665 399 195	1 489 560 064	10.16
加:会计政策变更		−929 206	929 206	−100.00
前期差错更正				
其他				
二、本年期初余额	16 154 959 259	14 664 469 989	1 490 489 270	10.16
三、本期增减变动金额(减少以"−"号填列)	1 504 518 385	1 490 489 270	14 029 115	0.94
(一)综合收益总额	3 385 981 534	4 375 399 432	−989 417 898	−22.61
(二)所有者投入和减少资本				
1. 所有者投入的普通股				
2. 其他权益工具持有者投入资本				
3. 股份支付计入所有者权益的金额				
4. 其他				
(三)利润分配	−1 881 463 149	−2 884 910 162	1 003 447 013	−34.78
1. 提取盈余公积				
2. 对所有者(或股东)的分配	−1 881 463 149	−2 884 910 162	1 003 447 013	−34.78
3. 其他				
(四)所有者权益内部结转				
1. 资本公积转增资本(或股本)				
2. 盈余公积转增资本(或股本)				
3. 盈余公积弥补亏损				
4. 设定受益计划变动额结转留存收益				

续表

项　　目	2019 年	2018 年	变动额	变动率/%
5. 其他综合收益结转留存收益				
6. 其他				
(五)专项储备				
1. 本期提取				
2. 本期使用				
(六)其他				
四、本期期末余额	17 659 477 644	16 154 959 259	1 504 518 385	9.31

从表 6-1 中可以看出，FYBL 公司(母公司)2019 年度所有者权益增加了 1 504 518 385 元，增长了 9.31%，比 2018 年所有者权益多增了 14 029 115 元。但分析 2019 年所有者权益增加的原因发现，2019 年综合收益总额比 2018 年减少了 989 417 898 元，但利润分配减少得更多，减少了 1 003 447 013 元，二者相抵销的结果才显得 2019 年所有者权益增加得更多一些。

查阅 FYBL 公司(母公司)所有者权益变动表横向项目可知，该公司 2019 年未发生"其他综合收益"，综合收益总额减少的部分全部来自净利润下降。2019 年净利润减少了 22.61%，说明该公司盈利能力有较大下降。公司因会计政策变更引起所有者权益期初余额调整额较小，反映了公司会计政策保持稳定。此外，2019 年所有者权益变动表新增子级项目"设定受益计划变动额结转留存收益"和"其他综合收益结转留存收益"均无数据，有可能是公司尚未执行新的会计准则。

二、所有者权益变动表垂直分析

所有者权益变动表的垂直分析，有两个方法。一是将所有者权益纵向项目的数额与本期所有者权益期末余额进行对比，揭示企业所有者权益各方面变动原因的结构性特征，从而发现引起所有者权益变动的主要原因；二是将所有者权益横向项目的数额与本期所有者权益期末余额进行对比，揭示企业所有者权益内部项目的相对变化，了解哪些项目在本期发生了较明显的变化。

表 6-2 是按第一种方法，以 FYBL 公司(母公司)所有者权益变动表为基础编制的所有者权益变动的垂直分析表。

表 6-2　FYBL 公司(母公司)所有者权益垂直分析表(方法一)　　　　　单位:元

项　　目	2019 年	2018 年	2019 年构成/%	2018 年构成/%	构成差异/%
一、上年期末余额	16 154 959 259	14 665 399 195	91.48	90.78	0.70
加:会计政策变更		−929 206		−0.01	0.01
前期差错更正					

续表

项　　目	2019年	2018年	2019年构成/%	2018年构成/%	构成差异/%
其他					
二、本年期初余额	16 154 959 259	14 664 469 989	91.48	90.77	0.71
三、本期增减变动金额（减少以"一"号填列）	1 504 518 385	1 490 489 270	8.52	9.23	−0.71
（一）综合收益总额	3 385 981 534	4 375 399 432	19.17	27.08	−7.91
（二）所有者投入和减少资本					
1. 所有者投入的普通股					
2. 其他权益工具持有者投入资本					
3. 股份支付计入所有者权益的金额					
4. 其他					
（三）利润分配	−1 881 463 149	−2 884 910 162	−10.65	−17.86	7.20
1. 提取盈余公积					
2. 对所有者（或股东）的分配	−1 881 463 149	−2 884 910 162	−10.65	−17.86	7.20
3. 其他					
（四）所有者权益内部结转					
1. 资本公积转增资本（或股本）					
2. 盈余公积转增资本（或股本）					
3. 盈余公积弥补亏损					
4. 设定受益计划变动额结转留存收益					
5. 其他综合收益结转留存收益					
6. 其他					
（五）专项储备					
1. 本期提取					
2. 本期使用					
（六）其他					
四、本期期末余额	17 659 477 644	16 154 959 259	100.00	100.00	0.00

从表6-2可以看出，构成FYBL公司（母公司）本期期末余额的主体是上年形成的期末余额，占91.48%，本期增减变动部分占8.52%。在变动部分中，综合收益总额的占比比2018年有明显下降，说明盈利对形成所有者权益的贡献变小了；利润分配的占比相对于2018年也在变小，对所有者权益的影响程度下降；二者对所有者权益的影响方向相反，相互抵销后构成了所有者权益的8.52%。

表 6-3 是按第二种方法，以 FYBL 公司（母公司）所有者权益变动表为基础编制的所有者权益变动的垂直分析表。

表 6-3　FYBL 公司（母公司）所有者权益垂直分析表（方法二）　　　　单位：元

项目	实收资本（或股本）	其他权益工具			资本公积	减：库存股	其他综合收益	专项储备	盈余公积	未分配利润	所有者权益合计
		优先股	永续债	其他							
一、上年期末余额	2 508 617 532				6 202 552 740				2 350 361 581	5 093 427 406	16 154 959 259
二、本期期初余额	2 508 617 532				6 202 552 740				2 350 361 581	5 093 427 406	16 154 959 259
三、本期期末余额	2 508 617 532				6 202 552 740				2 688 959 735	6 259 347 637	17 659 477 644
四、本年增减变动额									338 598 154	1 165 920 231	1 504 518 385
五、本年增减变动构成比重/%									22.51	77.49	100

从表 6-3 可以看出，2019 年所有者权益总额的变化全部属于"盈利性"变化，其中 77.49% 来自未分配利润增加，其余 22.51% 来自盈余公积的增加。

第三节　所有者权益变动表项目质量分析

为进一步深化细化所有者权益变动表的分析内容，本节将对影响所有者权益变动额的主要项目进行项目质量分析，以考察企业的竞争力，了解企业财务状况和经营成果的变化。影响所有者权益变动额的主要项目有会计政策变更、前期差错更正、综合收益总额、所有者权益内部结转、企业股权结构的变化等。以下将分项分析各项目对所有者权益变动额的影响。

一、会计政策变更的分析

（一）"会计政策"与"会计政策变更"的含义

会计政策是指企业在会计确认、计量和报告中所采用的原则、基础和会计处理方法。会计政策变更，是指企业对其发生的相同交易或事项由原来采用的会计政策更改为另一会计政策的行为。

（二）会计政策变更的原因

企业采用的会计政策，在每一会计期间和前后各期应当保持一致，不得随意变更。但是，满足下列条件之一的，可以变更会计政策：法律、行政法规或者国家统一的会计制度等要求变更;会计政策变更能够提供更可靠、更相关的会计信息。例如,FYBL 公司 2018 年年报显示,该公司根据财政部 2017 年颁布的修订后的《企业会计准则第 14 号——收入》(简称"新收入准则")以及修订后的《企业会计准则第 22 号——金融工具确认和计量》《企业会计准则第 23 号——金融资产转移》《企业会计准则第 37 号——金融工具列报》等(合称"新金融工具准则")编制 2018 年度财务报表,属于可以变更会计政策的情形。

(三) 会计政策变更的分析

(1) 要分析企业会计政策变更的原因。若按照法律、行政法规或者国家统一的会计制度等要求变更,则变更动机是单纯的。但如果是其他原因,分析者应该深入分析其原因的合理性,分析其背后是否隐藏了管理层通过盈余管理调整利润的目的。

(2) 要分析会计政策变更的累积影响数,区分属于会计政策变更和不属于会计政策变更的业务或事项。不属于会计政策变更的业务或事项具体包括三种。①当期发生的交易或事项与以前期间相比具有本质差别而采用新的会计政策。例如,企业原租入的设备均为经营性租赁,本年度起租赁的设备均改为融资租赁,经营租赁和融资租赁有着本质的区别,因而改变会计政策不属于会计政策变更。②对初次发生的交易或事项采用新的会计政策,不是会计政策变更。③对不重要的交易或事项变更新的会计政策。例如对低值易耗品由一次计入费用改为五五摊销法属于不重要的事项。

二、前期差错更正的分析

由于会计差错形成的原因很多,故有必要区别不同会计差错及更正方法,分析会计差错及更正对所有者权益变动额的影响。

(一) "前期差错"与"前期差错更正"的含义

前期差错包括计算错误、应用会计政策错误、疏忽或曲解事实以及舞弊产生的影响,还有存货、固定资产盘盈等。前期差错更正,是指企业应当在重要的前期差错发现后的财务报表中,调整前期相关数据的行为。前期差错更正主要采用追溯重述法进行。

(二) 前期差错更正的分析

对前期差错更正分析的目的,在于了解造成差错的原因,确定差错对报表信息的准确性所产生的影响。

会计差错发生的原因可归纳为三类:①会计政策使用上的差错;②会计估计上的差错;③其他差错,如错计、漏计交易或事项等。会计差错按其影响程度的不同,可分为重大会计差错和非重大会计差错。如果某项差错占有关交易或事项金额的 10% 以上,则可以被认为是重大会计差错。无论发现的是否为重大会计差错,企业都应在发现前期差错的当期进行前期差错更正,在所有者权益变动表中适时披露。

即使企业进行了前期差错更正,但前期会计报表传递的错误信息已经对利益相关方产生了不可逆的影响。例如,投资者根据更正前的"错误"会计信息已经做出了买入或卖出的交易,即使后面进行了差错更正,也无法回到交易前的状态重新选择。有些企

拓展阅读 6-2　上市公司恶意前期会计差错更正动因及经济后果研究——以 *ST 康美财务舞弊案为例

业正是利用这一"规则漏洞",借"差错更正"之名,行"误导投资者"之实。分析者应关注企业前期差错更正事项出现的频次和金额。对于频繁出现差错更正事项,或差错涉及金额较大、可能误导投资者决策的企业,应给予谨慎评价。

三、其他综合收益的分析

综合收益总额的净利润部分的质量分析已在第 4 章和本章第二节中有过解读,故此处仅分析其他综合收益。其他综合收益,是指企业根据其他会计准则的规定未在当期损益中确认的各项利得和损失。利得,是指企业非日常活动所形成的、会导致所有者权益增加的、与所有者投入资本无关的经济利益的流入。损失,是指企业非日常活动所发生的、会导致所有者权益减少的、与向所有者分配利润无关的经济利益的流出。

根据是否实现确认,利得和损失可以分为已实现确认的利得和损失,以及未实现确认的利得和损失。按照会计原则,利润表反映企业在会计年度内已实现的损益,所以已实现确认的利得和损失在发生当年计入利润表中。而未实现确认的利得和损失不计入利润表中,但要求在所有者权益变动表中列示,并体现在资产负债表中。

拓展阅读 6-3 披露其他综合收益能够降低股价崩盘风险吗

从其他综合收益的构成内容看,部分综合收益可能转变为未来损益,所以,其他综合收益会影响未来可能实现的利润,因此分析时应关注其对未来损益的影响。

四、所有者权益内部结转的分析

所有者权益的内部结转,包括资本公积转增资本、盈余公积转增资本、盈余公积弥补亏损、所有者权益以及从税后净利润中提取法定盈余公积和任意盈余公积。虽然从整体上看,这并没有影响所有者权益总额,也未对资产结构和质量产生直接影响,只引起了内部结构的变化,但这种变化会产生一定的财务效应,影响企业在资本市场上的财务形象,比如增加企业的股本数量,弥补企业亏损等。这将改变未来的股权价值和投资者对未来利润分配政策的预期。

拓展阅读 6-4 上市公司"高送转"与大股东减持

五、注意企业股权结构的变化及方向性含义

股权结构的变化很可能带来企业的发展战略、人力资源结构与政策等的变化。在股权结构变化的前提下,按照原来的惯性思维对企业进行财务预测将很可能失去意义。

拓展阅读 6-5 大股东股权质押影响了公司业绩吗——来自沪深 A 股上市公司的经验证据

所有者权益变动表,是全面反映企业一定时期(年度或中期)所有者权益各组成部分增减变动情况的报表。综合收益总额(主要是净利润)是本期所有者权益变动的重要影响因素。所有者权益变动表与资产负债表、利润表、现金流量表存在一定的内在联系。所有者权益变动表分析的内容主要包括所有者权益变动表的整体分析和分项质量分析。

所有者权益变动表的整体分析主要包括水平分析、垂直分析。整体分析应重点分析所有者权益的变动性质是"输血型"还是"盈利型",以及企业股利政策对所有者权益的影响。影响所有者权益变动额的主要项目有会计政策变更、前期差错更正、综合收益总额等。

会计政策变更分析,主要分析企业会计政策变更的原因和累积影响数。前期差错更正分析,主要是了解造成差错的原因。其他综合收益分析应关注其对未来损益的影响。所有者权益的内部结转会导致股东未来的股权价值变化和投资者对未来利润分配政策的预期。

本章练习题

第7章

财务报表粉饰分析

【教学目标】

通过本章的学习,学生应了解财务报表粉饰的概念,掌握主要的财务报表舞弊理论,了解财务报表粉饰的类型和上市公司财务报表粉饰的常见手段,掌握财务报表舞弊预警信号及财务报表粉饰识别方法。

引例

证监会通报2021年案件办理情况

2021年,证监会坚决贯彻党中央、国务院关于依法从严打击证券违法活动的决策部署,坚持"建制度、不干预、零容忍"工作方针,围绕监管中心工作,依法从严从快从重查办重大案件。全年共办理案件609起,其中重大案件163起。总体看,案发数量连续3年下降,证券市场违法多发高发势头得到初步遏制。与此同时,执法重点更加突出,虚假陈述、内幕交易、操纵市场、中介机构违法案件数量占比超过八成。

(1) 虚假陈述案件数量保持高位,重大欺诈、造假行为时有发生。一是违法手段演变升级,刻意利用新业态、新模式掩盖造假。二是部分案件涉及金额大、周期长,市场影响恶劣。三是违法占用担保案件仍有发生,大股东通过多种方式套取公司资金。

(2) 操纵市场案团伙化、职业化特征更加明显,部分案件引发市场高度关注。从操纵主体看,涉案主体多、链条长,形成非法利益网络。操纵团伙与上市公司内外勾结,利用资金、持股优势集中拉抬股价,牟取短期价差;股市"黑嘴"引诱中小股民高价接盘,按接货量单分取收益;配资中介为盘方提供资金支持,按照一定比例抽取利息;市场掮客收取费用后主动牵线搭桥、合谋操纵。

(3) 内幕交易多发态势趋缓,关键环节问题较为突出。从案发领域看,涉及并购重组、新股发行、控制权变更等重大资本运作信息的内幕交易案件占64%,涉及业绩公告、商业合作的内幕交易案件也有发生。

(4) 重点领域案件类型多样,及时查处违法苗头问题。

(5) 中介机构违法案件数量上升,涉案主体覆盖多个领域。

下一步,证监会将以全面落实《关于依法从严打击证券违法活动的意见》为重点,聚焦关键领域,突出重大案件,坚持"一案双查",切实提高违法成本,有效加大执法威慑力,为资本市场改革发展稳定提供坚强法治保障。

资料来源:中国证券监督管理委员会网站.2022-02-18. http://www.csrc.gov.cn/csrc/c100028/c1921138/content.shtmll.

传统财务报表分析的一个假设前提是,目标企业的财务报表数据是可信的、没有水分的。现实中,这一假设前提并不一定总是成立。企业财务信息失真问题日益严峻,严重损害了投资者和债权人的利益,影响了证券市场的健康发展。事实上,财务报表分析与财务报表粉饰识别是相互联系的。如果财务分析的数据基础是经过粉饰甚至是虚假的,即使财务分析方法很规范、完整、细致,也会得出错误结论,财务分析活动就是失败的。因此,我们要学习财务舞弊的基本理论,理解分析公司财务报表舞弊发生的动机、规律、类型及特征,掌握一定的财务报表粉饰的识别方法,才能获得真实有用的财务报表信息。

第一节 财务报表粉饰与舞弊三角理论

一、财务报表粉饰的概念

财务报表粉饰是指企业高层管理者或相关会计师事务所采用转移、调节以及虚构等手法编制财务报表,粉饰企业真实财务状况或经营成果等不良行为。具体包括:上市公司通过与相关企业之间的关联交易或资产重组的方式来实现费用转移或剥离不良资产;利用某些会计政策的漏洞或会计信息的模糊性,实现债务冲销或掩盖关联交易事实;伪造虚假会计信息,包括虚假交易、虚假出资或虚构会计主体等。[1]

二、与财务报表粉饰相关的其他概念

与财务报表粉饰相关的其他概念包括盈余管理、财务报表舞弊、利润操纵、会计政策选择、会计错误和会计信息失真等,如图7-1所示。

会计信息失真,是一个最为宽泛的概念,是指会计信息的输出与输入不一致产生的信息

---

[1] 刘玲,丁浩.上市公司财务报表粉饰识别[J].技术经济与管理研究,2011(2).

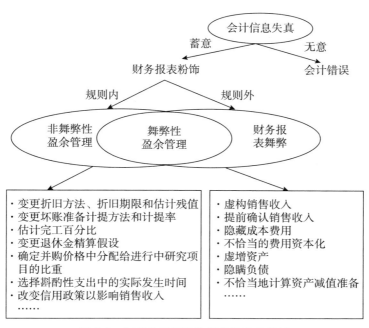

图 7-1 与财务报表粉饰相关概念关系图

资料来源:连竑彬. 中国上市公司财务报表舞弊现状分析与甄别模型研究[M]. 厦门:厦门大学出版社,2008:15.

虚假,即财务报告反映的情况与原始凭证不符。会计信息失真由违法性失真、规范性失真、技术性失真构成。会计信息失真描述了一种客观结果,主要表现为财务报表的错报。造成财务报表错报的原因既可能是客观原因,也可能是主观原因;其影响因素既可能是制度因素,也可能是人为因素;其行为既可能是合法行为,也可能是违法行为。

非故意行为导致的财务报表错报称为会计错误,可以通过会计差错更正来调整和纠正。而故意行为导致的财务报表错报就属于财务报表粉饰。从表现上看,财务报表粉饰行为往往加以伪装和掩饰,只有运用专门技术方法深入分析,才能够发现,而会计错误一般较为公开、显见。但是如第六章第三节所述,应当注意某些别有用心的上市公司蓄意混淆这两个概念,借会计差错更正之名,行财务报表粉饰之实。

财务报表粉饰是一个较为宽泛的概念,既包括合法手段的非舞弊性盈余管理,又包括非法手段的收益操纵或舞弊性盈余管理——典型的财务报表舞弊行为。

关于盈余管理的定义,可以分为两种观点:一种观点被称为"狭义的盈余管理",认为盈余管理仅指非法的或欺诈性的盈余操纵行为;另一种观点被称为"广义的盈余管理",认为盈余管理行为既包含合法的操控性行为,也包括非法的或欺诈性的操纵行为。

美国《审计准则公告第 16 号》规定,财务舞弊就是故意编制虚假的财务报表。中国《独立审计具体准则第 8 号——错误与舞弊》把财务舞弊定义为导致会计报表产生不实反映的故意行为。

综上所述,本章所讨论的财务报表粉饰,既包括非舞弊性盈余管理和舞弊性盈余管理,也包括财务报表舞弊,泛指具有主观故意制造会计信息失真的行为。

三、财务报表舞弊理论

关于财务报表舞弊的形成理论有多种,主要有冰山理论(二因素论)、舞弊三角理论(三因素论)、GONE理论(四因素论)和舞弊风险因子理论(多因素论)等。

(一)冰山理论

冰山理论是G.杰克·波罗格纳(G. Jack Bologna,以下简称"波罗格纳")和罗伯特·J.林德奎斯特(Robert J. Lindquist)于1999年提出的舞弊理论,这一理论把舞弊行为比作海上的一座冰山,露出海平面的部分是舞弊结构方面的考虑因素,是舞弊发生的表面原因。这部分内容很容易被发现和察觉,主要包括了内部控制、治理结构、经营情况和目标、财务状况等;而舞弊行为方面的考虑因素是处在海平面以下的部分,是舞弊发生的根本原因。该部分内容难以察觉,主要包括舞弊主体的价值观、道德水平、贪婪程度、诚信观等。该理论强调,在识别舞弊风险因素时,不仅应关注结构方面,对内部控制、内部管理的内容进行评价,更应注重个体行为方面,用职业判断分析和挖掘人性方面的舞弊危险。

(二)舞弊三角理论

舞弊三角理论由美国注册舞弊审核师协会(ACFE)的创始人阿尔布雷克特(W. Steve Albrecht)于1995年提出,是舞弊研究领域第一个系统性的理论,是美国注册会计师协会第99号审计准则公告的主要内容。该理论认为,舞弊行为的发生需要有动机/压力(Incentive/Pressure)、机会(Opportunity)和合理化的借口(Rationalization Excuse)三大因素。发生舞弊行为,三要素缺一不可。只要有效控制其中任意一环,就有可能防范舞弊于未然。

动机或压力是舞弊发生的根本原因。企业管理层最直接、最主要的压力来自三个方面:资本市场和财务分析师预测、董事会目标考核、管理层股权激励。

机会是舞弊发生的必要条件。舞弊的机会是指企业的内部结构存在缺陷或外部监管体制不健全等因素导致的企业内外部信息不对称等方面。形成舞弊的机会包括缺乏发现舞弊行为的内部控制;无法判断工作的质量;缺乏惩罚措施;信息不对称;无知、能力不足;审计制度不健全。

合理化借口是舞弊发生的重要条件。舞弊的借口指舞弊者在舞弊事件发生后依然心安理得的理由。舞弊者常用的借口包括:法律条文不明确,被人曲解利用;别人都做而我不做就是损失;我是没有办法才做的;我们只是为了暂时度过困难时期;没有人会因此受到伤害;凭自己的贡献应获得更多的报酬;我的出发点是好的等。

动机、机会和借口这三个因素在现实中并不是单独存在的。在舞弊动机出现时舞弊者通常会寻找舞弊机会,并将此作为其舞弊的借口。当管理层感受到压力,外部环境和内部控制等方面也存在机会时,管理层是否真正将舞弊行为付诸实施,关键还是看个人的道德水平。

(三)GONE理论

舞弊三角理论并没有明确区分影响舞弊的内外部因素。GONE理论是波罗格纳于1993年创立的,他认为财务报告舞弊由贪婪(Greed)、机会(Opportunity)、需要(Need)和暴露(Exposure)四个因素组成,舞弊者既有贪婪之心,且又十分需要钱财时,只要有机会,并被认为事后不会被发现,他就一定会舞弊。这四个因素中贪婪和需要分别从个人和组织角度阐释利益需求期望差导致的舞弊压力,从而形成了舞弊行为发生的内因;机会和暴露分别从内部环境和外部环境角度阐释由于制度机制不完善带来的舞弊机会,从而形成了舞弊行为的外因。四个因子相互联系,相互作用,构成了诱发财务报告舞弊行为发生的关键因素。[1]

与舞弊三角理论相比,GONE 理论把三角理论中的动机解释为需要,把合理化借口理解为是与个人心理密切相关的贪婪因素,并首次提出"暴露"这一外部环境因子,认为舞弊行为被发现和揭露的可能性大小以及被发现和揭露后的惩罚强弱将会影响舞弊者是否实施舞弊行为,该理论也成为在西方流传最广的舞弊理论。

(四)舞弊风险因子理论

舞弊风险因子理论是波罗格纳等人在 GONE 理论基础上发展形成的,进一步将舞弊影响因子分为一般风险因子和个别风险因子。一般风险因子是指由组织或实体来控制的因素,包括舞弊的机会、舞弊被发现的概率以及舞弊被发现后舞弊者受罚的性质和程度。个别风险因子是指因人而异,且在组织控制范围之外的因素,包括道德品质与动机。当一般风险因子与个别风险因子结合在一起,并且被舞弊者认为有利时,舞弊就会发生。[2]

第二节 财务报表粉饰的类型

按照粉饰对象不同,财务报表粉饰可分为经营业绩粉饰、财务状况粉饰和现金流量粉饰三种类型。

一、经营业绩粉饰

经营业绩粉饰包括利润最大化、利润最小化、利润均衡化和利润清洗四种具体形式。利润最大化多发生于上市前一年和上市当年,典型的做法是:提前确认收入、推迟结转成本、亏损挂账、资产重组,以及关联交易;利润最小化主要为了减少纳税,通常的做法是:推迟确认收入,提前结转成本,转移价格;利润均衡化主要为了塑造持续增长的绩优股形象或上市的连续盈利上市条件或其他业绩考核目标,通常的手法有:利用其他应收款、其他应付款、应收账款、应付账款、预收账款、预付账款、预计负债、长期待摊费用等科目调节利润;利润清洗又称巨额冲销(Big-bath Charges),主要是通过操纵应计项目,把以前年度应确认而未确认的损失或以后期间有可能发生的损失集中在一个会计期间确认,使利润在不同时期转移。

二、财务状况粉饰

财务状况粉饰表现为高估资产、低估负债和或有负债。高估资产的典型做法是编造理由进行资产评估、虚构业务交易和利润,多出现在对外投资和股份制改组时。低估负债和或

---

[1] 洪荭,胡华夏,郭春飞. 基于 GONE 理论的上市公司财务报告舞弊识别研究[J]. 会计研究,2012(8).
[2] 秦江萍. 上市公司会计舞弊:国外相关研究综述与启示[J]. 会计研究,2005(6).

有负债的典型做法是开设账外账,将负债和或有负债隐匿在关联企业中,多为了获得较高的信用评级以获得贷款或发行债券。

三、现金流量粉饰

现金流量粉饰主要通过突击制造现金流量和混淆现金流量的类别。突击制造现金流量,是指企业在粉饰利润表的同时,突击制造不可持续的现金流量。例如,在会计期间末期,突击收回关联企业结欠的账款、降价处置存货、低价抛售有价证券、突击借入资金。混淆现金流量的类别,是指企业蓄意将投资活动或筹资活动产生的现金流量划分为经营活动产生的现金流量。例如,将与关联方进行的非经营性大额款项往来,记入"收到的其他与经营活动有关的现金"科目,虚增了经营活动现金流量。

第三节 上市公司财务报表粉饰的常见手段

上市公司粉饰财务报表的手段有很多,常见手段可归纳为以下十种。①

一、操纵收入确认时间或确认虚假收入

利用收入确认粉饰财务报表的典型手法是提前或推后确认收入,或者确认虚假的收入。《企业会计准则第 14 号——收入》对收入的确认主要着眼于经济实质,但在实际操作中,存在许多需要会计人员进行职业判断的余地,这也为管理当局进行会计报表粉饰提供了空间。

拓展阅读 7-1 瑞幸咖啡造假被美国证监会罚款 1.8 亿美元

(一)提前确认收入

提前确认收入是指将应由未来期间确认的收入提前至本期确认。常见的提前确认收入的做法有:尚存在重大不确定性的条件就确定收入(如退货期未满或销售合同签订后就确认收入);完工百分比法运用不适当;尚需提供未来服务时就提前确认收入;交易未完成即提前开具销售发票(如在研产品尚未完成、尚未收到仓库的产品出库单或还未向客户提供服务等就提前开具销售发票以美化业绩)。尤为典型的是,借助时间差调节利润。传统的做法是在 12 月底开发票,次年再以产品或服务质量不合格为由冲回。此外,以下两种提前确认收入的做法可能更加隐蔽。

1. 利用补充协议隐瞒风险和报酬尚未转移的事实

收入确认准则规定:附有退货条款的企业,如果无法根据以往经验确定退货比例,在退货期届满前,不得确认销售收入。为了规避收入确认准则在这方面的规定,一些上市公司在与客户签订的正式销售合同中,不写退货条款,而是将这些重大事项写进补充协议,并向注册会计师隐瞒补充协议,以达到其提前确认收入的目的。

2. 填塞分销渠道,刺激经销商提前购货

卖方通过向买方(通常是经销商)提供优厚的商业刺激,诱使买方提前购货,从而在短期内实现销售收入的大幅增长,以达到美化其财务业绩的目的。在房地产和高新技术行业,提

---

① 万如荣,张莉芳,蒋琰.财务分析[M].2 版.北京:人民邮电出版社,2020.

前确认收入的做法比较普遍。如房地产企业往往将预收账款确认为销售收入，滥用完工百分比法；在确认工程收入时，本应按进度确认收入，但超前确认工程进度，以多确认收入。

（二）推迟确认收入

推迟确认收入是指将应由本期确认的收入递延到未来期间确认。公司推迟确认收入一般发生在管理层预测下期公司销售业绩不理想时为了平滑业绩。

（三）确认虚假收入

确认虚假收入是指企业通过构造各种实质上不存在的经济业务的行为。常见手法有虚构销售对象、填制虚假发票和出库单、混淆会计科目、阴阳合同虚开发票等。

二、利用存货计价调节利润

经营规模较大的上市公司存货品种繁多，构成复杂，存放地点分散，盘点工作量大，容易利用存货调节利润，粉饰财务报表。典型做法有五种：第一，通过变更存货计价方法产生一定的利润调整空间；第二，夸大期末存货或存货盘盈，少结转主营业务成本；第三，故意虚列存货或隐瞒存货的短缺或毁损，高估存货价值；第四，本期销售产品不分摊产品定额成本差异，以降低本期销售成本；第五，多提存货跌价准备，为未来转回预留盈利空间。

拓展阅读7-2　证监会对獐子岛公司案做出行政处罚及市场禁入决定（节选）

三、转移费用或费用资本化

转移费用是指上市公司为了虚增利润，将有些费用不入账，或由母公司承担。常见的转移费用手法有：少提或不提固定资产折旧，将应列入成本或费用的项目挂列在"长期待摊费用"或"应收应付款项"科目中；将应该反映在当期报表上的费用，挂在"长期待摊费用"等跨期摊销账户中，以调节利润。

费用资本化主要指借款费用及开发费用的资本化。利用费用资本化进行报表粉饰的常见手法有：利用自有资金和借入资金难以界定的事实，通过人为划定资金来源和资金用途，将用于非资本性支出的利息予以资本化；将本应列为本期费用的利润表项目反映为长期待摊费用、开发支出等资产负债表项目；将研发支出、当期的财务费用和管理费用列为递延资产，或将一般性广告费、修缮维护费用等递延；在建工程完工后不及时结转为固定资产，继续将各种支出（如工人工资支出、贷款利息支出等）进行资本化核算。

四、利用其他应收（付）款科目隐瞒亏损或藏匿利润

"其他应收款"主要用于隐藏潜亏，高估利润，而"其他应付款"主要用于隐瞒收入，低估利润。其他应收款余额巨大，可能意味着存在关联股东占用了上市公司的资金、变相的资金拆借、隐性投资、费用挂账，或有损失（将贷款担保发生的损失挂账）等情况。分析这两个科目的明细构成项目和相应的账龄，便可发现上市公司是否利用这两个科目粉饰财务报表。

拓展阅读7-3　林州重机集团股份有限公司关于收到行政处罚决定书的公告（节选）

五、利用虚拟资产调节利润

有些虚拟资产以资产减值准备的形式体现资产账面价值与实际价值相背离的部分,如潜在的坏账损失、潜在的存货跌价损失、潜在的长期股权投资、固定资产、在建工程和无形资产的价值减损。利用虚拟资产科目作为"蓄水池",不及时确认、少摊销或不摊销已经发生的费用和损失,是上市公司粉饰财务报表,虚盈实亏的常用手法。

拓展阅读 7-4 中国证监会行政处罚决定书(〔2016〕88 号)(节选)

六、利用资产重组调节利润

资产重组是指企业资产的控制者与企业外部的经济主体进行的,对资产的分布状态进行重新组合、调整、配置的过程。常见手法主要有资产置换和资产剥离。

资产置换的主要目的是通过不等价交换实现上市公司与其他公司的利益输送,避免退市,保住上市公司资格,俗称"壳资源"。资产置换基本做法是:借助关联交易,由非上市的关联企业以优质资产置换上市公司的劣质资产;由非上市的关联企业将盈利能力较强的下属企业廉价出售给上市公司;由上市公司将一些闲置资产高价出售给非上市的关联企业;将不良债权和股权出售给关联企业;互购资产,抬高利润和资产价值;剥离不良资产和负债。

拓展阅读 7-5 关于对吉药控股集团股份有限公司及相关人员采取出具警示函措施的决定(吉证监决〔2019〕006 号)(节选)

资产剥离则是企业在不能整体上市的情况下,需要将一部分原有资产剥离出来,假设为一个新的会计主体,虚拟会计主体在各会计期间的利润,为企业上市进行财务包装。

七、利用关联交易调节利润

上市公司通过关联交易获得的盈利能力不具有持续性。上市公司通过关联交易调节利润的主要方式有五种。第一,关联购销。与关联方转让、置换或出售资产时,通过协议定价而非市场价格进行利润包装,从而粉饰上市公司财务报表。第二,利用关联企业托管经营调节利润。具体表现形式是上市公司将不良资产委托给母公司经营,定额收取回报,在避免不良资产亏损的同时,凭空获得一部分利润;母公司将稳定、获利能力强的资产以较低的托管费用委托上市公司经营,虚构上市公司的经营业绩等。第三,利用关联企业费用分摊调节利润。上市公司的母公司通过调低上市公司应缴纳的费用标准,或承担上市公司的管理费用、广告费用,或将上市公司以前年度缴纳的有关费用退回等手段来粉饰上市公司财务报告。第四,利用关联企业内部资金往来调节利润。上市公司与关联企业违规进行资金拆借,其中大股东占用上市公司资金,而上市公司收取资金占用费。第五,隐瞒关联关系,为关联企业提供贷款担保。

拓展阅读 7-6 广东榕泰实业股份有限公司关于收到中国证券监督管理委员会广东监管局《行政处罚决定书》的公告(节选)

八、利润清洗

上市公司利用公司重组、经营困难、自然灾害发生,或高管人员、控股股东变更的契机,通过计提资产减值准备和确认或有损失等形式,对资产负债表进行"清洗",消化以前年度的不良或不实资产。具体做法包括将费用递延处理或一次性冲销、不记录相关费用及负债。将费用递延处理或一次性冲销,即营运成本资本化、缓慢计提折旧或摊销、降低资产准备,或者利用会计政策变更将费用一次性冲销,虚减成本费用或负债等;不记录相关费用及负债则是利用存货计价方式减少销售成本,调整预计费用以冲减当期成本。

拓展阅读 7-7 "钾肥之王"被暂停上市

九、利用非经常性损益调节利润

非经常性损益与企业正常经营业务无直接关系,不具备持续性和稳定性,其对利润的影响是暂时的。报表阅读和分析者应对比列报企业本年度实现的"利润总额""净利润""扣除非经常性损益后的净利润",关注是否有虚列非经常性损益的情形。

拓展阅读 7-8 上市公司秀"财技"用非经常性收益一次性增厚利润

十、滥用会计政策、会计估计变更和差错更正调节利润

《企业会计准则第 28 号——会计政策、会计估计变更和差错更正》虽然对会计政策运用、会计估计变更和会计差错更正做了明确规范,但在实际工作中,三者的区分界限有时并不是十分清楚,这给一些上市公司滥用这个准则的规定以粉饰其报表提供了机会。在实务中,一些上市公司通过变更会计政策,例如,利用存货的计价方法、固定资产的折旧方法、坏账的核算方法、长期股权投资的核算方法、无形资产的核算方法、产品开发费的核算方法(费用资本化)等核算方法来调节利润。

上市公司滥用会计估计变更主要体现在对前期的各种估计进行更正,常见手法有:通过变更固定资产的折旧年限和残余价值、无形资产的摊销年限、坏账准备的提取比率、长期待摊费用的摊销期限等来调节当期利润;过高估计以前年度潜亏额,在以后年度冲回以虚增利润;改变费用的分配方法和成本计算方法;对长期股权投资核算在成本法和权益法之间进行转换;在业绩不理想时,冲回各项准备等。

滥用前期差错更正调节利润的常用做法,一是通过对上期故意造成的重大会计差错进行更正,将部分收入、成本或费用在各会计期间重新调整,以达到调节可比会计报表各期利润的目的。二是将会计舞弊解释为会计差错,以逃避被监管部门处罚。

拓展阅读 7-9 世华新材少计提坏账准备 涉嫌美化报表

【讨论 7-1】 企业粉饰财务报表,谁受益?谁受损?如何理解财务报表粉饰行为对资本市场交易公平性的破坏?

第四节　财务报表舞弊预警信号及财务报表粉饰识别方法

　　企业财务报表粉饰一直是个世界性问题。尤其是对于上市公司而言，财务报表粉饰甚至舞弊行为提供的虚假会计信息也会导致利益相关方决策失误、利益受损，扰乱资本市场的正常秩序，造成资本市场诚信缺失，并诱发经济犯罪行为和系统风险。2020 年 3 月 1 日起施行的《中华人民共和国证券法》第五章第七十八条规定："发行人及法律、行政法规和国务院证券监督管理机构规定的其他信息披露义务人，应当及时依法履行信息披露义务。信息披露义务人披露的信息，应当真实、准确、完整，简明清晰，通俗易懂，不得有虚假记载、误导性陈述或者重大遗漏。"因此，财务分析人员应当掌握必要的财务报表粉饰分析方法，尽可能地还原企业的真实财务状况和经营成果，避免因不实财务信息导致错误的判断与决策。

一、财务报表舞弊预警信号

（一）财务舞弊预警信号的类型

　　沿用了 500 多年的复式簿记之所以长盛不衰，主要在于它固有的平衡机制和对经济交易与事项的来龙去脉有无与伦比的解释能力。也正因为这种独特的簿记方法，保持高度职业审慎的注册会计师往往能够发现财务舞弊的征兆。此外，人类固有的局限（如喜欢炫耀的心理、追求享乐的冲动和不可避免的疏忽大意），注定大多数财务舞弊会留下蛛丝马迹。这些征兆和蛛丝马迹在会计记录和财务报表上的异常体现就是财务舞弊预警信号（Warning Signs）。反观财务舞弊的大量实践，证明关注预警信号是发现和防范财务舞弊的捷径。

　　阿尔布雷克特（W. Steve Albrecht）把舞弊的预警信号分为六类。

　　1. 会计异常

　　这类的预警信号有三种表现。一是原始凭证不合常规，例如：凭证缺失或被篡改、过多空白、收款人或客户名称或地址太普通、应收账款拖欠增加、调节项目增多、付款雷同、支票二次背书、凭证号码顺序不合逻辑、凭证字迹可疑；二是会计分录存在瑕疵，例如：缺乏原始凭证支撑、对应收应付款、收入和费用不合常理的调整、会计分录借贷不平衡、分录日期临近会计期末；三是日记账不准确，如日记账不平衡、客户或供应商的个别账户合计数与控制账户不相勾稽。

　　2. 内部控制缺陷

　　这类的预警信号主要包括：缺乏职责划分、缺乏实物资产保护措施、缺乏独立核查、缺乏适当的文件和记录保管、逾越内部控制、会计系统薄弱。

　　3. 分析性异常

　　这类的预警信号主要包括：未加解释的存货短缺或调整、采购过度、账户余额大幅增减、资产实物数量异常、不合理的费用或报销、应注销的资产项目未及时确认且金额巨大、财务报表关系诡异。例如：收入增加应收账款减少、收入增加现金流量减少、存货增加应付账款减少、产量增加而单位产品成本不降反增、产量增加废品下降、存货增加仓储成本下降。

　　4. 暗示与投诉

　　这是指公司内外部知情人以匿名或明示的方式，向公司管理当局、注册会计师或政府监管部门提供有关舞弊检举线索。2002 年 10 月，美国注册舞弊审查师学会（ACFE）的调研报告显示,在1997—2002年上半年的603个重大舞弊案例中,只有26.9%是通过内外部审计发现的,而通过各种举报发现的比例却高达46.1%(其中雇员举报占26.3%,客户举报占86%,匿名举报占6%,卖方举报占5.1%)。可见,关注"有心人"发出的暗示与投诉预警信号,也是发现舞弊的重要途径。

5. 奢侈生活方式

这类的预警信号指公司实际控制人或高管有豪华的生活方式,如购买豪宅、名车和名贵珠宝服饰,甚至豪赌等。

6. 异常行为

这类预警信号指公司实际控制人或高管有反常行为,例如,防御心理增强或动辄与人争执;对审计人员的询问过于敏感或富有挑衅性;过分热衷于推卸责任或寻找替罪羊。

应指出的是,后两类预警信号对于财务报表舞弊的识别能力较低。

(二) 财务报表舞弊的一般预警信号

与一般舞弊(如行贿受贿)相比,财务报表舞弊具有以下特点:公司管理层往往牵涉其中;上下串通、内外勾结等群体舞弊司空见惯;以维护公司的利益为幌子;造成损害更具有破坏性。据此阿尔布雷克特(2004)提出,财务报表舞弊一般预警信号可以从管理层面、关系层面、组织结构和行业层面,以及财务结果和经营层面四个层面加以识别。

1. 管理层面的预警信号

发现以下管理层面的预警信号时,表明公司可能存在财务报表舞弊:高级管理人员有舞弊或其他违反法律法规的不良记录;高级管理层或董事会频繁改组;高级管理人员或董事会成员离职率居高不下;关键高级管理人员的个人财富与公司的经营业绩和股价表现联系过于密切;高级管理人员处于盈利预期或其他财务预期的高压下;高级管理人员对不切实际的财务目标做出承诺;高级管理人员的报酬主要以财务业绩为基础(如奖金、股票期权和销售佣金);高级管理人员的决策受制于债务契约,且违规成本高昂;高级管理人员过分热衷于维护或提升股票价格;高级管理人员过分热衷于税务筹划;重大决策由极少数关键人物(如公司创始人)所左右,且逾越决策程序的独裁现象司空见惯;高级管理层对于倡导正直诚信的文化氛围缺乏兴趣;高级管理人员经常向下属经营班子下达激进的财务目标或过于严厉的支出预算;高级管理层过多地介入专业性很强的会计政策选择,会计估计和会计判断;高级管理层频繁接受媒体的采访宣传且对沽名钓誉的活动乐此不疲。

2. 关系层面的预警信号

通过观察公司在处理与金融机构、关联公司、注册会计师、律师、投资者和监管机构的关系时是否存在异常情况,也可以对公司是否进行财务报表舞弊做出判断。这些关系层面的预警信号主要包括:贷款或其他债务契约的限制对公司的经营或财务决策构成重大问题;银企关系异常(如与异地的金融机构关系过于密切、开设的银行账户众多);高级管理人员或董事会成员与主办银行的高层关系过于密切;频繁更换为之服务的金融机构;缺乏正当的商业理由,将主要银行账户、子公司或经营业务设置在"避税天堂";向金融机构借入高风险的贷款并以关键资产作抵押;经营模式缺乏独立性,原材料采购和品销售主要通过关联公司进行;经常在会计期末发生数额巨大的关联交易;当期的收入或利润主要来自罕见的重大关联交易,且关联交易明显缺乏正当的商业理由;对关联方的应收或应付款居高不下;公司与其聘请的会计师事务所关系高度紧张或关系过于密切;频繁更换会计师事务所或拒绝更换信誉不佳的会计师事务所;高级管理人员针对审计时间或审计范围等问题向注册会计师提出不合理的要求;高级管理人员对注册会计师审计过程中需要询问的人员或需要获取的信息施加了正式或非正式限制;经常变更为之服务的律师事务所或法律顾问;频繁卷入诉讼官司;高级管理层与股东之间的关系紧张;频繁发行或增发新股、债权,导致投资者抱怨或抵制;高级管理层与投资银行或证券分析师关系过于密切或紧张;高级管理层与证券监管机构关系紧张;高级管理人员或董事会成员在财务报告和信息披露方面受到证券监管机构的处罚或批评;与税务机关税务纠纷不断。

3. 组织结构和行业层面的预警信号

组织结构和行业层面的主要预警信号包括:组织机构过于复杂;主要子公司或分支机构地域分布广泛,且缺乏有效的沟通和控制;缺乏内部审计机构或人员配备严重不足;董事会成员主要由内部执行董事或"灰色董事"组成;董事会的作用过于被动,受制于高级管理层;未设立审计委员会,或审计委员会缺乏独立性和专业胜任能力;信息系统薄弱或人员配备不足;所在行业处于成熟或衰退阶段;所在行业竞争加剧,经营失败与日俱增;所在行业技术进步迅猛,产品和技术具有很高的陈旧风险;在行业一片萧条时,公司的经营业绩一枝独秀;遭受巨额经营损失,面临破产、被敌意收购或其他严重后果;所在行业对资产、负债、收入和成本的确认高度依赖于主观估计和判断。

4. 财务结果和经营层面的预警信号

财务结果和经营层面的主要预警信号包括:报表项目余额和金额变动幅度异常惊人;收入和费用比例严重失调;报表项目的余额或金额源于一笔或少数几笔重大交易;会计期末发生"形式重于实质"的重大交易且对当期经营业绩产生重大影响;经营业绩与财务分析师的预测惊人接近;在连年报告净利润的同时,经营活动产生的现金流量持续入不敷出;高度依赖于持续不断的再融资(包括股票和债务融资)才得以持续经营;对外报告的资产、负债、收入和费用主要建立在高度主观的估计和判断基础之上,且财务状况和经营业绩很可能随着估计和判断基础的变化而严重恶化;对外报告的盈利能力以远高于竞争对手的速度迅猛增长;主要成本费用率大大低于其竞争对手;财务报表附注晦涩难懂;财务报表被注册会计师出具"不干净"意见;连续多年依靠非经营性收益才得以保持盈利记录;经营业绩与其所处的行业地位不相称;经营成功与否所高度倚重的产品或服务面临着市场竞争、技术进步、消费偏好或替代品的严峻挑战;财务杠杆高,处于违反债务契约的边缘;对外报告的经营业绩与内部预算或计划总是保持高度一致,罕有例外情况发生;因经营业绩不佳导致股票交易持续低迷,面临着被交易所终止交易的风险。①

拓展阅读 7-10 我国非上市公司财务报告舞弊的非财务预警信号研究

二、财务报表粉饰分析方法

下面,我们针对我国企业财务报表粉饰的常见手法、财务报表舞弊和粉饰的预警信号、识别财务异常的三个视角,介绍几种有助于发现与分析常见的企业财务报表粉饰行为的方法。

---

① 黄世忠,黄京菁. 财务报表舞弊行为特征及预警信号综述[J]. 财会通讯,2004(12).

（一）审计报告分析法

审计报告是注册会计师独立审计的最终结果，具有法定证明效力。注册会计师出具的审计报告包括五种类型，即无保留意见审计报告、带强调事项段的无保留意见审计报告、保留意见审计报告、否定意见审计报告和无法表示意见审计报告。

财务分析人员对企业财务报告进行分析时，可以考虑注册会计师为企业定期财务报告出具的审计报告类型来初步判断企业财务报告的真实性。但也要警惕某些注册会计师由于各种原因和动机也有可能出具虚假和错误的审计报告，防止被其误导判断。

（二）分析性复核法

在各种舞弊审计与审计的方法中，分析性复核被认为是最为重要的工具。分析性复核法，是指对企业重要的财务比率或趋势的异常变动及其与预期数据和相关信息的差异进行分析判断的方法。通过比较分析、比率分析、结构百分比分析和趋势分析等常用分析性复核法，可以发现财务报表中的异常波动，进而识别企业财务报表粉饰行为。

在比率分析法中，较为典型的是对毛利率、应收账款周转率、存货周转率等的分析。由于同行业中毛利率具有平均化的趋势。如果一家上市公司的毛利率大大高于行业平均水平，则很可能其收入有虚假成分；反之，其收入可能被隐瞒。另外，如果应收账款周转率和存货周转率急剧下降，则很可能是上市公司虚构收入和利润，同时又未等额增加收入和成本，进而导致应收账款和存货的急剧增加所致。

但是也要看到，目前审计人员能够使用的分析性复核方法仍主要局限于趋势分析、比率分析等传统方法，难以应对日益隐蔽与高智商化的财务舞弊。有些学者将本福特定律（Benford's Law）运用到舞弊侦测领域。本福特定律揭示了序数 0～999 在不同数位上出现的概率分布规律，一些文献利用"人为造假"的样本数据与随机数样本数据对该定律进行测试，证明本福特定律在舞弊侦测方面有一定的有效性。

（三）财务报表三点式审阅法

财务报表三点式审阅法是郑朝晖（2010）提出的从三个方面或三个角度对财务报表是否造假进行审查、解读与分析的财务报表粉饰分析方法。郑朝晖认为，虽然法定的财务报表有四张，但真正的财务报表（权责发生制）只有两张，即资产负债表和利润表。

资产负债表三点式审阅法，主要通过从虚构资产、多记资产和隐瞒债务三个方面分析企业是否存在财务欺诈行为。第一，虚增收益是导致虚构资产的主要原因。企业一般通过虚增经营性现金流入和投资性支出，达到虚构收益的目的，或者通过虚增资产的方式套取现金。第二，提前确认收入或推迟确认费用是多记资产的主要原因。企业一般通过提前确认收入或推迟确认费用调节当期利润，导致企业当期资产多记。第三，企业隐瞒债务主要包括表外融资、没有披露的企业对外担保等或有事项、或有负债及预计负债等项目。

利润表三点式审阅法，是指关注营业收入、毛利率及费用率三点的方法。第一，形成营业收入预期。应注意某些企业的营业收入出现非预期增长。提前确认收入最明显的征兆就是应收账款余额畸高，应收账款周转率畸慢，而预收账款畸高则可能是隐瞒利润。虚增收入有可能来自虚增销量，也有可能来自虚增售价。如果是多产品甚至多元化经营，要注意产品结构和收入结构。如果企业通过将低毛利的传统产品转换为高毛利的高科技产品收入，即使总收入没有增长，实际上也达到了虚增收入的效果。第二，形成毛利率预期。很多企业虚增收益的一个典型的特征是毛利率畸高。第三,形成费用率预期。费用包括销售费用、管理费用和财务费用。财务费用做假空间不大,可忽略。应重点关注销售费用和管理费用的异常变动。正常情况下,随着企业营业收入增长,费用率呈下降趋势,但绝对额会呈上升趋势。[1]

(四) 现金流量分析法

现金流量分析法,是指将企业经营活动产生的现金净流量、投资活动产生的现金净流量分别与核心利润、投资收益进行调整、比对与分析,以判断企业的经营性资产的核心利润、投资性资产的投资收益质量的方法。

由于现金流量(包括经营现金流)的计算不涉及权责发生制,在会计报表中很难造假。因此,每股经营现金流是评估上市公司主营业务收益质量的最具实质性的财务指标。[2] 一般而言,没有相应现金含量的利润质量是不可靠的。如果企业的经营活动产生的现金净流量长期低于核心净利润,则意味着企业经营性资产的质量不高,存在粉饰财务报表的可能性。

运用现金流量分析法应注意两点。

(1) 根据净利润调整为经营活动现金流量的公式可知,存货、经营性应收项目和经营性应付项目等会影响经营活动现金流量。如果这些项目在经营活动现金流量中所占比例过高,则意味着企业经营活动现金流量质量较低,应当引起利益相关者的关注和警惕。

(2) 如果现金流量表中的"收到其他与经营(投资、筹资)活动有关的现金"和"支付其他与经营(投资、筹资)活动有关的现金"项目金额巨大,则应视为异常。

(五) 关联交易剔除法

关联交易剔除法,是指在分析一个上市公司的盈利能力时,应将来自关联企业的营业收入和利润予以剔除,从而判断企业盈利对关联企业的依存度,推断企业盈利能力是否扎实可靠、利润来源是否确定。对于关联交易,具体从以下三个方面加以识别。

(1) 关注某些特殊年度关联交易量是否正常,这是判断财务报表粉饰的重要线索。如果其交易次数比平常年度的发生频率高出许多,金额也较大,则很可能表明其通过关联交易进行了财务报表粉饰。

(2) 将上市公司的母公司财务报表与合并财务报表进行对比分析。母公司和子公司之间有可能通过关联交易进行利益输送,根据需要将利润从子公司转移到母公司,以美化母公司业绩,或反向转移,以平滑母公司业绩,但不论如何转移,企业集团的利润总额是不会变化的。此时可将关联交易双方交易价格与正常市价进行对比,这是认定财务报表粉饰的重要标准。

(3) 关注关联企业之间债权债务及债务担保等对企业财务状况的影响。这是控股企业侵害上市公司其他投资者利益的常用手段。会计信息使用者应将关联债权从企业债权中减去,将为控股企业提供的债务担保作为企业的负债加上。

(六) 异常利润剔除法

上市公司的本年利润总额由营业利润、营业外收支净额构成。而营业利润由核心利润和投资收益等项目构成。如果发现公允价值变动收益、资产减值损失、营业外收支净额等项

---

[1] 郑朝晖. 远离财务骗术 夏草教你规避财报风险[M]. 北京:机械工业出版社,2010.
[2] 刘玲,丁浩. 上市公司财务报表粉饰识别[J]. 技术经济与管理研究,2011(2).

目,对企业利润贡献陡然增大,应当将它们从企业的利润总额中剔除,以分析和评价企业利润来源的持续性、稳定性。因为核心利润人为操纵中往往存在税金流出,操纵成本较高。另外,核心利润人为操纵也使得毛利大幅波动容易引人注意,所以核心利润通常较难以操纵。在分析上市公司盈利能力时,应着重分析核心利润占利润总额的比重。

(七)虚拟资产剔除法

此处的"虚拟资产"是指已经实际发生的费用或损失,或可能产生潜亏的资产项目,如高龄应收账款、存货跌价和积压损失、固定资产损失等,暂时挂列为长期待摊费用、待处理财产损益等资产科目。财务分析人员应采取措施消除"资产泡沫"和"注水利润"。

(八)财务报表特定项目分析法

资产负债表分析中,应当特别关注企业应收账款及坏账准备、存货计价方法选择及变更,固定资产计价与折旧、在建工程、对外投资等项目的分析。具体分析见第 3 章。

(九)财务报表附注分析法

财务报表使用者在对财务报表进行分析时,可以将财务报表与其附注相对照,以了解企业财务报表的披露政策是否合理、会计估计是否科学、会计差错是否恰当。如果企业对某些重要项目未披露或不按要求完整披露,这可能是为了隐瞒影响企业财务状况和经营成果的重大信息。

(十)或有事项分析法

上市公司在年报中会按照规定详细披露许多或有事项和重大事项。其中,财务分析者需要特别关注的是重大诉讼、仲裁事项,产品质量保证,企业控股股东变更情况,企业收购及出售资产、吸收合并事项,企业资产的查封和冻结,巨额对外担保,以及其他重大合同及其履行情况。①

拓展阅读 7-11　证监会:2018 年上市公司年报会计监管报告 http://www.cairongquan.com/Article/view/100531.html

本章概要

财务报表粉饰是指企业高层管理者或相关会计师事务所采用转移、调节以及虚构等手法编制财务报表,粉饰企业真实财务状况或经营成果等不良行为。财务报表舞弊的理论有冰山理论、舞弊三角理论、GONE 理论和舞弊风险因子理论等。按照粉饰对象不同,财务报表粉饰可分为经营业绩粉饰、财务状况粉饰和现金流量粉饰三种类型。

上市公司财务报表粉饰的常见手段有操纵收入确认时间或确认虚假收入、利用存货计价调节利润、转移费用或费用资本化等十种。阿尔布雷克特把舞弊的预警信号分为六类、四个层面。财务报表粉饰分析方法有审计报告分析法、分析性复核法、财务报表三点式审阅法、现金流量分析法等十种。

---

① 万如荣,张莉芳,蒋琰. 财务分析[M]. 2 版. 北京:人民邮电出版社,2020.

第三篇

财务分析篇

第8章

财务能力分析

【教学目标】
　　通过本章的学习,学生应了解企业财务能力的基本概念和总体架构;理解衡量企业盈利能力、营运能力、偿债能力和发展能力的关键指标的内涵、联系及计算方法;掌握财务能力的比率分析、因素分析、比较分析和趋势分析等基本财务分析方法的综合应用方法。

引例

多项指标表现优异,BGY再次登上综合实力榜榜首

　　2020年8月18至21日,由亿翰智库主办的"2020中国房地产业战略峰会"在上海隆重举行,会议核心主旨:新生!
　　自2018年起,碧桂园集团(以下简称"BGY")连续三年蝉联"2020中国房企综合实力TOP200"榜首,除了销售规模的增长,公司的盈利能力和成长能力等指标同样是其卫冕榜首的关键所在。
　　一、销售高速增长带动收入提升,《财富》排名居全球房地产行业首位
　　2019年,BGY实现权益销售金额5522亿元(如按亿翰智库全口径销售额为7715.3亿元),权益销售面积约6237万平方米,分别同比增长10%和15.2%,销售继续领跑行业。面对市场波动,BGY的企业经营表现出很强的"韧性"。尤其是受新冠肺炎疫情影响,房企销售活动普遍遭遇冲击,而BGY的抗风险能力凸显,稳中向好,2020年1—7月累计实现权益销售金额达3212.3亿元,稳居行业前列。伴随疫情得到控制及经济稳步复苏,

BGY销售业绩自3月以来已实现连续5个月同比增长,其中7月同比增长27.5%至542.8亿元。

正是由于BGY销售额的稳定增长,为公司带来了收入的快速提升。2019年,BGY结转收入创新高,营业收入为4859.1亿元,同比增长28.2%。从2016年到2019年,BGY营业收入从1530.9亿元增长至4859.1亿元,涨幅达217.4%。而这也使公司成为2019年《财富》世界500强榜单中上升最快的企业,2020年的榜单排名则从177位提升到147位,位列全球房地产行业第一,表现出强劲的增长势头。

二、土地储备兼具广度和深度,保障充足盈利空间

BGY的土地储备兼具广度和深度,广泛布局以分散风险,深度聚焦则有利于提升竞争优势。截至2019年12月31日,BGY在国内已获取的权益可售资源约17 022亿元,潜在的权益可售货值约7 159亿元,权益可售资源合计约2.4万亿元,可满足集团未来四年以上的销售量。从各级城市土地市场表现情况来看,虽然自2019年起三四线城市土地成交增速弱于一二线城市,但就趋势来看,三四线城市整体增速相对稳定,充分表明这类城市市场韧性较强。

在合理的土地储备分布下,公司盈利能力稳步提升。2019年BGY毛利润同比增长23.6%,至1 266.4亿元;净利润约为612亿元,同比增长26.1%。股东应占核心净利润约401.2亿元,同比增长17.6%。同时,BGY保持较高的净资产收益率,居世界500强房企第一位。此外,BGY归属股东净利润在2017年、2018年和2019年均实现大幅增长,反映出企业强劲的盈利能力。

三、净负债率连续12年保持70%以下,偿债能力行业领先

BGY始终保持较低的净负债率水平,是行业内少有的兼顾规模增长和负债管控的企业之一。自上市以来,BGY连续12年将净借贷比率保持在70%以下,其中,2019年净负债率同比下降3.3百分点,仅为46.3%,远低于EH50房企94.1%的平均净负债率。

从债务结构来看,2019年BGY有息负债总额为3 696亿元,需于一年以内偿还的短期有息债务为1 163亿元,仅占总有息负债的31%。以2 683.5亿元可动用现金余额计算,现金余额对于短期有息负债的覆盖比例达2.3倍,短期偿债压力较低。

在保持较低净负债率的同时,公司还拥有较强的融资能力,融资成本低廉。2020年1月8日,BGY发行两笔共计10亿美元票据,包括5.5亿美元的7年期票据及4.5亿美元的10年期票据,利率分别仅为5.125%和5.625%。在进一步降低公司平均融资成本的情况下,BGY多元化的融资渠道也保证了其流动性。

四、多元协同主业,带动公司综合实力提升

整体来说,BGY能蝉联"2020中国房企综合实力TOP 200",正是由于公司做到了规模增长、盈利能力、成长能力、偿债能力以及创新能力的多元结合。在保持销售规模稳定增长的情况下,公司更注重对"内功"的修炼,加大对全国优质城市的布局,

> 保障企业盈利能力的提升。同时,创新式地进入机器人领域和现代农业领域,一方面,以建筑机器人与主业联动,以农业与社区服务联动,提升公司的整体实力;另一方面,加大研发力度和并购相关企业,这有利于填补行业空白,推动公司长期发展。
>
> 资料来源:第一财经. http://house.china.com.cn/1673350.htm, 2020-08-19.

第8章财务能力分析和第9章财务综合分析属于哈佛分析框架中第三篇——财务分析。财务能力分析基于会计分析所确认的财务报表数据,结合企业基本面分析(行业面和业务面)的各种信息,主要运用比率分析、因素分析等分析方法,围绕以企业的盈利能力、营运能力、偿债能力和发展能力等财务能力为核心内容的财务分析问题进行探讨。

企业财务能力是企业能力体系的重要组成部分。财务能力(或称财务效率)是指企业创造价值的能力,是企业财务运行效率的体现。企业财务能力包括企业财务表现能力、财务活动能力和企业财务管理能力。其中,企业财务表现能力包括盈利能力、偿债能力、营运能力、发展能力与社会贡献能力等多个方面,居于核心地位的是企业盈利能力和发展能力。财务活动能力包括企业筹资能力、投资能力、资金运用能力和分配能力等,其核心是企业可持续发展能力。财务管理能力包括组织的决策能力、控制能力、协调能力和创新能力等,其核心是企业可持续创新能力。

财务活动能力和财务管理能力最终将反映在企业财务表现能力上。所以,财务表现能力集中体现了企业财务能力,是企业相关利益者最为关注的方面。本章所指的财务能力即为财务表现能力。财务表现能力又有"三力论""四力论"和"五力论"三种观点。其中,"四力论"认为构成企业财务能力的四个方面是盈利能力、营运能力、偿债能力和发展能力。1999年6月1日财政部等四部委联合下发的《国有资本金效绩评价规则》及《国有资本金效绩评价操作细则》中重点评价企业资本效益状况、资产经营状况、偿债能力状况和发展能力状况四项内容,其实质也是基于"四力论"。因此,本章按照"四力论"来分析财务能力。

分析财务能力常用的方法是财务比率分析。财务比率分析可以从两个方面进行。一是计算本企业有关财务比率,并与同行业中的竞争对手进行比较或同行业的平均财务水平进行比较,借以了解本企业同竞争对手或同行业一般水平相比的财务状况和经营成果;二是将计算得到的财务比率同本企业过去的财务比率和预测未来的财务比率相比较,借以测定企业财务状况和经营成果在一个较长时间内的变化趋势。

本章涉及的财务比率较多,但需要指出的是,财务比率的优点之一,是可以根据分析问题的需要,灵活地对相关报表项目及其数据进行组合,形成特定比率以分析其中的关系,所以财务比率包括但不限于下文涉及的这些比率。分析者应正确理解财务指标的作用,合理选择或创新构建财务比率,以满足分析具体问题的需要。

第一节　盈利能力分析

一、盈利能力分析的含义、目的和指标

企业，是指把人的要素和物的要素结合起来的、自主地从事经济活动的、具有营利性的经济组织。盈利是企业的出发点和归宿，无论企业管理人员、投资者、债权人还是其他利益相关者，都日益重视和关心企业的盈利能力。

盈利能力是指企业获取利润的能力，通常表现为一定时期内企业收益数额的多少及其水平的高低。盈利能力分析，主要包括资本经营盈利能力、资产经营盈利能力、商品经营盈利能力、上市公司盈利能力、盈利质量等内容的分析。常见的盈利能力指标及计算公式如表 8-1 所示。

表 8-1　常见盈利能力指标及计算公式一览表

类　别	主要指标	计算公式
资本经营盈利能力	净资产收益率	$\dfrac{\text{净利润}}{\text{平均净资产}} \times 100\%$
资产经营盈利能力	总资产报酬率	$\dfrac{\text{息税前利润总额}}{\text{平均总资产}} \times 100\%$
	经营资产报酬率	$\dfrac{\text{狭义营业利润}}{\text{平均经营资产}} \times 100\%$
	投资资产报酬率	$\dfrac{\text{广义投资收益}}{\text{平均投资资产}} \times 100\%$
商品经营盈利能力 — 收入利润率	营业收入毛利率	$\dfrac{\text{毛利润}}{\text{营业收入}} \times 100\%$
	核心利润率	$\dfrac{\text{核心利润}}{\text{营业收入}} \times 100\%$
	销售息税前利润率	$\dfrac{\text{息税前利润}}{\text{营业收入}} \times 100\%$
	营业收入利润率	$\dfrac{\text{营业利润}}{\text{营业收入}} \times 100\%$
	销售净利润率	$\dfrac{\text{净利润}}{\text{营业收入}} \times 100\%$
商品经营盈利能力 — 成本费用利润率	营业成本利润率	$\dfrac{\text{营业利润}}{\text{营业成本}} \times 100\%$
	营业费用利润率	$\dfrac{\text{营业利润}}{\text{营业费用}} \times 100\%$
	全部成本费用利润率	$\dfrac{\text{利润总额}}{\text{营业成本}+\text{营业费用}+\text{营业外支出}} \times 100\%$
	全部成本费用净利润率	$\dfrac{\text{净利润}}{\text{营业成本}+\text{营业费用}+\text{营业外支出}} \times 100\%$

续表

类　　别	主要指标	计算公式
上市公司盈利能力	每股收益	$\dfrac{\text{净利润}-\text{优先股股息}}{\text{发行在外的普通股加权平均数}} \times 100\%$
	普通股权益报酬率	$\dfrac{\text{净利润}-\text{优先股股息}}{\text{普通股权益平均额}} \times 100\%$
	股利支付率	$\dfrac{\text{每股股利}}{\text{每股收益}} \times 100\%$
	市盈率	$\dfrac{\text{每股市价}}{\text{每股收益}}$
	市净率	$\dfrac{\text{每股市价}}{\text{每股净资产}}$
盈利质量	销售获现比率	$\dfrac{\text{销售商品、提供劳务收到的现金}}{\text{营业收入}} \times 100\%$
	盈利现金比率	$\dfrac{\text{经营活动现金流量净额}}{\text{净利润}} \times 100\%$
	全部资产现金回收率	$\dfrac{\text{经营活动现金流量净额}}{\text{平均总资产}} \times 100\%$
	净资产现金回收率	$\dfrac{\text{经营活动现金流量净额}}{\text{平均净资产}} \times 100\%$
	净收益营运指数	$\dfrac{\text{经营活动净收益}}{\text{净利润}}$
	现金营运指数	$\dfrac{\text{经营活动净流量}}{\text{经营现金毛流量}}$

二、资本经营盈利能力分析

(一)资本经营盈利能力的内涵

资本经营是企业以资本为基础,通过优化配置来提高资本经营效率的经营活动。资本经营型企业的管理目标是资本保值与增值或追求资本盈利能力最大化,其活动领域包括资本流动、收购、重组、参股和控股等。在这些资本增值的领域,企业以一定的资本投入,可以取得尽可能多的资本收益。资本经营盈利能力,是指企业所有者通过投入资本经营取得利润的能力。

资本经营盈利能力的基本指标是净资产收益率。企业的净资产,是指企业的资产总额减去负债以后的部分,即所有者权益或者权益资本。净资产收益率是评价企业自有资本及其积累获取报酬水平的最具综合性与代表性的指标。净资产收益率越高,表明企业自有资本获取收益的能力越强,运营效益越好。将企业净资产收益率实际值与行业平均值、竞争对手实际值等进行比较分析,可以了解企业的获利能力在同行业中所处的地位及其与同类企业的差距。

【例 8-1】 计算 FYBL 公司(母公司)的净资产收益率如表 8-2 所示。

表 8-2　FYBL 公司（母公司）净资产收益率计算表　　　　　单位：元

项目	2015 年	2016 年	2017 年	2018 年	2019 年
净利润	2 409 409 809	2 912 406 740	2 785 950 962	4 375 399 432	3 385 981 534
期初所有者权益	5 298 960 673	12 729 967 791	13 760 911 382	14 664 469 989	16 154 959 259
期末所有者权益	12 729 967 791	13 760 911 382	14 665 399 195	16 154 959 259	17 659 477 644
所有者权益平均余额	9 014 464 232	13 245 439 587	14 213 155 289	15 409 714 624	16 907 218 452
净资产收益率	26.73%	21.99%	19.60%	28.39%	20.03%

从表 8-2 中可以看出，FYBL 公司（母公司）连续五年的净资产收益率呈现一定的波动特征，但即使最低值也接近 20%，属于较好水平。净利润呈波动上升的趋势，而所有者权益平均余额持续稳定增长，二者变动趋势保持了基本一致，说明净利润是所有者权益增长的稳定来源。

比率分析中，计算目标企业的有关比率值之后，必须结合标准比率进行比较，才能判断这项指标是较好还是较差，进而指出该项指标所反映的财务状况是否存在需要改进的方面。标准比率可以根据分析目的，选择同业可比企业的该项指标均值，或同类典型先进企业的该项指标值，或本企业该项指标的历史实际值等，读者可另行分析。

【讨论 8-1】 FYBL 公司是主营生产销售各类汽车玻璃的国内 A 股上市公司，请选择三家与该公司具有较好可比性的其他公司，并说明所选公司在哪些方面符合可比性。

（二）资本经营盈利能力因素分析

为了进一步了解净资产收益率的影响因素，我们对净资产收益率的计算公式做进一步分解，分解过程如下：

$$\begin{aligned}
\text{净资产收益率} &= \frac{\text{利润总额}}{\text{净资产}} \times (1 - \text{所得税税率}) \\
&= \frac{\text{利润总额} + \text{利息支出} - \text{利息支出}}{\text{净资产}} \times (1 - \text{所得税税率}) \\
&= \frac{\text{利润总额} + \text{利息支出}}{\text{总资产}} \times \left(1 + \frac{\text{负债}}{\text{净资产}}\right) - \frac{\text{利息支出}}{\text{净资产}} \\
&\quad \times (1 - \text{所得税税率}) \\
&= \left[\frac{\text{利润总额} + \text{利息支出}}{\text{总资产}} + \frac{\text{利润总额} + \text{利息支出}}{\text{总资产}} \right.\\
&\quad \left. \times \frac{\text{负债}}{\text{净资产}} - \frac{\text{利息支出}}{\text{负债}} \times \frac{\text{负债}}{\text{净资产}}\right] \times (1 - \text{所得税税率}) \\
&= \left[\frac{\text{利润总额} + \text{利息支出}}{\text{总资产}} + \frac{\text{利润总额} + \text{利息支出}}{\text{总资产}} \right.\\
&\quad \left. \times \frac{\text{负债}}{\text{净资产}} - \frac{\text{利息支出}}{\text{负债}} \times \frac{\text{负债}}{\text{净资产}}\right] \times (1 - \text{所得税税率}) \\
&= \left[\text{总资产报酬率} + (\text{总资产报酬率} - \text{负债利息率}) \times \frac{\text{负债}}{\text{净资产}}\right] \\
&\quad \times (1 - \text{所得税税率})
\end{aligned}$$

从上面的净资产收益率因素分解式可以看出,影响净资产收益率的因素主要有总资产报酬率、负债利息率、资本结构或负债权益比以及所得税税率四个因素。

总资产报酬率是企业息税前利润与企业总资产额的比值,反映企业资产综合利用效果,是资产经营盈利能力的评价指标,与净资产收益率成正相关关系。

总资产报酬率是影响净资产收益率的一个因素,说明资产经营是资本经营的基础。企业的最终目的是为所有者创造价值。但创造价值的基础是运用企业的各项资产来产生经营效益。资产运用只能将资产作为一个整体来运用,而不可能区分负债形成的资产和所有者投入形成的资产,再单独针对所有者这部分资产去追求所有者的收益。所以,虽然企业的最终目标是为所有者利益最大化服务的,但过程必须是以全部资产综合运用为基础,再结合企业的财务政策、利用债务资金的杠杆效应等手段,这样才能最终实现所有者的目标。所以说,资本经营要以资产经营为依托,资本经营比资产经营综合性更强,是企业盈利能力的第一层次或最高层次。

负债利息率是财务费用中的利息费用与平均负债之比,反映企业使用资金的成本代价。负债利息率与净资产收益率成负相关关系,当负债利息率低于总资产报酬率时,企业增加举债才能获得财务杠杆效益。

负债与净资产之比,又称产权比率,反映企业的资本结构。当总资产报酬率高于负债利息率时,提高产权比率,将使净资产收益率提高。

所得税税率是企业根据税法应承担的税收比率。一般情况下,当其他条件不变时,企业面临的所得税税率越高,则净资产收益率越低。需要注意的是,受某些因素的影响,例如企业集团有境外子公司,或部分境内子公司存在亏损等,上式中的所得税税率并非法定税率。所得税税率的具体数值是通过倒推方式得出的,即设所得税税率为未知变量,运用财务报表中有关项目数据计算出其他财务比率的数值,代入上式可解出所得税税率的数值。[①]

三、资产经营盈利能力分析

资产经营,是指企业经营者合理配置与使用资产,以一定的资产投入,取得尽可能多的收益的过程。资产经营盈利能力则是指企业运用全部资产产生利润的能力,其主要评价指标是总资产报酬率。总资产报酬率反映了企业全部资产的获利水平,具体计算公式如下:

$$总资产报酬率 = \frac{息税前利润}{平均总资产} \times 100\%$$

【讨论 8-2】 上式为什么用息税前利润而不是其他层次利润做分子?上式包含了怎样的对比逻辑?

总资产报酬率的公式,可以进一步解析为

$$总资产报酬率 = \frac{息税前利润}{平均总资产}$$

$$= \frac{息税前利润}{平均总资产} \times \frac{营业收入}{营业收入}$$

[①] 张先治,陈友邦,秦志敏. 财务分析[M]. 9版. 大连:东北财经大学出版社,2019.

$$= \frac{营业收入}{平均总资产} \times \frac{息税前利润}{营业收入}$$

= 总资产周转率×销售息税前利润率

可见,影响总资产报酬率的因素有两个,即总资产周转率和销售息税前利润率。总资产周转率反映企业营运能力的指标,表示企业资产总额的周转速度。周转速度越快,表明企业全部资产的使用效率越高,因而资产的获利能力也越高,总资产报酬率水平越高。销售息税前利润率是息税前利润与营业收入的比值,是反映商品经营盈利能力的指标,体现企业将营业收入转化为利润的能力。该比率是反映商品生产经营盈利能力的指标,所以说,资产经营离不开商品经营,资产经营比商品经营综合性更高,属于第二层次。

销售息税前利润率是影响总资产报酬率的一个因素,说明商品经营是资产经营的基础。资产经营是从价值层面讨论资产的价值循环,价值层面必须以现实层面为基础,而商品经营就是企业的现实经营活动——生产和销售。价值循环必须通过商品生产和销售来实现。商品生产就要考虑成本费用消耗与收益的关系,商品销售就要考虑取得的收入与收益的关系,从而分别从成本利润率和收入利润率两个角度考察商品生产所需投入的资产及其运用效率。

【例 8-2】 计算 FYBL 公司(母公司)的总资产报酬率因素分析表,如表 8-3 所示。

表 8-3　FYBL 公司(母公司)2018—2019 年度总资产报酬率因素分析表　　单位:元

项　　目	2018 年	2019 年
营业收入	4 826 344 643	4 910 654 625
利润总额	4 645 810 012	3 467 816 115
息税前利润	4 147 562 250	3 215 697 656
平均总资产	29 677 425 128	32 577 958 363
总资产周转率	16.26%	15.07%
销售息税前利润率	89.28%	65.48%
总资产报酬率	14.52%	9.87%

由表 8-3 可知,FYBL 公司 2018 年至 2019 年的总资产报酬率从 14.52% 下降到了 9.87%,原因是销售息税前利润率和总资产周转率都下降了,且销售息税前利润率降幅较大。从销售息税前利润率来看,营业收入略有增加,但息税前利润下降较多,呈现增收减利。从总资产周转率来看,营业收入和平均总资产虽然都在增长,但前者增长率慢于后者,总资产周转速度有所下降。可见,影响总资产周转率的两个因素都在下降,所以总资产周转率较上年下降了。

【讨论 8-3】　接讨论 8-1,结合所选可比公司同年度的总资产报酬率数值,分析评价 FYBL 公司总资产报酬率及资产经营盈利能力的表现。

四、商品经营盈利能力分析

相对于资本经营和资产经营,商品经营研究的内容要单纯得多。商品经营盈利能力分析通过分析企业在生产经营过程中的收入、耗费与利润之间的关系,来评价企业的获利能力。如前所述,反映商品经营盈利能力的指标分为两类,一类是各种利润额与收入之间的比率,统称为收入利润率,包括营业收入毛利率、核心利润率、销售息税前利润率、营业收入利润率、销售净利润率;另一类是各种利润额与成本费用之间的比率,统称为成本费用利润率,包括营业成本利润率、营业费用利润率、全部成本费用利润率、全部成本费用净利润率。上述指标的计算公式如表 8-1 所示。

【讨论 8-4】 反映商品经营盈利能力的指标有多个,分析时应将不同指标进行对比,根据指标值的差异,分析造成差异的原因。结合前述章节 FYBL 公司的有关财务数据,计算收入利润率各指标值,试进行比较分析。

五、上市公司盈利能力分析

上市公司盈利能力分析有一定的特殊性,增加了对与企业股票、股票价格或市场价值相关的指标,如每股收益、普通股权益报酬率、市盈率、市净率等。

(一)每股收益的计算与分析

每股收益是指普通股股东每持有一股普通股所能享有的企业利润。每股收益用于衡量普通股的获利水平及投资风险,是投资者等信息使用者据以评价企业盈利能力、预测企业成长潜力、进而做出相关经济决策的重要财务指标之一。每股收益可分为基本每股收益和稀释每股收益。

1. 基本每股收益的计算

基本每股收益是按照归属于普通股股东的当期净利润除以发行在外普通股的加权平均数计算的每股收益,计算时仅考虑当期实际发行在外的普通股股份。基本每股收益的计算公式如下:

$$基本每股收益 = \frac{净利润 - 优先股股利}{发行在外的普通股加权平均数}$$

其中,

$$\begin{aligned}发行在外的\\普通股加权平均数\end{aligned} = 期初发行在外的普通股股数 + 当期新发行的普通股股数$$

$$\times \frac{已发行时长}{报告期时长} - 当期回购的普通股股数 \times \frac{已回购时长}{报告期时长}$$

【例 8-3】 某上市公司 2019 年度的有关资料如下。公司 2019 年度实现净利润 200 000 000 元,支付累计优先股股利 15 000 000 元,2018 年 12 月 31 日发行在外的普通股为 1 000 000 股,2019 年 5 月 31 日新发行普通股 400 000 股,2019 年 9 月 30 日回购本公司普通股 300 000 股。请计算该公司的基本每股收益。

具体计算如下:

$$发行在外的普通股加权平均数 = 1\,000\,000 + 400\,000 \times \frac{7}{12} - 300\,000 \times \frac{3}{12}$$

$$= 1\,308\,333(股)$$

$$基本每股收益 = \frac{200\,000\,000 - 15\,000\,000}{1\,308\,333} = 141.4(元/股)$$

2. 稀释每股收益的计算

稀释每股收益是以基本每股收益为基础,假定企业所有发行在外的"稀释性潜在普通股"(主要有可转换公司债券、认股权证、股票期权等)均转换为普通股,用调整后归属于普通股股东的当期净利润和发行在外普通股的加权平均数计算的每股收益。稀释每股收益的计算和列报主要是为了避免每股收益的"水分"可能带来的信息误导。

计算稀释每股收益时,应当根据以下两种事项对归属于普通股股东的净利润进行调整:一是当期已确认为费用的稀释性潜在普通股的利息;二是稀释性潜在普通股转换时将产生的收益或费用。上述调整应考虑相关的所得税影响。当期发行在外的普通股加权平均数,应当为计算基本每股收益时普通股的加权平均股数之和。稀释每股收益的计算公式如下:

$$稀释每股收益 = \frac{调整后归属于普通股股东的净利润}{发行在外的普通股加权平均数 + 假设稀释性潜在普通股转换为普通股而增加的普通股加权平均数}$$

【例 8-4】 假设某公司 2018 年 12 月 31 日发行 3 000 万份认股权证,行权价格为 4 元,2019 年度公司实现净利润 5 000 万元,发行在外的普通股加权平均数为 8 000 万股,普通股平均市场价格为 5 元,求稀释每股收益。

具体计算如下:

$$基本每股收益 = \frac{5\ 000}{8\ 000} = 0.65(元/股)$$

$$调整增加的普通股股数 = \frac{3\ 000 \times (5-4)}{5} = 600(万股)$$

$$稀释每股收益 = \frac{5\ 000}{8\ 000 + 600} = 0.58(元/股)$$

该公司发行的认股权证对每股收益的潜在影响是使每股收益下降 0.045 元($=0.625-0.58$)。

"调整增加普通股",并非普通股实际股数增加,而是根据一定的逻辑将每股收益的变化表示为增加一定数量普通股所带来的效果。认股权证持有者有权在约定的时间按照约定的行权价格从公司买入约定数量的普通股,这个过程称为"行权"。计算稀释每股收益时,假设所有认股权证持有者在现在就行权。认股权证持有者行权所获得的股票,是按行权价格而非公允反映每股价值的市价从公司原股东手上取得的,行权价格与当前市价之间的差额实质上是公司原股东对认股权证持有者让渡了一部分所有者权益。因认股权证行权使一部分普通股的权益流出了公司,构成认股权证持有者的获利额,所以所有者权益总额减少了。在普通股股数不变的情况下,行权后重新计算的每一股普通股包含的权益必然减少。

因行权造成的所有者权益减少额等于认股权证持有者的行权获利额,可用下式计算:

认股权证持有者的行权获利额=(每股市价-行权价格)×认股权证份数

将认股权证持有者的获利额按当前每股市价折算成普通股股数,加上行权前的普通股股数,称为行权后的总股数。由于行权前后不会引起净利润变化,行权后的总股数乘以行权(稀释)后的每股收益,仍等于行权前的净利润,所以上例的思路是净利润不变,只调整因行权产生的影响可以表示为调整增加普通股股数,用净利润除以调整后的普通股股数,即因行权而稀释的每股收益。

【例 8-5】 某公司 2018 年有关会计资料如下。公司 2019 年度实现净利润 40 000 万元,发行在外的普通股加权平均普通股股数为 200 000 万股,2019 年公司股票的全年平均市场价格是 25 元。公司于 2019 年 3 月 31 日按面值发行金额为 50 000 万元、利率为 6% 的可转换债券。每 100 元债券可于发行日后转换成 80 股普通股,公司所得税税率为 25%。计算该公司 2019 年稀释每股收益。

具体计算如下:

$$基本每股收益 = \frac{40\,000}{200\,000} = 0.2(元/股)$$

假设所发行的可转债转换为普通股,之前作为可转债计算支付的(税后)利息额应从净利润中加回,而普通股股数应按照转换比例折算增加。

$$增加的净利润 = 50\,000 \times 6\% \times (1-25\%) \times \frac{9}{12} = 1\,687.5(万元)$$

$$增加的普通股股数 = 50\,000 \times \frac{80}{100} \times \frac{9}{12} = 30\,000(万股)$$

$$稀释每股收益 = \frac{40\,000 + 1\,687.5}{200\,000 + 30\,000} = \frac{41\,687.5}{230\,000} = 0.18(元/股)$$

该公司发行的可转换债券对每股收益的潜在影响,是使每股收益下降 0.02 元(0.2 − 0.18)。

(二)普通股权益报酬率的计算与分析

普通股权益报酬率可以通过对每股收益指标的分解来得到。每股收益的计算公式为

$$\begin{aligned}每股收益 &= \frac{净利润-优先股股利}{发行在外的普通股加权平均数} \\ &= \frac{净利润-优先股股利}{发行在外的普通股加权平均数} \times \frac{普通股权益平均额}{普通股权益平均额} \\ &= \frac{普通股权益平均额}{发行在外的普通股加权平均数} \times \frac{净利润-优先股股利}{普通股权益平均额} \\ &= 每股账面价值 \times 普通股权益报酬率\end{aligned}$$

由上式可知,每股收益主要取决于每股账面价值和普通股权益报酬率两个因素。每股账面价值,也称每股净资产,是指净利润减去优先股股利以后的余额与发行在外的普通股加权平均数的比值,反映发行在外的每股普通股所代表的净资产(账面价值)。

普通股权益报酬率,是指净利润扣除应发放的优先股股利后的余额与普通股权益平均额的比率。这个指标是从普通股股东的角度反映企业的盈利能力。

FYBL 公司 2018 年、2019 年有关资料如表 8-4 所示。

表 8-4　FYBL 公司 2018 年、2019 年有关资料

指　　标	2018 年	2019 年
发行在外普通股平均股数/股	2 508 617 532	2 508 617 532
归属于母公司净利润/元	4 120 487 400	2 898 433 300
优先股股息/元	0	0

续表

指标	2018 年	2019 年
每股收益/(元/股)	1.642 5	1.155 4
普通股权益平均余额/元	15 410 179 227	16 907 218 452
每股账面价值/元	6.142 9	6.739 7
普通股权益报酬率	26.74%	17.14%

要求：根据以上资料，采用差额分析法分析因素变动对每股收益的影响。

根据所给资料分析如下。

分析对象如下：

$$1.155\ 4-1.642\ 5=-0.487(元/股)$$

每股账面价值变动对每股收益的影响如下：

$$(6.739\ 7-6.142\ 9)\times 26.74\%=0.159\ 6(元/股)$$

普通股权益报酬率变动对每股收益的影响如下：

$$6.739\ 7\times(17.14\%-26.74\%)=-0.647\ 0(元/股)$$

检验：

$$0.159\ 6+(-0.647\ 0)=-0.487$$

2019 年每股收益从 1.642 5 下降到 1.155 4，下降了 29.66%，主要是因为普通股权益报酬率大幅下降，其中净利润下降是主因，普通股权益平均余额增加是辅因；每股账面价值有小幅上升，对每股收益有正向影响。因普通股股数没有变化，全部是由普通股权益平均余额增加引起的。

（三）市盈率的计算与分析

市盈率也称为价格与收益比，可用来判断企业股票与其他企业股票相比潜在的价值。其计算公式如下：

$$市盈率=\frac{每股市价}{每股收益}$$

这个指标反映了投资者对每一元净利润所愿意支付的价格，用来估计股票的投资风险和收益水平，是市场对该股票的评价。市盈率越高，表明市场对企业的未来越看好。一些成长性较好的高科技企业股票的市盈率往往较高，而一些传统行业中企业股票的市盈率一般较低。

市盈率的高低，也可能代表企业股票投资风险的大小。判断一家企业的市盈率和每股市价是否偏高，关键在于对企业未来获利变化趋势和幅度的预期。一般认为，过高的市盈率反映了股票市价与企业当前获利水平的严重背离，具有泡沫嫌疑，投资风险大，投资价值低。但这也不是绝对的。从理论上讲，如果成长型企业未来收益能够迅速增长且确实有证据显示很有可能实现，市盈率偏高也不一定代表股价具有明显泡沫。

运用市盈率指标时，应注意以下问题：若企业每股收益接近零甚至为负数，市盈率的值可能变得很大或为负数，此时市盈率分析变得无意义；该指标不适用于不同行业企业之间的比较。

(四)市净率的计算与分析

市净率是每股市价与每股净资产的比率。其计算公式如下:

$$市净率=\frac{每股市价}{每股净资产}$$

净资产数据来自所有者权益的账面价值。市净率反映了投资者对上市公司每股净资产愿意支付的价格。市净率高,可能意味着投资者看好企业未来获利前景,愿意对每一元净资产支付更高的购买价格。但市净率高也可能是市价偏高造成的,是股票投机的结果,是资产泡沫的表现。

市净率和市盈率指标都反映了投资者某股票或某企业未来发展潜力的判断,但市净率主要从股票的账面价值角度出发,而市盈率主要从股票的盈利性角度进行考虑。市净率估值优点在于净资产比净利润更稳定,可用于评价微利或者亏损的企业,克服了市盈率的缺点,但不适用于资不抵债的企业。

六、盈利质量分析

(一)盈利质量的影响因素

盈利能力高的企业,不一定具有较好的盈利质量。盈利质量反映的是企业盈利的结构和稳定性。盈利质量是指报告盈利与公司业绩之间的相关性。如果盈利能如实反映企业的业绩,则认为盈利的质量好;反之,则认为盈利的质量差。

盈利质量分析涉及资产负债表、利润表和现金流量表。从资产负债表与现金流量表结合的角度分析盈利质量的主要财务指标有全部资产现金回收率、净资产现金回收率和每股经营现金流量等;从利润表与现金流量表结合的角度分析盈利质量的主要财务指标有销售获现比率和盈利现金比率等;从利润表与现金流量表、资产负债表结合的角度分析盈利质量的主要财务指标有净收益营运指数和现金营运指数。下面着重分析一部分重要指标。

(二)反映盈利质量的指标

1. 销售获现比率

销售获现比率反映了公司每一元营业收入中有多少是实际收到的现金。该项比率大于1,说明企业的营业收入质量高。其计算公式如下:

$$销售获现比率=\frac{销售商品、提供劳务收到的现金}{营业收入}$$

【讨论 8-5】 销售收到的现金中包括了增值税销项税额(税率 13%),但营业收入不包括这部分税金,评价营业收入质量高低的销售获现比率值还是以 1 为分界点吗?如果不是1,应该是多少?

2. 盈利现金比率

盈利现金比率,也称盈余现金保障倍数,其计算公式如下:

$$盈利现金比率=\frac{经营活动现金流量净额}{净利润}$$

该指标表示每单位净利润对应的经营活动产生的现金净流量。通常情况下,盈利现金比率应当超过1,且越高越好。如果该指标低于1,说明本期有一部分净利润未收到现金。

分析时应注意,第一,如果企业采取或变更了不恰当的折旧政策,可能影响经营活动现金流量净额,进而影响盈利现金比率的评价效果;第二,如果将净利润替换为核心利润,可以提高该比率分析的有效性。

需要指出的是,用基于收付实现制的现金流量和基于权责发生制的利润数据对比来分析盈利质量,存在一定的逻辑障碍。因为利润是当期产生的,但现金流量并不全是当期产生的,假如大量以前时期的应收款项在当期收回现金,将造成销售获现比率或盈利现金比率较高,但并不能证明当期的收入或盈利的"含金量"高。

3. 净收益营运指数

净收益营运指数,指经营活动净收益与净利润的比值。其计算公式如下:

$$净收益营运指数 = \frac{经营活动净收益}{净利润} = \frac{净利润 - 非经营净收益}{净利润}$$

如果一个公司净利润在上升,但经营活动净收益占比在下降,这是净利润质量变差的征兆。

4. 现金营运指数

现金营运指数是反映企业现金回收质量、衡量风险的指标,其计算公式为:

$$现金营运指数 = \frac{经营活动现金净流量}{经营活动现金毛流量}$$

$$= \frac{经营活动现金毛流量 - 经营性营运资产净增加}{经营活动现金毛流量}$$

其中,经营活动现金毛流量=净利润-非经营净收益+非付现费用,经营性营运资产包括应收账款、存货等。

理想的现金营运指数应为1。小于1的现金营运指数反映了公司有部分收益没有取得现金,而是停留在实物或债权形态,而实物或债权资产的风险远大于现金。应收账款不一定能足额变现,存货也有贬值的风险,所以未实现的收益质量低于已取得现金的收益。现金营运指数越小,以实物或债权形式存在的收益占总收益的比重越大,收益质量越差。

盈利质量分析应注意两个方面:第一,盈利质量分析是一个主观判断的过程,而判断的正确性与分析者的经验、能力和风险偏好密切相关;第二,盈利质量分析需结合财务报表分析和企业的具体环境。

拓展阅读 8-1 现金营运指数的释义及应用

第二节 营运能力分析

一、营运能力分析的含义、目的和指标

营运能力是企业各项经济资源,包括人力资源、生产资料资源、财务资源、技术信息资源和管理资源等,配置组合与相互作用而形成的企业运行活动,包括营运资产的效率与效益两个方面。营运资产的效率即资产的周转速度。企业资产周转速度越快,意味着运用一单位资产创造的收入越多,或者取得同样多的收入所需运用的资产数量越少。而营运资产的效

益通过资产投入与产出的相对关系来体现。相同的资产投入下产出越多,或者相同的产出所需的资产投入越少,则表示运用资产的效益越高。卓越的资产营运能力越来越成为企业的一项核心竞争力。

企业营运能力分析的主要目的在于评价企业资产的流动性和企业资产利用的效率,挖掘企业资产利用的潜力。企业营运能力分析,包括总资产营运能力分析、流动资产营运能力分析和固定资产营运能力分析三个方面的内容。由于固定资产周转需要依赖流动资产周转来实现,所以固定资产营运能力分析不需要单独分析其效率方面,而主要关注其效益方面。而总资产的效益方面主要是通过固定资产营运来产生的,所以流动资产营运能力分析可省略其效益方面,而主要考察其效率方面。常见的反映企业营运能力的指标及计算公式如表 8-5 所示。

表 8-5 常见营运能力指标及公式计算一览表

类 别	指 标 名 称	计 算 公 式
总资产 营运能力	总资产产值率	$\dfrac{\text{总产值}}{\text{平均总资产}} \times 100\%$
	总资产收入率	$\dfrac{\text{营业收入}}{\text{平均总资产}} \times 100\%$
	总资产周转率	$\dfrac{\text{营业收入净额}}{\text{平均总资产}} \times 100\%$
	总资产周转天数	$\dfrac{\text{计算期天数}}{\text{总资产周转率}}$
流动资产 营运能力	流动资产周转率	$\dfrac{\text{营业收入净额}}{\text{流动资产平均余额}} \times 100\%$
	流动资产周转天数	$\dfrac{\text{计算期天数}}{\text{流动资产周转率}}$
	存货周转率	$\dfrac{\text{营业成本}}{\text{存货平均余额}} \times 100\%$
	存货周转天数	$\dfrac{\text{计算期天数}}{\text{存货周转率}}$
	应收账款周转率	$\dfrac{\text{营业收入净额}}{\text{应收账款平均余额}} \times 100\%$
	应收账款周转天数	$\dfrac{\text{计算期天数}}{\text{应收账款周转率}}$
	营业周期	应收账款周转天数 + 存货周转天数
	现金周期	营业周期 - 应付账款周转天数 其中,应付账款周转天数 $= \dfrac{\text{计算期天数}}{\text{应付账款周转率}}$ 应付账款周转率 $= \dfrac{\text{营业成本}}{\text{应付账款平均余额}} \times 100\%$
固定资产 营运能力	固定资产产值率	$\dfrac{\text{总产值}}{\text{固定资产平均总值}} \times 100\%$
	固定资产收入率	$\dfrac{\text{营业收入净额}}{\text{固定资产平均总值}} \times 100\%$

二、总资产营运能力分析

企业总资产营运能力是指总资产的效率和效益。总资产周转率可以反映企业总资产的营运效率,即总资产的周转速度。总资产产值率和总资产收入率可以反映企业总资产的效益,即投入或使用总资产所取得的产出能力。总资产营运能力分析包括总资产产值率、总资产收入率,以及总资产周转率的影响因素分析。

(一)总资产产值率影响因素分析

总资产产值率反映了企业总资产与总产值之间的对比关系。其计算公式如下:

$$总资产产值率 = \frac{总产值}{平均总资产} \times 100\%$$

总产值是指企业在一定时间内利用全部资产为社会创造的、用不变价格计算的全部产品总量。之所以按不变价格计算,是为了将不同种类、不同批次的各种产品产量折算成货币金额以便能够加总,作为代表一定时期内全部生产成果的数据。从另一个角度看,总产值的计算排除了产品价格因素的变化,只反映产品产量的变化,在后续因素分析中有重要意义。

一定时期内生产的全部产品总量既包括完工产品,又包括在产品。因为在产品一般不能销售,完工产品也不一定能够销售出去,所以总产值仅仅表示本期生产了多少,并不表示有多少产品得到了社会的承认。

对总资产产值率的分析,可以通过对百元产值占用资金的分解来进行。百元产值占用资金是总资产产值率的倒数,分解过程见下式:

$$百元产值占用资金 = \frac{平均总资产}{总产值}$$

$$= \left[\frac{流动资产平均余额}{总产值} + \frac{固定资产平均余额}{总产值} + \frac{其他长期资产平均余额}{总产值} \right] \times 100\%$$

可见,百元产值占用资金受各类资产营运效率的影响。

(二)总资产收入率影响因素分析

总资产收入率反映了企业平均总资产与营业收入之间的对比关系,其计算公式是:

$$总资产收入率 = \frac{营业收入净额}{平均总资产}$$

取得营业收入说明产品完成了销售,表明企业的产品得到了社会的承认,是企业资产的真正有效利用。如果说总资产产值率仅反映了企业生产过程中资产的利用效果,总资产收入率则能反映整个经营过程(包括生产和销售)中资产的利用效率。总资产收入率与总资产产值率之间的关系可以用下式表示。

$$总资产收入率 = \frac{营业收入净额}{平均总资产} \times \frac{总产值}{总产值}$$

$$= \frac{总产值}{平均总资产} \times \frac{营业收入净额}{总产值}$$

$$= 总资产产值率 \times 产品销售率$$

总资产收入率的提高取决于以下两个方面。一方面是要提高资产的生产效率,这是提高企业资产营运能力的基础;另一方面是企业生产的产品必须符合社会需要,否则产品生产得再多也不能按合理价格变成营业收入。

(三) 总资产周转率影响因素分析

1. 总资产周转率的影响因素分析

总资产周转率是从资产流动性方面反映总资产的利用效率的。其计算公式如下:

$$总资产周转率 = \frac{营业收入净额}{平均总资产}$$

虽然总资产周转率的计算公式与总资产收入率相同,但总资产收入率反映的是总资产利用的效益,而总资产周转率反映的是总资产利用的效率。

企业资金循环包括短期资金循环和长期资金循环,长期资金循环必须依赖短期资金循环。因此,流动资产周转速度的快慢是决定企业总资产周转速度的关键性因素,关系式如下:

$$总资产周转率 = \frac{营业收入净额}{平均总资产} \times \frac{平均流动资产}{平均流动资产}$$

$$= \frac{营业收入净额}{平均流动资产} \times \frac{平均流动资产}{平均总资产}$$

$$= 流动资产周转率 \times 流动资产占总资产的比重$$

上式表明,要加快总资产周转速度,关键是加快流动资产周转率,同时还需提高流动资产占总资产比重。

【例 8-6】 以 FYBL 公司合并报表的有关数据为例,计算总资产周转率。如表 8-6 所示。

表 8-6　FYBL 公司 2018 年、2019 年总资产周转率计算表　　　单位:元

项　　目	2018 年	2019 年
营业收入	20 224 985 720	21 103 877 523
期初总资产	31 704 009 489	34 490 438 670
期末总资产	34 490 438 670	38 826 279 607
总资产平均余额	33 097 224 080	36 658 359 139
期初流动资产	15 006 493 545	15 581 139 669
期末流动资产	15 581 139 669	17 774 363 635
流动资产平均余额	15 293 816 607	16 677 751 652
流动资产周转率	1.322 4	1.265 4
流动资产占总资产比重	46.21%	45.50%
总资产周转率	0.611 1	0.575 7

2018、2019 年度 FYBL 公司总资产周转率因素分析:

$$总资产周转率变化 = 0.575\ 7 - 0.611\ 1 = -0.035$$

其中,流动资产周转率变化的影响:

$$(1.265\ 4 - 1.322\ 4) \times 46.21\% = -0.026\ 3$$

流动资产占总资产比重变化的影响：

$$1.265\ 4 \times (45.50\% - 46.21\%) = -0.009$$

检验：

$$-0.026\ 3 + (-0.009) = -0.035$$

可见，2019年FYBL公司总资产周转率略有下降，主要原因是流动资产周转率下降，导致总资产周转率下降0.026 3；流动资产占总资产比重有所下降，使总资产周转率下降了0.009。

2. 总资产周转率的趋势分析

【例8-7】 以FYBL公司合并报表的有关数据为例，计算FYBL公司总资产周转率，如表8-7所示。

表8-7　FYBL公司总资产周转率计算表　　　　　　　　　　　单位：元

项　目	2015年	2016年	2017年	2018年	2019年
营业收入	13 573 495 055	16 621 336 273	18 715 608 755	20 224 985 720	21 103 877 523
期初总资产	16 875 594 048	24 826 971 392	29 865 845 423	31 704 009 489	34 490 438 670
期末总资产	24 826 971 392	29 865 845 423	31 704 009 489	34 490 438 670	38 826 279 607
总资产平均余额	20 851 282 720	27 346 408 408	30 784 927 456	33 097 224 080	36 658 359 139
期初流动资产	6 644 933 601	12 531 877 609	14 951 022 471	15 006 493 545	15 581 139 669
期末流动资产	12 531 877 609	14 967 958 759	15 006 493 545	15 581 139 669	17 774 363 635
流动资产平均余额	9 588 405 605	13 749 918 184	14 978 758 008	15 293 816 607	16 677 751 652
流动资产周转率	1.415 6	1.208 8	1.249 5	1.322 4	1.265 4
流动资产占总资产比重	45.98%	50.28%	48.66%	46.21%	45.50%
总资产周转率	0.651 0	0.607 8	0.607 9	0.611 1	0.575 7

从表8-7可见，2015—2019年FYBL公司的总资产周转率呈逐年递减趋势，主要原因是流动资产周转率呈下降趋势，近四年均低于2015年的水平，而流动资产占总资产的比重则相对稳定，多数年份高于2015年的水平。

三、流动资产营运能力分析

从表8-5中可知，企业流动资产营运能力分析主要包括流动资产周转率、应收账款周转率、存货周转率和营业周期等指标的分析。

（一）流动资产周转速度分析

流动资产周转速度包括流动资产周转率（也称周转次数）和周转天数（也称周转期），是评价企业流动资产利用率的重要指标。流动资产周转率反映的是指流动资产在一定时期（通常指一年）内通过实现的营业收入净额完成的价值循环次数。流动资产周转率越高，流动资产周转速度越快。其计算公式如下：

$$流动资产周转率 = \frac{营业收入净额}{流动资产平均余额}$$

其中,流动资产平均余额为期末流动资产和期初流动资产平均数。流动资产周转率实质是流动资产的价值在生产中转移到产品并销售,取得营业收入。根据马克思资本循环公式"货币 G —商品 W —增殖后的货币 G'",周转率即一定时期内资本(表现为流动资产)的循环次数。

流动资产周转天数反映的是完成一次流动资产价值循环需要的天数。流动资产周转天数越多,流动资产周转速度越慢。其计算公式如下:

$$流动资产周转期 = \frac{计算期天数}{流动资产周转次数}$$

1. 流动资产周转率的影响因素分析

流动资产周转率的影响因素分析分两步进行,先引入营业成本因素,再引入存货因素。

引入营业成本因素对流动资产周转率的分解式如下:

$$\begin{aligned}流动资产周转率 &= \frac{营业收入}{流动资产平均余额} \\ &= \frac{营业收入}{流动资产平均余额} \times \frac{营业成本}{营业成本} \\ &= \frac{营业成本}{流动资产平均余额} \times \frac{营业收入}{营业成本} \\ &= 流动资产垫支周转率 \times 成本收入率\end{aligned}$$

引入营业成本因素的分析,是为了将流动资产周转区分为生产和销售两个阶段。流动资产垫支周转率从成本角度考察投入生产领域的资源运作效率。成本收入率则考察生产出来的产品在销售阶段的盈利表现。只有产品适销对路,并使售价高于成本,即成本收入率大于1,加快生产节奏,提高流动资产垫支周转率才能为企业带来更多盈利。相反,若成本收入率小于1,企业生产的产品越多,亏损越大。

【例 8-8】 FYBL 公司 2018 年、2019 年与流动资产周转率影响因素,如表 8-8 所示,要求运用差额计算法,具体分析各因素变动对流动资产周转率的影响。

表 8-8　FYBL 公司流动资产周转率影响因素计算表

项　　目	2018 年	2019 年
营业收入/元	20 224 985 720	21 103 877 523
营业成本/元	11 603 054 947	13 197 554 393
流动资产平均余额/元	15 293 816 607	16 677 751 652
流动资产垫支周转率/次	0.758 7	0.791 3
成本收入比	1.743 1	1.599 1
流动资产周转率/次	1.322 4	1.265 4

具体分析如下。

分析对象:

流动资产周转率的变动数＝1.265 4－1.322 4＝－0.057(次)
流动资产垫支周转率变动的影响＝(0.791 3－0.758 7)×1.743 1＝0.056 8(次)
成本收入率变动的影响＝0.791 3×(1.599 1－1.743 1)＝－0.114 0(次)

检验：
$$0.056\ 8-0.114\ 0=-0.057(次)$$

可见，2019 年流动资产周转率下降了 0.057 次，主要是成本收入率下降引起的，而流动资产垫支周转率则有所提高。

因为存货是流动资产的重要项目，是影响流动资产周转速度的关键，所以在上述分析的基础上，还可以再引入存货因素，对流动资产垫支周转率做进一步分析，关系式如下：

$$流动资产垫支周转率 = \frac{营业成本}{流动资产平均余额} \times \frac{存货平均余额}{存货平均余额}$$

$$= \frac{营业成本}{存货平均余额} \times \frac{存货平均余额}{流动资产平均余额}$$

$$= 存货周转率 \times 存货占流动资产的比重$$

同样，可以继续运用差额计算法，分析存货周转率和存货占流动资产的比重对流动资产垫支周转率的影响，此处不再展开。

2. 流动资产周转加速效果分析

加快流动资产周转的效果有两种表现形式。

(1) 使企业在流动资产占用额不变的情况下，带来营业收入的增加。其计算公式如下：

营业收入增加额＝基期流动资产平均余额
×(报告期流动资产周转率－基期流动资产周转率)

(2) 使企业在营业收入不变的条件下，占用更少的流动资产，形成流动资产节约额。其计算公式如下：

$$流动资产节约额 = 报告期营业收入 \times \left(\frac{1}{报告期流动资产周转率} - \frac{1}{基期流动资产周转率} \right)$$

由流动资产周转速度加快所形成的流动资产节约额，可以区分为绝对节约额和相对节约额两种形式。流动资产绝对节约额是指企业由于流动资产周转加速而减少的一部分流动资产占用额，表现为流动资产占用额的绝对减少。流动资产相对节约额是指企业由于流动资产周转加速，在流动资产占用额不增或少增的条件下，使得营业收入有更大幅度的增长，表现为每单位营业收入所占用的流动资产相对减少。

(二) 应收账款周转速度分析

应收账款周转速度，是指企业在一个年度内应收账款转变为现金的次数或平均每笔应收账款的回收天数。其计算公式如下：

$$应收账款周转率 = \frac{营业收入净额}{应收账款平均余额}$$

$$应收账款周转天数 = \frac{计算期天数}{应收账款周转率}$$

需要说明的是，从理论上说，应收账款周转率考察的是赊销收入的回收情况，公式中分子本应使用"赊销收入净额"(赊销收入－赊销退回－赊销折让－赊销折扣)来计算，但外部分析者一般无法通过公开数据获取这些数据,只能采用营业收入净额(营业收入＋其他业务收入－销售折扣或折让)来代替。而公式中分母——"应收账款"是指资产负债表中"应收账款"与"应收票据"两项之和,因为大部分应收票据是由赊销形成的,应收票据可视为应收账款的另一种形式。

企业的应收账款是被其他主体占用的本企业资源,过多的资金占用将影响企业的资金周转。一般来说,应收账款周转率越高,周转天数越短,说明应收账款的收回越快,应收账款账龄较短,发生坏账的可能性较低,并降低了未来应收账款催收的费用。但应收账款周转率低也有可能是企业收紧赊销政策、加强应收账款催收(增加当期催收费用)的结果,对整体收账费用是否有节约的效果,需要综合考察各时期相关费用来综合判断。

因为应收账款的数据来源于资产负债表,所以为减少季节性、偶然性和人为因素对应收账款特定时点存量的影响,在有条件的情况下,计算应收账款周转率最好使用多个时点的平均数。

(三) 存货周转速度分析

存货周转速度,是指企业一定时期(通常指一年)内营业成本除以存货平均余额的比值或一定时期(通常指一年)内平均存货周转一次所需经过的天数。反映应收账款周转速度的计算公式如下:

$$存货周转率 = \frac{营业成本}{存货平均余额}$$

$$存货周转天数 = \frac{计算期天数}{存货周转率}$$

连续观察一定时期内存货资产的周转速度,可以反映企业供、产、销的动态平衡效率。存货周转率越高,存货周转天数越短,表明存货占用水平越低,流动性越强,存货转化为现金或应收账款的速度就越快,从而提高企业的短期偿债能力及盈利能力。

需要注意的是,不同的存货计价方式会改变存货平均余额,使存货周转率产生一定差异。另外,计算存货周转率时也应使用多个时点的平均数。

存货周转速度还可以用下式做进一步分解。

$$存货周转天数 = \frac{计算期天数}{存货周转率}$$

$$= \frac{计算期天数 \times (材料平均余额 + 在产品平均余额 + 产成品平均余额)}{营业成本}$$

$$= \left(材料周转天数 \times \frac{当期材料费用}{总产值生产费} \times \frac{总产值生产费}{当期生产成本} + 在产品周转天数\right)$$

$$\times \frac{当期生产成本}{营业成本} + 产成品周转天数$$

上式中,总产值生产费表示总产值对应的当期产成品的生产成本,当期生产成本表示当期发生的生产成本。"$\frac{总产值生产费}{当期生产成本}$"表示当期完工产品的成本和当期发生的成本之间的相对关系,反映企业生产均衡状态。如果该比例大于1,则说明当期的生产投入未全部完工。营业成本由当期销售的产品成本结转形成,"$\frac{当期生产成本}{营业成本}$"表示当期投入的生产成本与销售出去的产品成本之间的对比关系,反映产销平衡状态。如果该比例大于1,则说明当期生产的产品未全部售出。材料费用是产品成本的组成部分,"$\dfrac{当期材料费用}{总产值生产费}$"代表产品的成本构成特征,产品成本中材料费用占比越大,而人工费占比越小,则这种产品的存货周转天数越长。产品成本构成比例主要是由产品自身的性质特点决定的,属于客观因素,是造成不同行业的企业存货周转速度差异的重要原因。

(四) 营业周期的计算

营业周期是指从取得存货开始到销售存货并收回现金为止的时间。从购入存货到售出存货平均需要的天数,用存货周转天数表示。从赊销发生应收账款到收回应收账款平均需要的天数,用应收账款周转天数表示。因此,营业周期的计算公式可表示如下:

$$营业周期=应收账款周转天数+存货周转天数$$

营业周期不但可以用于分析和考察企业资产的使用效率与管理水平,而且可以作为反映企业流动性的补充指标。存货和应收账款周转快的企业,流动资产的数量也往往比较少,如果仅从流动比率和速动比率来评价,由于比率值不够高可能被误判为短期偿债能力不足。但结合营业周期来评价可以一定程度上避免误判。在营业周期短的情况下,即使流动比率等指标值较低,企业的动态短期偿债能力仍是有保障的。

四、固定资产营运能力分析

由于固定资产周转是依靠流动资产周转来实现的,所以固定资产营运能力分析不需要讨论固定资产周转问题,只需分析固定资产营运效益方面,即固定资产产值率、固定资产收入率。

(一) 固定资产产值率影响因素分析

固定资产是企业的主要劳动工具。固定资产产值率等于一定时期按不变价格计算的总产值除以固定资产平均总值,其计算公式如下:

$$固定资产产值率=\dfrac{总产值}{固定资产平均总值}\times 100\%$$

根据不同的分析目的和要求,上式中的分母,可以选择固定资产原值或净值。如果要从固定资产的规模和生产能力方面来考察每单位生产能力取得的生产成果,应使用固定资产原值来计算。这是因为固定资产的生产能力在正常使用寿命期内变化较小,固定资产原值反映了初始生产能力并保持不变,所以可以从生产能力的角度考察其产值情况。

如果从固定资产资金占用方面来考察每单位固定资产投入的资金产生了多少生产成果,则应使用固定资产净值指标。固定资产净值是固定资产原值减去累计折旧后的差额,累计折旧是已经补偿了的固定资产价值损耗,所以固定资产净值反映的是尚未得到补偿,即仍处于固定资产状态的资金占用额。

由于不同行业的固定资产对应的工艺技术、生产方式不同,每元固定资产创造的产值也有很大差别。比如生产罐头的设备所生产的罐头的产值,与生产棉纱的设备所生产的棉纱的产值就没有可比性,这种"跨界"比较对于改进固定资产管理没有意义。再比如劳动密集型企业主要靠人工投入创造产值,资产总量偏少,每一元固定资产对应的产值就大。资本密集型企业情况则相反,每一元固定资产对应的产值小,但并不能据此认为劳动密集型企业的固定资产营运能力就一定高于资本密集型企业。

固定资产产值率可以通过指标分解的方法,进一步解析其影响因素。分解过程如下:

$$全部固定资产产值率=\frac{总产值}{全部固定资产平均总值}\times 100\%$$

$$=\frac{总产值}{全部固定资产平均总值}\times\frac{生产用固定资产平均总值}{生产用固定资产平均总值}$$

$$\times\frac{生产用固定资产平均总值}{生产设备平均总值}$$

$$=\frac{总产值}{生产设备平均总值}\times\frac{生产设备平均总值}{生产用固定资产平均总值}$$

$$\times\frac{生产用固定资产平均总值}{全部固定资产平均总值}$$

$$=生产设备产值率\times 生产设备占生产用固定资产比重$$

$$\times 生产用固定资产占全部固定资产比重$$

$$=生产设备产值率\times 生产设备占全部固定资产比重$$

生产设备是直接生产产品的劳动工具。通过上式可见,全部固定资产产值率的变动取决于生产设备的利用效率和固定资产结构状况两个方面。第一,生产设备的利用效率表现为生产设备产值率的高低。生产设备的功能是创造产值,进而创造企业效益的根本物质基础,要提高固定资产产值率,必须抓住生产设备这种关键的固定资产,努力提高其利用效率,减少各种影响生产设备使用的因素,例如,闲置、停用维修,或某些生产设备存在产能瓶颈导致其他生产设备生产能力利用率低等。第二,生产设备占全部固定资产的比重。该因素反映了固定资产的结构,因为只有生产设备才能生产产品、带来产值,其他固定资产只是间接、辅助生产过程。如果企业将资源投入非直接生产的其他固定资产中,即使生产设备利用率已经很高,固定资产整体的产值率也会偏低。所以,要想提高生产用固定资产的利用效率,应在提高生产设备利用效率的同时,优化固定资产内部结构,固定资产投资要向能够带来效益的生产设备倾斜。

(二) 固定资产收入率影响因素分析

固定资产收入率,是指一定时期实现的产品销售收入与固定资产平均总值的比率。固定资产收入率意味着每一元的固定资产所产生的收入。销售收入的取得,说明企业生产的产品中,被销售出去的产品是得到社会认可的部分,而且售价的高低也可以反映社会接受的程度,因此销售收入反映了生产成果中的有效部分,剔除了总产值中的无效资源消耗,能够反映固定资产的有效利用效率。

该指标的分母既可以用原值表示,也可以用净值表示。固定资产收入率变动原因的分析,可依据下面的分解式进行。

$$固定资产收入率=\frac{营业收入净额}{固定资产平均总值}\times\frac{总产值}{总产值}$$

$$=\frac{总产值}{固定资产平均总值}\times\frac{营业收入净额}{总产值}$$

$$=固定资产产值率\times 产品销售率$$

由此可见，要想提高固定资产收入率，在提高固定资产产值率的基础上，还要做到产销平衡。就个别年份看，产品销售率可能大于1、等于1或小于1，但从长期看，产品销售率不会长期持续大于1，因为这意味着企业当期生产的产品不能满足销售需求，必须消耗原有库存商品来应急，但库存商品是有限的。所以产品销售率接近于1是较理想的长期状态。

第三节　偿债能力分析

一、偿债能力分析的含义、目的和指标

偿债能力是指企业偿还到期债务的能力。偿债能力分析的主要目的是揭示企业偿债能力的大小，从而判断企业财务风险的高低。财务安全是企业健康发展的前提，判断企业财务安全性的主要标准是企业的偿债能力，因为对企业财务安全性威胁最大的"财务失败"，正是由于企业无力偿还到期债务而导致诉讼或破产。

企业偿债能力的强弱会直接或间接地影响到包括管理者、员工、股东、债权人乃至政府在内的各利益相关者的利益。而不同的利益相关者进行企业偿债能力分析的目的却是不同的。对于债权人而言，偿债能力分析的目的是进行正确的借贷决策。债权人愿意借钱给企业的基本前提就是企业能够如期偿还借款本金并且支付约定利息。因此，债权人在进行借贷决策时，必须深入分析企业的财务状况，特别是偿债能力状况。对于股东而言，虽然其更看重企业的长期发展能力，但如果企业不能如期偿还到期债务，就不能保证持续经营，长期的成长价值就会受到削弱，直接影响股东的投资价值。对于企业管理者而言，偿债能力分析的目的是及时发现经营过程中存在的问题，确保生产经营的顺利进行。

应当指出的是，虽然偿债能力对债权人很重要，但从企业经营者和所有者角度看，并非偿债能力越强越好，因为追求资产的高流动性和高安全性往往需要牺牲一定的盈利性。偿债能力的核心，是保证企业能够持续稳定经营，但过于稳定也不是企业的最终目的。

根据企业债务的构成内容和偿债所需的资产类型，偿债能力分析通常分为短期偿债能力分析和长期偿债能力分析。短期偿债能力指标分为静态和动态两部分。长期偿债能力指标又可分为资产规模角度反映的长期偿债能力指标、现金流量角度反映的长期偿债能力指标和盈利能力角度反映的长期偿债能力指标。常见反映偿债能力的指标如表8-9所示。

表8-9　常见偿债能力指标及计算公式一览表

偿债能力	分类	财务指标	计算公式
短期偿债能力	静态	营运资本	流动资产－流动负债
		流动比率	$\dfrac{流动资产}{流动负债}$
		速动比率	$\dfrac{速动资产}{流动负债}$
		现金比率	$\dfrac{现金类资金}{流动负债}$

续表

偿债能力	分类	财务指标	计算公式
短期偿债能力	动态	现金流量比率	$\dfrac{经营活动现金流量净额}{平均流动负债}$
		近期支付能力系数	$\dfrac{近期内能够用来支付的资金}{近期内需要支付的各种款项}$
		现金到期债务比率	$\dfrac{经营活动现金流量净额}{本期到期的债务}$
长期偿债能力	资产规模角度	资产负债率	$\dfrac{负债总额}{总资产}\times 100\%$
		股东权益比率	$\dfrac{股东权益}{总资产}\times 100\% = 1-资产负债率$
		产权比率	$\dfrac{负债总额}{股东权益}\times 100\%$
		有形净值负债率	$\dfrac{负债总额}{净资产-无形资产}\times 100\%$
		固定长期适合率	$\dfrac{固定资产净值}{股东权益+非流动负债}\times 100\%$
		资产非流动负债率	$\dfrac{非流动负债总额}{总资产}\times 100\%$
		非流动负债营运资金比率	$\dfrac{流动资产-流动负债}{非流动负债}\times 100\%$
	盈利能力角度	销售利息比率	$\dfrac{利息费用}{营业收入}\times 100\%$
		利息保障倍数	$\dfrac{息税前利润}{利息费用}=\dfrac{利润总额+利息费用}{利息费用}$
		债务本息保障倍数	$\dfrac{息税前利润}{利息费用+\dfrac{年度还本额}{1-所得税税率}}$
		固定费用保障倍数	$\dfrac{息税前利润}{利息+租金+\dfrac{优先股股利}{1-所得税税率}+\dfrac{偿债基金}{1-所得税税率}}$
长期偿债能力	现金流量角度	到期债务本息偿付比率	$\dfrac{经营现金流量净额}{本期到期债务本息}\times 100\%$
		强制性现金支付比率	$\dfrac{现金流入总量}{经营现金流出量+偿还到期本息付现}\times 100\%$
		现金债务总额比率	$\dfrac{经营活动现金流量净额}{负债平均余额}\times 100\%$
		利息现金流量保障倍数	$\dfrac{经营活动现金流量净额}{利息费用}$
		现金净流量全部债务比率	$\dfrac{现金净流量}{负债平均余额}\times 100\%$

二、短期偿债能力分析

短期偿债能力是指企业偿还流动负债的能力。短期偿债能力决定了"能不能持续经营"这个事关企业生死存亡的问题。一旦不能按期偿还到期债务,企业可能面临债务危机甚至破产清算的危险。因此,短期偿债能力是偿债能力管理中最重要的内容。

短期偿债能力的高低,影响企业的生产经营活动、财务状况,甚至盈利能力,比如无法获得购货折扣或者赊购材料,影响职工工资的正常发放或按期加薪引起员工离职。若短期偿债能力不强,企业也可能会因资金周转困难而影响正常的生产经营,降低企业的盈利能力,严重时会出现财务危机,甚至导致企业因不能按期偿债而面临"黑字破产"。

【讨论 8-6】 每逢紧缩性货币政策导致银行缩减信贷规模,中小微企业总是最容易受到停贷抽贷的打击,很多企业可能因资金链断裂而消亡。谈谈中小微企业是如何发生"黑字破产"的。

分析和研究企业的短期偿债能力,必须重视分析影响企业短期偿债能力的内部因素和外部因素。内部因素主要有企业自身经营业绩、资产结构特别是流动资产结构和流动负债结构、融资能力、经营活动产生的现金流量水平、母子公司资金调拨情况和财务管理水平等;外部因素主要有宏观经济形势、证券市场的发育与完善程度、银行的信贷政策等。

大部分流动负债需以现金的形式偿还,因此分析企业短期偿债能力的关键问题是资产变现能力,尤其是流动资产转化为现金的能力。企业短期偿债能力指标主要分为静态指标和动态指标。静态指标建立在资产负债表分析基础上,主要有营运资本、流动比率、速动比率和现金比率;动态指标建立在现金流量表和对经营中的现金流量分析基础上,主要有现金流量比率、近期支付能力系数和现金到期债务比率。

(一) 短期偿债能力的静态指标分析

1. 流动比率的计算与分析

流动比率(Current Ratio)是指流动资产与流动负债的比率,表示每一元的流动负债,有多少流动资产作为偿还保证。其计算公式如下:

$$流动比率 = \frac{流动资产}{流动负债}$$

从债权人立场上看,流动比率通常越高越好,因为流动比率越高,债权越有保障。一般认为,流动比率应达到 2 以上,评价时应结合企业的经营特征和行业表现来判断。由于应收账款和存货资产等不一定能按账面价值变现,流动比率超过 1 的部分,可以对流动负债的偿还提供保障,即债权人安全边际。

值得注意的是,流动比率多少为宜,不能一概而论,应在具体分析时结合其他因素进行评价。例如,GLDQ 公司在上下游关系的管理方面具有较强的市场竞争力,使其在购销活动中掌握确定结算方式的主动权,因此一直持有较高的预收账款和相对较低的预付账款。由于在商业债权结构中的应收票据比重和商业债务结构中的应付账款比重占据绝对优势,GLDQ 母公司具有"两头吃"(即上游"吃"供应商,下游"吃"经销商)的能力和使用无本经营(Other People's Money,OPM)战略的能力。这类公司的流动比率值将低估其短期偿债能力。

由于流动比率的计算方法简单,资料来源比较可靠,即使企业外部分析者也能很容易地计算这个指标,所以流动比率是最常用的衡量企业短期偿债能力的指标。

但流动比率在应用中也需要注意一些问题。第一,流动比率未反映某一时点的流动资产存量可能存在的变现不足的风险。第二,流动资产中包括应收账款、应收票据等项目不仅存在发生坏账的可能性,还容易受企业销售政策调整和业绩粉饰的影响,造成流动比率失真。第三,如果流动资产中的存货质量差,将无法在需要时及时变现。第四,流动负债只反映某一时点上尚未清偿的短期债务,而不包括已经得到清偿的短期债务。例如,企业每月按时发放工资本身就是短期偿债能力的一种表现,但资产负债表日前已经发放的工资不包括在流动负债"应付工资"中。所以,仅以流动比率来判断企业的短期偿债能力是不全面的。第五,流动比率容易受到计算方法的影响而失真。从比率计算式看,如果某比率值大于1,使分子与分母减去一个相同的数,该比率值将变大。例如,某企业当前的流动资产为1 000万元,流动负债500万元,所以企业当前的流动比率为2(1 000/500)。如果该企业用200万元货币资金偿付200万元应付账款,使流动比率变为2.67[(1 000-200)/(500-200)]。虽然流动比率提高了,但企业消耗的是流动资产里最高流动性的货币资金,而减少的应付账款是无息负债,实际短期偿债能力反而更差。如果企业在下期期初再重新借款200万元并取得现金,流动比率又变回2。所以,有些情形下依据流动比率评价短期偿债能力可能得出失真的结论。第六,流动资产周转速度较快的企业,流动比率将低于流动资产周转速度较慢的企业,但显然前者的资产变现能力更强。此时可以增加应收账款、应付账款、存货的周转速度作为评价短期偿债能力的动态指标。应收账款产生于赊销业务,应付账款产生于赊购业务,二者存在内在联系。如果应收账款与应付账款周转速度相当,企业收回应收账款获得现金,恰好可以用来偿还应付账款,不需要动用其他流动资产来偿还,此时静态的短期偿债能力与动态的短期偿债能力是一致的;如果应收账款周转速度超过应付账款,静态角度的流动比率偏低,但在动态角度下,由于应付账款能快速通过应收账款收回资金进行偿付,因此实际短期偿债能力较强。

2. 速动比率的计算与分析

速动比率(Liquid Ratio)是指企业的速动资产与流动负债的比率,用来衡量企业流动资产中可以立即变现偿付流动负债的能力。该指标的计算公式如下:

$$速动比率 = \frac{速动资产}{流动负债}$$

速动资产是指现金或可以迅速转换成为现金的资产,是流动资产减去存货、预付账款、一年内到期的固定资产和其他流动资产后的余额。这是因为存货变现速度和变现价值有很大的不确定性;预付账款基本不可能再收回;一年内到期的固定资产和其他流动资产的变现能力也较差。相对于流动资产,速动资产的变现能力更强,人们将其比喻为去掉杂质以检测黄金含量的酸性试验方法,所以速动比率又称酸性试验比率(Acid-test Ratio)。

速动比率一般应大于1,但具体分析时应结合企业经营特点、行业特征等因素进行评价。另外,速动资产包括应收账款,应考虑逾期账款或预计发生的坏账对速动资产变现能力的影响。与流动比率相似,以速动比率反映的企业偿债能力节约也与使用资金、减少流动资产上的资金占用的要求存在矛盾。所以,对流动比率和速动比率必须辩证分析,进行风险和收益的权衡。

3. 现金比率的计算与分析

现金比率（Cash Ratio）是指现金类资产对流动负债的比率。该指标的计算公式如下：

$$现金比率 = \frac{现金类资产}{流动负债}$$

现金类资产一般是指现金和现金等价物，即企业持有的期限短、流动性强、易于转换为已知金额的现金，价值变动风险很小的投资。现金比率可以准确地反映企业的直接偿付能力，对于应收账款和存货变现存在问题的企业，这一指标尤为重要。

现金类资产虽然变现能力最可信，但并未包括全部可用于直接偿付的资源。比较典型的是交易性金融资产中具有高度安全性和流动性的金融资产，例如：记账式国债、货币市场基金、短期理财产品。由于企业理财活动的兴起，越来越多的企业愿意将富余的现金以金融资产形式持有，既保持了流动性，又可获得较高收益，但这些资产并未包括在现金类资产中，使得现金比率反映的直接偿付能力与现实存在较大差距。因此，本书认为可以将符合高流动性、安全性特征的金融资产纳入分子来计算现金比率。

（二）短期偿债能力的动态指标分析

上述静态指标所使用的流动负债，只表明某一时点上的流动负债规模，并不能表示在这一时点就需要偿还。同理，流动资产或速动资产也只表明某一时点上能够转化为现金来偿还到期债务的可能性，但不能表示在这一时点上能够立即转化为现金，也不能保证未来需要偿债时能如期转化为现金。用于偿还债务所需的现金，既可以是流动资产变现所得的现金，也可以是通过经营活动、投资活动和筹资活动取得的现金流量。所以还需要从动态方面分析短期偿债能力。

1. 现金流量比率

现金流量比率，或称经营活动净现金比率，是指企业一定时期的经营活动现金流量净额与平均流动负债之比。其计算公式如下：

$$现金流量比率 = \frac{经营活动现金流量净额}{平均流动负债}$$

与现金比率不同，现金流量比率的现金来源于企业本身业务所形成的现金。动态地看，现金流量比率不仅能反映企业目前的即偿能力，也能反映未来的即偿能力。一般情况下，该比率大于 0.4 就比较理想。

2. 现金流量到期债务比率

现金流量到期债务比率是指经营活动现金流量净额与本期到期的债务本息的比率。该比率可以真实地反映利用经营活动产生现金偿还到期债务本息的能力。其计算公式如下：

$$现金流量到期债务比率 = \frac{经营活动现金流量净额}{本期到期的债务本息}$$

这个指标值要求至少大于 1，否则企业需通过资产变现筹集资金以偿还到期的债务本息。

3. 近期支付能力系数

近期支付能力系数反映企业近期内有无足够的支付能力来偿还到期债务。其计算公式如下：

$$近期支付能力系数 = \frac{近期内能够用来支付的资金}{近期内需要支付的各种款项}$$

近期内能够用来支付的资金包括企业现有的货币资金、近期内能取得的营业收入和近期内确有把握收回的各种应收款项等。近期内需要支付的各种款项包括各种到期或逾期应交款项和未付款项,如应付职工工资、应付货款、各项税金和银行借款等。该指标应等于或大于1。

(三) 影响企业短期偿债能力的其他因素

前述反映企业短期偿债能力的各项财务指标,均是在财务报告中取得的,还有一些表外因素也会影响短期偿债能力。增强短期偿债能力的表外因素包括企业良好的偿债信誉和态度、与银行签订的授信协议、容易变卖的长期资产等。削弱短期偿债能力的表外因素包括办理银行具有追索权的票据贴现业务、为其他经济主体提供担保,以及诸如未决诉讼等或有负债。

三、长期偿债能力分析

长期偿债能力是指企业偿还非流动负债的能力。虽然长期偿债义务无须企业立即动用资源加以清偿,但是长期债务金额一般比短期债务金额大,到期还本付息的压力更大。如果不做事先规划,更有可能引发财务危机,甚至威胁企业的生存。

影响长期偿债能力的因素主要有企业的盈利能力、投资效果、权益资金的增长和稳定程度,权益资金的实际价值,以及企业经营现金净流量获取能力等。其中企业的盈利能力是影响长期偿债能力的最重要因素。这是因为企业所举借的债务需要还本付息,利息的支付必须来自运用债务资金产生的收益。如果收益低于利息,短期内尚能通过部分资产变现来满足付息需要,长期内则无法维持这种入不敷出的状态,持续亏损必然引起企业经营萎缩甚至破产。所以企业只有保持具有良好的盈利能力,才能从根本上保障长期债务的偿付能力。

反映长期偿债能力的财务指标可以从资产规模、盈利能力、现金流量三个方面的影响进行划分。下面选取部分具有代表性的指标进行分析。

(一) 反映资产规模对长期偿债能力影响的指标

1. 资产负债率

资产负债率,是指企业负债总额占企业资产总额的百分比。资产负债率指标反映了在企业的全部资产中由债权人提供的资产所占比重的大小,反映了债权人向企业提供信贷资金的风险程度,也反映了企业举债经营的能力。资产负债率的计算公式如下:

$$资产负债率 = \frac{负债总额}{资产总额} \times 100\%$$

从投资人或股东的角度看,由于负债带来的财务杠杆作用能够提高盈利。只要债务成本率低于资产回报率,资产负债率就越高越好。从债权人的角度看,该指标值越低,债权人投入资本的安全性越高,企业对债权人的保障程度越高。从企业管理层的角度看,负债是一把双刃剑。企业管理层需要在保障资金需要和控制财务风险之间取得平衡,强调适度负债。

2. 产权比率

产权比率,可以由资产负债率的计算公式演变而来,是指负债总额与所有者权益总额的比率。这一比率是衡量企业长期偿债能力的指标之一。产权比率的计算公式如下:

$$产权比率 = \frac{负债总额}{所有者权益总额} \times 100\%$$

另外,还有股东权益比率$\left(\frac{股东权益总额}{资产总额}\right)$、股东长期适合率$\left(\frac{固定资产净值}{股东权益总额 + 非流动负债总额}\right)$等指标,这里不再详述。

(二)反映盈利能力对长期偿债能力影响的指标

1. 已获利息倍数

已获利息倍数,又称利息保障倍数,是指企业生产经营所获得的息税前营业利润与利息费用的比率,主要用于衡量企业用其经营收益偿付借款利息的能力。其计算公式如下:

$$已获利息倍数 = \frac{息税前营业利润}{利息费用} = \frac{(营业利润 + 利息费用)}{利息费用}$$

公式中的利息费用,不仅包括计入本期财务费用的利息,还包括计入存货、固定资产等资产成本的资本化利息。利息费用可以从利润表中获得,而资本化利息支出金额则很难从上市公司的定期报告中获得。公式中的分子之所以要加上利息费用,是因为营业利润是扣除了利息之后的余额,而已被扣除的利息当然可以用来对利息费用进行"保障"。

2. 固定费用保障倍数

企业的日常经营活动,除了按期还本付息之外,有些固定费用必须定期支付,否则将会发生财务困难。固定费用通常除了债务利息,还包括租金、优先股股利、偿债基金等费用。固定费用保障倍数的计算公式如下:

$$固定费用保障倍数 = \frac{息税前利润}{利息 + 租金 + \frac{优先股股利}{1 - 所得税税率} + \frac{偿债基金}{1 - 所得税税率}}$$

应付未付的租金在实质上与利息支出没有区别。优先股股利具有"债性",无论企业盈亏都必须支付固定的开支。偿债基金是企业税后定期提取,用于未来长期债务偿还的资金。优先股股利和偿债基金需用税后利润支付。该指标一般应大于1,其越大越好。具体标准可以结合企业生产经营情况、所处行业平均水平等因素确定。

(三)反映现金流量对长期偿债能力影响的指标

1. 现金流量利息保障倍数

现金流量利息保障倍数是指经营活动现金流量净额与利息支出的比率,反映企业偿还利息支出的能力。其计算公式如下:

$$现金流量利息保障倍数 = \frac{经营活动现金流量净额}{利息支出}$$

当企业息税前利润和经营活动现金流量净额相差较大时,使用现金流量利息保障倍数作为判断依据,更加稳健和保守,所以现金流量利息保障倍数比利息保障倍数更能反映企业偿还利息的能力。

2. 现金债务总额比率

现金债务总额比率是指经营活动现金流量净额与负债平均余额的比率,用来反映企业经营活动现金流量净额对负债整体上的保障程度。现金债务总额比率越高,表明企业偿还整体债务的能力越强。其计算公式如下:

$$现金债务总额比率=\frac{经营活动现金流量净额}{负债平均余额}$$

3. 现金净流量全部债务比率

现金净流量全部债务比率是企业现金净流量与负债平均余额的比率,其计算公式如下:

$$现金净流量全部债务比率=\frac{现金净流量}{负债平均余额}$$

该指标以现金净流量(即现金及现金等价物的净增加额)为分子,考虑了企业经营活动、投资活动和筹资活动产生的现金流量对负债偿还的影响,是整体获取现金流能力的综合反映。企业现金净流量全部债务比率越高,则表明企业长期偿债能力越强。

(四)影响企业长期偿债能力的表外因素

前述反映企业长期偿债能力的各项财务指标,均是由财务报告中取得的。但利益相关者在对企业的财务状况进行分析时,还应注意那些在财务报告中没有反映出来的增强或削弱企业长期偿债能力的因素,主要包括长期性、经常性、大额的经营性租赁租金、债务担保、或有项目,以及未披露或披露不恰当的金融工具公允价值与账面价值差异等。此外,国家信贷政策的调整、全球性或区域性经济发展状况等对长期偿债能力均有影响。

第四节 发展能力分析

一、发展能力分析的含义及目的

企业发展能力又称增长能力,是指企业未来生产经营活动的发展趋势和发展潜能。从企业发展的过程来看,企业发展是依靠不断增加的资金投入、不断增长的营业收入和不断创造的利润来实现的。从企业发展的结果来看,企业发展表现为资产规模不断增加、股东财富持续增长。

前述的企业盈利能力、营运能力、偿债能力分析,仅仅是从静态的角度出发来分析企业的财务状况,而发展能力分析是通过对企业各项财务指标与往年相比所进行的纵向观察,判断企业在未来一定时期的动态发展变化趋势。

分析企业发展能力的目的在于衡量和评价企业的发展潜力,为企业调整战略目标提供信息,以及为投资人和债权人投资决策提供信息。对投资者而言,企业市场价值在很大程度上取决于企业未来的获利能力,取决于企业未来的销售收入、收益及股利的增长。因此,发展能力分析对于判断企业未来一定时期的发展后劲、行业地位、面临的发展机遇,以及制定中长期发展计划、决策等具有重要价值。对于企业管理层来说,处理盈利能力、营运能力和偿债能力与发展能力的关系,实际上就是权衡当前与未来、短期与长期、发展速度与发展质量的辩证关系。过快或过慢的规模扩张对企业长期利益都是不利的。

衡量企业发展能力的核心是企业价值增长,而影响企业价值增长的因素,既有来自企业外部的(如市场竞争能力),也有来自企业内部的(如销售收入、资产规模、净资产规模、资产使用效率、净收益和股利分配等)。因此,企业发展能力分析包括企业竞争力分析、经营发展能力分析、财务发展能力分析和可持续增长分析四个方面内容。常见的发展能力分析指标,如表8-10所示。可持续增长分析见第9章的拓展阅读9-1。

表 8-10　衡量企业发展能力的常见指标一览表

类型	指标名称	计算公式
企业竞争力	市场占有率	$\dfrac{\text{某时期某市场范围内企业某种产品销售量}}{\text{同市场同时期同种产品销售量}} \times 100\%$
	市场覆盖率	$\dfrac{\text{企业某种产品行销的地区数}}{\text{同种产品行销地区总数}} \times 100\%$
	市场开拓能力	营销网点数量、广告费用占经营收入比例等
经营发展能力	总资产增长率	$\dfrac{\text{本期总资产增长额}}{\text{期初资产总额}} \times 100\%$
	经营资产增长率	$\dfrac{\text{本期经营性资产增长额}}{\text{期初经营性资产总额}} \times 100\%$
	营业收入增长率	$\dfrac{\text{本期营业收入增长额}}{\text{上期营业收入总额}} \times 100\%$
	核心利润增长率	$\dfrac{\text{本期核心利润增长额}}{\text{上期核心利润总额}} \times 100\%$
财务发展能力	净利润增长率	$\dfrac{\text{本期净利润增长额}}{\text{上期净利润总额}} \times 100\%$
	资本积累率	$\dfrac{\text{本期所有者权益增长额}}{\text{期初所有者权益总额}} \times 100\%$
	资本保值增值率	$\dfrac{\text{期末所有者权益总额}}{\text{期初所有者权益总额}} \times 100\%$
	营业利润增长率	$\dfrac{\text{本期营业利润增长额}}{\text{上期营业利润总额}} \times 100\%$
	利润总额增长率	$\dfrac{\text{本期利润总额增长额}}{\text{上期利润总额}} \times 100\%$
	股利增长率	$\dfrac{\text{本期每股股利增长额}}{\text{上期每股股利}} \times 100\%$

二、企业竞争力分析

企业竞争力是指在竞争性的市场中，一个企业所具有的能够比其他企业更有效地向市场提供产品和服务，并获得盈利和自身发展的综合素质。"更有效地"是指以更低的价格或者令消费者更满意的质量进行持续的生产和销售。企业竞争能力分析，包括市场竞争力分析、人力资源竞争力分析、资产竞争力分析、组织竞争力分析和财务竞争力分析等。

市场竞争力分析包括市场占有率分析、市场覆盖率分析和市场开拓能力分析。市场占有率是指在一定时期、一定市场范围内，企业某种产品的销售量占市场上同种产品销售量的比重。市场覆盖率是指本企业某种产品行销的地区数占同种产品行销地区总数的比率。市场开拓能力是指企业开拓和扩展市场的能力。这是企业销售的可持续指标。

人力资源是指企业人才创新能力、领导人员的素质以及对人力资源的开发培训投入。人力资源竞争分析包括人力资源的技术创新、人力资源开发和培训投入，以及领导团队素质分析。

资产竞争力分析主要包括资产规模分析和资产质量分析，在本书第3章中已有讨论。

组织竞争力分析主要应从战略、管理机制、信息系统和企业治理等几个方面来进行。

财务竞争力是以企业战略为向导，以利益协同、创造收益为基础，企业运用配置资源、协调内部关系与应对环境变化等措施，在财务管理过程中充分发挥财务的内部执行性、外部适应性与利益协同性时展示的综合能力。[①] 作为企业竞争力的核心组成部分，财务竞争力贯穿于企业整个生产经营过程中，为企业带来持续优于同行业中其他公司的收益。财务竞争力的构成要素包括财务战略、财务资源、财务能力与财务执行力四大类，它们之间彼此影响、协调作用，共同促进财务竞争力的形成与发展。[②]

三、经营发展能力分析

经营发展能力是企业在正常经营活动中所具有的发展能力。企业经营发展能力分析是对企业正常生产活动所具有的成长性等进行的分析和评价。衡量企业经营发展能力的指标主要有总资产增长率、经营性资产增长率、营业收入增长率、核心利润增长率等。

（一）总资产增长率分析

总资产增长率是反映企业全部资源的增长率。其计算公式如下：

$$总资产增长率 = \frac{本期总资产增长额}{期初资产总额} \times 100\%$$

$$= \frac{期末资产总额 - 期初资产总额}{期初资产总额} \times 100\%$$

总资产增长率高，说明企业发展能力强。但如果增长过快，则企业可能步入了增长陷阱。

（二）经营性资产增长率分析

经营性资产增长率的计算公式如下：

$$经营性资产增长率 = \frac{本期经营性资产增长额}{期初经营性资产总额} \times 100\%$$

$$= \frac{期末经营性资产总额 - 期初经营性资产总额}{期初经营性资产总额} \times 100\%$$

对于经营主导型的企业来说，经营性资产增长率应为正数。当企业的销售和利润都得到增长并且核心利润增长速度超过经营性资产规模的增长速度时，资产规模增长才是有效益的。

（三）营业收入增长率分析

营业收入增长率的计算公式如下：

[①] 张友棠，冯自钦. 三维财务竞争力形成机理研究[J]. 财会通讯（综合版），2008(8).
[②] 郑彩霞. 财务竞争力对企业价值影响的研究——以煤炭行业上市公司为例[J]. 财务与会计，2019(23).

$$经营性资产增长率 = \frac{本期经营性资产增长额}{期初经营性资产总额} \times 100\%$$

$$= \frac{期末经营性资产总额 - 期初经营性资产总额}{期初经营性资产总额} \times 100\%$$

为避免某些年份营业收入波动对发展能力判断的影响,我们还可以把近三年或更长时期的销售收入按下式计算年均增长率。N 年营业收入年均增长率的计算公式如下:

$$N\text{ 年营业收入年均增长率} = \left(\sqrt[N]{\frac{本年营业收入总额}{N\text{ 年前一年营业收入总额}}} - 1 \right) \times 100\%$$

如果把上式的营业收入总额替换为某种产品的营业收入,可以计算某种产品的营业收入增长率。根据产品生命周期理论,一个具有良好发展前景的企业较为理想的产品结构应该是"成熟一代、生产一代、储备一代、开发一代"。通过比较不同种类的产品营业收入增长率,可以分析企业营业收入总额的增长是否具有稳定性和持续性。

(四) 核心利润增长率分析

核心利润反映了企业从事经营活动的绩效,是企业经营资产的综合盈利能力的体现。因此,核心利润增长率是反映企业经营发展能力的重要指标。其计算公式如下:

$$核心利润增长率 = \frac{本期核心利润增长额}{上期核心利润总额} \times 100\%$$

$$= \frac{本期核心利润总额 - 上期核心利润总额}{上期核心利润总额} \times 100\%$$

四、财务发展能力分析

财务发展能力是指企业财务状况的改善能力。企业财务发展能力分析是对企业所具有的财务成长性进行的分析和评价。企业发展的内涵是企业价值的增长,企业价值增长分析是企业发展能力分析的核心。企业价值增长的表现是给企业带来未来现金流量的能力,对财务发展能力分析虽然是财务意义上的成长性,但却是企业整体发展的综合反映。衡量企业财务发展能力的指标主要有净利润增长率、资本积累率、资本保值增值率、营业利润增长率、利润总额增长率、股利增长率。下面介绍一部分指标。

(一) 净利润增长率分析

净利润增长率是企业发展能力的综合指标,其计算公式如下:

$$净利润增长率 = \frac{本期净利润增长额}{上期净利润总额} \times 100\%$$

$$= \frac{本期净利润总额 - 上期净利润总额}{上期净利润总额} \times 100\%$$

净利润增长率与净资产收益率、留存收益率有直接关系。

(二) 资本积累率分析

资本积累是企业扩大再生产的源泉。资本积累率也称所有者权益增长率,反映投资人投入资本的保全性和增值情况,进而反映企业的发展潜力。其计算公式如下:

$$资本积累率 = \frac{本期所有者权益增长额}{期初所有者权益总额} \times 100\%$$

$$= \frac{期末所有者权益总额 - 期初所有者权益总额}{期初所有者权益总额} \times 100\%$$

资本积累率越高,说明企业资本保全性越强,应对风险、持续增长的能力越大。

(三) 资本保值增值率

资本保值增值率是反映资本完整性和运营效益的指标。其计算公式如下:

$$资本保值增值率 = \frac{期末所有者权益总额}{期初所有者权益总额} \times 100\%$$

该指标大于 100% 时,表示企业资本增值。该指标越高,表示企业资本保全状况越好,所有者权益增长得越快,债权人利益越有保障。

【讨论 8-7】 如何处理企业的偿债能力、营运能力、盈利能力和发展能力之间的关系,如何协调风险与收益、当前与长远、生产与销售、个体利益与社会贡献的关系。

本章概要

财务能力是指企业创造价值的能力,是企业财务运行效率的体现。企业财务能力包括企业财务表现能力、财务活动能力和企业财务管理能力。财务表现能力集中体现了企业财务能力。"四力论"认为构成企业财务能力的四个方面是盈利能力、营运能力、偿债能力和发展能力。

盈利能力分析主要包括资本经营盈利能力、资产经营盈利能力、商品经营盈利能力分析。资本经营盈利能力的基本指标主要为净资产收益率。资产经营盈利能力的主要评价指标是总资产报酬率。反映商品经营盈利能力的指标可以分为收入利润率和成本利润率两类。

企业营运能力即营运资产的效率与效益。营运能力分析包括总资产营运能力分析、流动资产营运能力分析和固定资产营运能力分析三个方面。总资产营运能力分析包括总资产产值率、总资产收入率,以及总资产周转率的影响因素分析。流动资产营运能力分析主要包括流动资产周转速度、应收账款周转速度、存货周转速度和营业周期的计算等指标的分析。固定资产营运能力分析包括固定资产产值率、固定资产收入率的分析。

偿债能力分析分为短期偿债能力分析和长期偿债能力分析。短期偿债能力分析的静态指标有营运资本、流动比率、速动比率和现金比率;动态指标有现金流量比率、近期支付能力系数等。反映长期偿债能力的财务指标可以从资产规模、盈利能力、现金流量三个影响方面划分。

企业发展能力是指企业未来生产经营活动的发展趋势和发展潜能。企业发展能力分析包括企业竞争力分析、经营发展能力分析、财务发展能力分析和企业可持续增长分析四个方面。

本章练习题

第 9 章

财务综合分析与业绩评价

【教学目标】
 通过本章的学习,学生应了解财务综合分析的概念和特点,了解企业业绩评价系统的构成要素,掌握杜邦财务分析体系、沃尔评分法、平衡计分卡评价法和经济增加值法的理论与方法。

> **引例**
>
> **杜邦财务分析体系的产生**
>
>   杜邦公司开创了纵向一体化发展的先河,因此该公司在管理控制系统的开发方面发展得较为成功,由于多元化发展,它需要相应的管理控制技术来拓展经营活动,因此采纳了大公司采用过的所有技术方法,如利用投资净利率指标来衡量营业部的效率和公司的绩效。杜邦公司的财务经理唐纳森·布朗(Donaldson Brown,以下简称"布朗")在 1912 年提出将投资净利率指标公式进行分解,即分为产品销售周转率与营业销售净利率的乘积。这样,可以从影响这两个分解指标的因素入手,找出提高投资净利率的策略并解释投资净利率的实际数与预算数之间产生差异的原因。皮埃尔·杜邦(Pierre S. du Pont,以下简称"杜邦")和布朗将投资净利率指标分解到部门层面,由此产生了如今的利润中心和投资中心。除此之外,杜邦公司还构建了资本配置系统来对销售预算以及资本预算进行审查。显然,在成本管理会计控制技术方面,杜邦公司走在了创新的前列。
>   1920 年,杜邦公司收购通用汽车公司后,通用汽车公司的杜邦、布朗和阿尔弗雷德·斯隆(Alfred P. Sloan)对管理控制系统进行了改革,目标是

获取整个商业周期的期望投资净利率，而非利润的持续增长。他们所制定的定价模式是根据正常的产量、销量以及期望的投资净利率来倒推出目标价格。杜邦和阿尔弗雷德·斯隆为了激励管理层，还制订了利润分享计划以及激励方案。这些财务控制技术为后来企业管理会计控制系统的进一步发展奠定了基础。

资料来源：王珏，王若彤，陆曦诞，等.成本核算管理的变迁与启示[J].中国集体经济，2020(05)：143-145.

第一节 财务综合分析与业绩评价概述

上一章从四个不同的角度分析企业的财务活动。本章将基于财务能力分析，对企业财务活动进行综合分析，进而全面、客观地评价企业的经营业绩与财务状况。

一、综合分析评价概述

前述的财务能力分析是从某一特定的角度，就企业某方面的财务活动所做的单项分析，难以得出有关企业总体的财务状况和财务绩效的综合结论。财务综合分析，是将各项财务指标按其内在联系有机地结合起来，作为一个整体，系统、全面、综合地对企业财务状况和经营情况进行剖析、解释和评价，说明企业整体财务状况和效益的好坏，这是财务分析的最终目的。

与单项分析相比，综合分析评价的特点概括为四个方面。一是从总体上把握企业的财务状况，二是具有高度的抽象性和概括性，三是侧重于企业的整体发展趋势，四是区分主要指标和辅助指标。通过综合分析评价，可以明确企业财务活动与经营活动的相互关系，找出制约企业发展的"瓶颈"所在，为以后的改进提供方向；可以明确企业未来的发展方向；可以为企业的利益相关者进行投资决策提供参考；可以为完善企业财务管理和经营管理提供依据。

常见的综合分析评价方法主要有杜邦财务分析体系、沃尔评分法、平衡计分卡评价法、经济增加值法等。

二、企业业绩评价系统概述

业绩评价，是指在综合分析的基础上，运用业绩评价方法对企业财务状况和经营成果所做的综合结论。可见，业绩评价以财务分析为前提，财务分析以业绩评价为结论。

企业业绩评价，就是按照企业目标设计相应的评价指标体系，根据特定的评价标准，采用特定的评价方法，对企业一定经营期间的经营业绩做出客观、公正和准确的综合判断。企业业绩评价系统，由评价主体、评价目标、评价客体、业绩评价指标、评价标准、评价方法和评价报告七个要素构成。

（1）评价主体。企业业绩评价系统的主体是指对评价客体进行评价的人或部门。从理论上说,每一位利益相关者都会出于某种目的对企业的业绩进行评价。最为典型的评价主体——企业投资者,希望对企业管理层的管理能力、企业价值、发展前景等进行综合评价;债权人希望对企业的偿债能力、资产的流动性状况进行分析;供应商需要分析企业的长期盈利能力和偿债能力;政府需要了解企业的纳税、遵守法规以及职工收入和就业情况;中介机构如会计师事务所需要评估企业的盈利性和破产风险,分析财务数据的异常变动。

(2)评价目标。企业业绩评价的目标就是要纠正企业既定的(战略)目标实现过程中的偏差,不断地提高企业的管理水平,确保目标实现。

(3)评价客体。评价客体是指业绩评价的对象。一般来讲,业绩评价的客体是企业,但也可以是企业、某个部门、项目、管理者或责任中心。

(4)业绩评价指标。各个利益相关者关注的重点和目标不同,在评价指标的选择上也会有所不同。常见的业绩评价指标如图9-1所示。

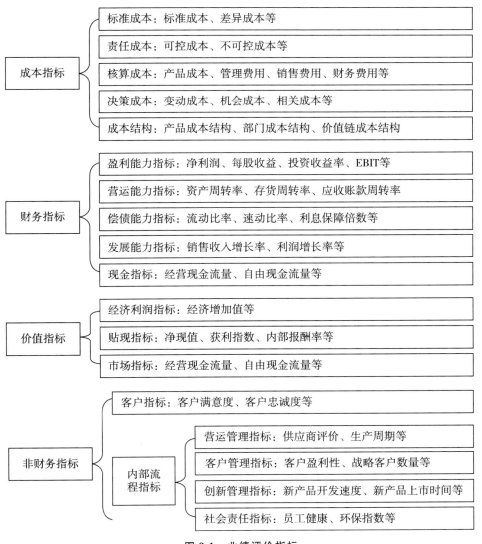

图 9-1 业绩评价指标

（5）评价标准。评价标准是对评价对象业绩优劣进行评判的依据。评价标准取决于评价目标，而评价标准的选择直接影响评价结论。常用的业绩评价标准有年度预算标准、行业标准、国内先进标准、国际同类标准、竞争对手标准等。

（6）评价方法。评价方法是业绩评价所采用的具体手段，常见的有主成分分析法、模糊评价法等。

（7）评价报告。评价报告是企业业绩评价的综合性评述文件。评价报告的内容主要包括评价主体、评价客体的基本情况、执行机构、数据来源、评价方法和指标体系、评价标准、评价结果、评价责任、评价过程中发现的问题及改进建议等。

上述七个要素有着紧密的关系，评价主体和评价客体构成了业绩评价系统的基础，评价目标是业绩评价系统的中枢，业绩评价指标、评价标准和评价方法则构成了业绩评价系统的核心，评价报告是业绩评价的呈现形式。

第二节 杜邦财务分析体系

一、杜邦财务分析体系的含义

杜邦财务分析体系，又称杜邦分析法，是由美国杜邦公司在20世纪20年代率先采用的一种财务分析方法。杜邦财务分析体系以净资产收益率为核心的财务指标，将企业净资产收益率逐级分解为多项财务比率乘积，通过财务指标的内在联系，系统、综合地分析企业的盈利水平，具有鲜明的层次结构，是典型的利用财务指标之间的关系对企业财务状况进行综合分析的方法。

二、杜邦财务分析体系的基本原理

杜邦财务分析体系包含几种财务比率的关系，其关系式推导过程如下：

$$\text{净资产收益率} = \frac{\text{净利润}}{\text{平均净资产}} = \frac{\text{净利润}}{\text{平均净资产}} \times \frac{\text{平均总资产}}{\text{平均总资产}}$$

$$= \frac{\text{净利润}}{\text{平均总资产}} \times \frac{\text{平均总资产}}{\text{平均净资产}} = \text{总资产净利率} \times \text{权益乘数} \quad (9\text{-}1)$$

$$\text{总资产净利率} = \frac{\text{净利润}}{\text{平均总资产}} = \frac{\text{净利润}}{\text{平均总资产}} \times \frac{\text{营业收入}}{\text{营业收入}} = \frac{\text{净利润}}{\text{营业收入}} \times \frac{\text{营业收入}}{\text{平均总资产}}$$

$$= \text{销售净利率} \times \text{总资产周转率} \quad (9\text{-}2)$$

由式(9-1)和式(9-2)可得

$$\text{净资产收益率} = \text{销售净利率} \times \text{总资产周转率} \times \text{权益乘数}$$

进一步地，销售净利率、总资产周转率、权益乘数与资产负债表、利润表项目有密切联系，这样就能深入财务报表的具体项目，与企业具体财务活动联系起来了，如图9-2所示。

从图9-2中可以直观地看出几种主要指标之间的关系。

（1）净资产收益率是最高层次的资本经营盈利能力指标，是企业所有活动的根本目标，是杜邦财务分析体系的核心。财务管理的目标就是实现股东财富的最大化，净资产收益率

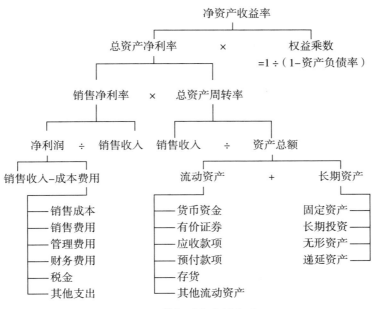

图 9-2 杜邦财务分析体系

反映了股东投入资本的获利能力以及企业筹资、投资等各项经营活动的效率。通过对该指标的分解，可以揭示其变化的具体原因。

（2）资产净利率是反映企业资产经营盈利能力的财务比率，与销售收入、成本费用、资本结构、资产管理效率有关，具有较强的综合性。资产净利率可表示为销售净利率与总资产周转率的乘积，分别反映了企业的销售活动状况与资产管理效率。

（3）权益乘数反映企业资本结构和财务风险状况，其计算公式如下：

$$权益乘数 = \frac{资产总额}{股东权益总额} = \frac{1}{1-资产负债率}$$

权益乘数大，说明企业负债率高，财务杠杆大，既增加了杠杆利益，也增加了财务风险。

（4）销售净利率反映了企业净利润与营业收入之间的关系，销售净利率是商品经营盈利能力指标。要提高销售净利率，企业必须一方面增加营业收入，另一方面加强成本费用控制以增加利润。财务分析人员或企业管理者可以从营业收入和成本费用两方面做更详细的分析。

（5）总资产周转率是反映企业营运能力的指标。分析者可以通过考察流动资产周转率、应收账款和存货周转率，进一步分析影响总资产使用效率的因素。

三、杜邦财务分析体系的不足之处

尽管杜邦财务分析体系在实践中广泛运用，但仍存在一定的不足。

（1）财务指标的配比关系不够合理。例如，总资产净利率，将债权人和所有者共同投入形成的总资产与归属于所有者的净利润相比。再如，销售净利率，将净利润与营业收入相比。其中，营业收入带来的是营业利润，营业利润虽然是净利润的重要组成部分，但净利润也受公允价值变动损益、资产减值损失等影响，与营业收入的联系并不完全匹配。

（2）忽视现金流量表信息。杜邦财务分析体系的各项指标都来自资产负债表和利润表项目，这是从静态角度分析经营业绩。如果不结合现金流量表的信息，就无法分辨资产和利润质量参差不齐的企业的财务表现，甚至可能造成错误的评价结论。

（3）强调短期绩效，助长短期经营行为。由于杜邦财务分析体系的指标只反映当期的财务结果，一些能够直接影响当期损益的手段，如非经营性损益有可能被用于粉饰净利润等数据，以达到改善评价结果的目的，可能诱导企业经营者追求短期行为，忽视甚至牺牲企业长期利益和可持续发展来换取短期经营成果。

拓展阅读 9-1
可持续增长率模型

第三节　沃尔评分法

一、沃尔评分法的含义与步骤

1928年，亚历山大·沃尔（Alexander Wole，以下简称"沃尔"）出版的《信用晴雨表研究》和《财务报表比率分析》中提出了信用能力指数的概念，被称为沃尔评分法。该方法通过对选定的多项财务比率进行评分，然后计算综合得分，并据此考察企业综合的财务状况，以此来评价企业的信用水平的方法。

沃尔评分法的具体做法可以分为七个步骤。①指标的选取。沃尔确定的财务指标有七个，如表9-1所示。②分配各个指标的权重。③设定标准比率，如选择比率的行业平均值。④计算各项指标的实际比率。⑤用某项财务指标的实际值除以标准值，得到相对比率。⑥计算各项相对比率的综合系数，计算公式为：综合系数＝∑各项财务指标的综合系数＝∑（各项财务指标权重×该项财务指标的相对比率）。⑦综合评价。如果一家企业综合系数合计数大于100%，则表明企业财务状况整体好于标准状态；反之，则表明企业财务状况较差。

表 9-1　沃尔综合评分表

财务比率	比重 ①	标准比率 ②	实际比率 ③	相对比率 ④＝③/②	综合系数 ⑤＝①×④
流动比率	25	2			
净资产/负债	25	1.5			
资产/固定资产	15	2.5			
应收账款周转率	10	8			
存货周转率	10	6			
固定资产周转率	10	4			
销售收入与净资产比率	5	3			
合计	100				

二、对沃尔评分法的评价

沃尔评分法虽然能够综合反映企业的整体业绩,但是其原理未能从理论上得到论证,即没有证明依据什么理由来选择这七个指标而不是别的指标,以及各个指标的权重分配的合理性。

尽管沃尔评分法在理论上还有待证明,在技术上也不够完善,但它的财务评价思路仍在实践中得到广泛应用。自 20 世纪 90 年代以来,我国各部委颁布的一系列综合评价体系都是以沃尔评分法作为基本思想的。例如,1995 年财政部发布的经济效益评价指标体系和 1999 年发布并于 2002 年修订的国有资本金绩效评价规则。

第四节　平衡计分卡评价法

一、平衡计分卡的提出

平衡计分卡也称为综合计分卡,源自罗伯特·卡普兰(Robert Kaplan)与戴维·诺顿(David Norton)于 1990 年所从事的"未来组织绩效衡量方法"绩效评价体系。平衡计分卡打破了传统的只注重财务指标的业绩评价方法,认为企业应从不同的角度来全面而平衡地审视自身业绩。

二、平衡计分卡评价法的基本内容

平衡计分卡从财务、客户、内部业务流程、学习与成长四个方面入手,分析完成企业使命的关键成功因素以及评价这些关键成功因素的项目,根据企业生命周期不同阶段的实际情况和采取的战略,为每个方面设计适当的评价指标,赋予不同的权重,并不断检查审核这一过程,形成一套完整的业绩评价指标体系,促使企业完成目标。

平衡计分卡的四个因素是与企业战略和整体评价手段相联系的。其中,财务是最终目标,客户是关键,内部业务流程是基础,学习与成长是核心。平衡计分卡四个方面与企业愿景和战略表述为综合业绩评价指标的基本框架,如图 9-3 所示。

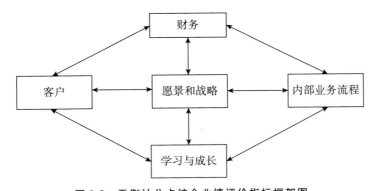

图 9-3　平衡计分卡综合业绩评价指标框架图

（一）财务方面

平衡计分卡强调以财务为核心，要求在业绩评价过程中，从股东以及出资人的角度出发，树立企业只有满足出资人的要求，才能取得立足于发展所需要的资本的理念。常用的财务指标主要有营业利润、投资报酬率、经济增加值、销售收入增长率与营业活动现金流量等。

（二）客户方面

在买方市场下，企业应该树立以客户为核心的思想。在计量企业的业绩时，应充分体现"客户造就企业"的思路，从四个方面进行评价。

（1）市场份额与客户忠诚度。市场份额反映过去，而客户忠诚度对企业市场份额的保持具有长远的可持续性作用。

（2）客户满意度与赢得新客户。只有当客户购买企业的产品并从中获得满意感时，客户才可能再次购买企业的产品。

（3）源于客户的获利能力。企业必须仔细地选择有能力满足其需求并能从中盈利的那些客户，通过经营活动调整和创新，给目标客户提供其所期望的产品和服务，并力求提高效率。

（4）满足客户期望。引起客户购买企业产品和服务的因素一般有时间、质量和价格。企业应该明确如何达到时间、质量和价格的目标，然后将这些目标转化为具体的计量指标。

（三）内部业务流程方面

企业传统的业务流程采用以产定销的方式，现在则采用以销定产的方式，遵循着"调研和寻找市场→产品研发→营运过程→销售与售后服务"的轨迹进行。

产品技术创新的评价指标主要有新产品收入比率、推出新产品的能力、生产程序的适应性、专利产品在销售额中所占的比例、新产品产出比例、研发费用回收期、新产品的开发时间等。

营运过程的业绩评价指标主要包括时间、质量和成本。营运的时间指标主要包括营运周期、制造周期效率和准时交货率等指标。营运过程的质量指标可以分为财务指标和非财务指标。

售后服务过程包括保证书、修理退货和换货、支付手段管理。售后服务质量评价指标主要有售后服务响应时间、产品返修率、客户抱怨/投诉次数等。

（四）学习与成长方面

企业未来成长性的关键因素是创新和超越，重点是培养员工的学习与创新能力，并将其转化为企业的创新能力。评价指标有员工的满意度、员工保持率、员工的生产率等。

三、对平衡计分卡的评价

与其他业绩评价方法相比，平衡计分卡具有其独特的优点。第一，平衡计分卡将财务指标与非财务指标结合起来进行综合评价，使企业各方面平衡发展。第二，平衡计分卡反映了企业短期评价和长期评价的统一。第三，平衡计分卡能反映企业价值创造的动因。第四，平衡计分卡将传统的以财务指标达标为基础的激励机制扩展到对非财务指标达标的激励。第五，平衡计分卡将企业战略通过相应的指标进行细化，能全面反映企业的经营单位战略。

平衡计分卡也有应用上的难点。例如,如何具体选择四个层面中的评价指标,如何对定性评价指标进行量化,各方面指标的权重分配和评价标准受考核者的主观性影响等。

第五节　经济增加值法

由于传统的财务管理与财务战略的固有缺陷,以及企业战略在制定和实施过程中的困境,越来越多的企业开始从价值创造的角度研究财务战略的制定和实施。其中,经济增加值(Economic Value Added,EVA)评价法由美国斯特恩·斯图尔特(Stern Stewart)咨询公司于 1991 年最早提出[①]。

一、经济增加值计算原理

经济增加值是建立在经济利润基础上的。与会计利润不同,经济利润是在扣除所有资本成本(包括债务成本和股权成本)之后的剩余利润。经济增加值的核心理念就是资本成本,不仅包括显性的债务成本,还包括所有者投入资本的机会成本。经济增加值的资本成本的价值理念体现在投资、融资、经营等活动的评价标准上。只有当投资项目的预期报酬率超过资本成本时,企业才应该进行投资;只有当投资收益率高于资本成本时,业务单元经营才有经济价值。所以,经济增加值是资本市场评价企业是否为股东创造价值、资本是否能保值增值的指标。

(一) 经济增加值的计算方法

美国学者詹姆斯·格兰特(James L. Grant)认为,经济增加值可以定义为企业的税后净营业利润与企业资本成本的差额,计算公式如下:

$$经济增加值＝税后净营业利润－资本成本$$
$$＝税后净营业利润－资本占用×加权平均资本成本$$

税后净营业利润用来衡量企业的盈利状况,可根据资产负债表调整得到。税后净营业利润与会计报表中的利润不同的是,其中包括利息和其他与资本有关的偿付。

资本占用是指企业筹集资金的总额,即企业投入的有息债务资本和股权资本之和,但不包括短期免息负债,如应付账款、应付工资、应付税费等。

加权平均资本成本反映企业各种资本的资本成本的加权平均数,计算公式如下:

$$加权平均资本成本＝股权资本市场价值占比×股权资本成本$$
$$＋债权资本市场价值占比×债券资本成本×(1－所得税税率)$$

根据计算公式,增加企业经济增加值的途径主要有三个。第一,增加利润。项目的投资预期收益率应大于资本成本;在项目总量有限时,可以退出较低投资收益率的项目,重新投资于较高投资收益率的项目。第二,加速资金周转,同时在维持正常生产经营和技术创新的前提下控制资本投入,减少资本占用。第三,合理利用债务融资,降低加权平均资本成本。

---

① 吴正杰、宋献中. 企业绩效测评标准选择——困惑、对策与启示[J]. 会计研究,2011(4).

（二）税后净营业利润

税后净营业利润是在不考虑资本结构的情况下企业税后所获得的利润，即全部资本的税后投资收益，等于净利润加上利息支出部分（如果净利润计算中已经扣除少数股东权益，应加回），反映了企业资产总体的盈利能力。税后净营业利润和净利润之间的关系如图9-4所示。

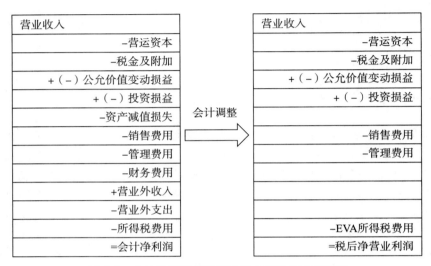

图 9-4　会计净利润与税后净营业利润的对应关系

（三）资本占用

资本占用是指投资者投入企业经营的全部资金的账面价值，包括债务资本和股本资本。其中，债务资本不包括无息负债，如应付账款、应付票据、其他应付款等。企业总资产与资本占用额的对应关系如图9-5所示。

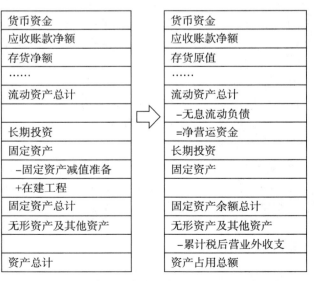

图 9-5　资产负债表中总资产与资本占用额之间的对应关系

（四）资本成本

资本成本是指企业在使用资本的过程中所要支付的代价,包括资金使用费用和筹资费用。有关资本成本的计算方法,我们在财务管理课程中学习,本书略去。

二、经济增加值价值管理体系

经济增加值在价值管理中不仅仅是数字,而是一种提高企业资本回报率和核心竞争力的有效机制,是集业绩评价、财务激励、文化理念、企业治理为一体的综合性管理系统。经济增加值价值管理体系从业绩考核(Measurement)、管理体系(Management)、激励制度(Motivation)和理念体系(Mindset)四个方面,提出如何建立使企业内部各级管理层的管理理念、管理方法和管理行为都致力于股东价值最大化的管理机制,其最终目标是协助提高企业的价值创造能力和核心竞争力,如图9-6所示。

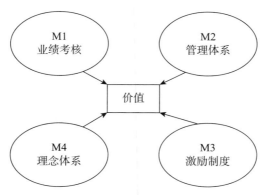

图 9-6 经济增加值价值管理体系

业绩考核 M1 是以经济增加值为核心的价值管理体系的关键环节。业绩考核以企业的长期价值创造为导向,充分考虑企业的规模、发展阶段、行业特点和行业对标等因素,并从股东的角度侧重于对经营结果的考核。管理体系 M2 涵盖所有指导营运、制定战略的政策方针、方法过程,包括战略规划、资源分配、并购或撤资的估价,以及制订年度计划预算等。激励制度 M3 以长期激励价值创造为核心,将管理层和员工为股东创造的财富和他们获得的激励紧密联系在一起,能够使管理层的利益与出资者的利益一致。理念体系 M4 使企业所有营运部门都能从同一基点出发,形成有效的价值创造机制,为提高企业的经济增加值业绩而努力。

当然经济增加值也存在难以避免的缺点。第一,经济增加值的计算过程相对复杂,尤其是加权平均资本成本难以精确估计。第二,经济增加值业绩评价体系与自身战略目标紧密相关,不同企业的战略目标又是不同的,不仅企业之间的比较缺乏统一性,还有可能受到管理者的操纵。第三,经济增加值是个绝对数的指标,只能反映某企业某段期间经济效益的大小,而不能体现经济效率的相对高低。第四,经济增加值反映的是某一会计期间累计形成的指标,反映的是事后情况,但不能反映事前和事中的情况,也不能告知管理者某项产品或者服务不能带来增值的原因。

拓展阅读 9-2 国资委经济增加值考核

【讨论 9-1】 企业业绩评价是企业管理者开展经营活动的指挥棒，决定了业绩被考察者的行动目标和行为方式。企业业绩评价方法的改革创新应遵循怎样的思路，才能更好地实现"全面、合理、客观"的目标？

本章概要

财务综合分析，就是将各项财务指标按其内在联系有机地结合起来，作为一个整体，系统、全面、综合地对企业财务状况和经营情况进行剖析、解释和评价。

企业业绩评价是按照企业目标设计相应的评价指标体系，根据特定的评价标准，采用特定的评价方法，对企业一定经营期间的经营业绩做出客观、公正和准确的综合判断。企业业绩评价系统由评价主体、评价目标、评价客体、业绩评价指标、评价标准、评价方法和评价报告等七个要素构成。

杜邦财务分析体系以净资产收益率为核心的财务指标，将企业净资产收益率逐级分解为多项财务比率乘积，通过财务指标的内在联系，系统、综合地分析企业的盈利水平的方法。沃尔评分法是通过对选定的多项财务比率进行评分，然后计算综合得分，并据此考察企业综合的财务状况，以此来评价企业的信用水平的方法。平衡计分卡评价法从财务、客户、内部业务流程、学习与成长四个方面入手，分析完成企业使命的关键成功因素以及评价这些关键成功因素的项目，形成一套完整的业绩评价指标体系，促使企业完成目标。经济增加值价值管理体系从业绩考核、管理体系、激励制度和理念体系四个方面，提出如何建立使企业内部各级管理层的管理理念、管理方法和管理行为都致力于股东价值最大化的管理机制。

 本章练习题

第四篇

前景分析篇

第10章

财务预警分析

【教学目标】

通过本章的学习,学生应了解财务危机的概念、发生过程及其成因,了解财务预警的概念、功能,掌握财务预警分析的定性和定量方法。

引例

恒大因未支付票据被标普列为违约级

2021年12月17日,中国恒大集团被标普全球评级公司列为违约级,这是第二个这样做的信用风险评估机构。

标普全球将恒大的评级降至"选择性违约",原因是其未能在本月初的宽限期结束前支付票据,此举可能引发该开发商192亿美元的美元债务出现交叉违约。标普全球也应恒大的要求撤销了对该集团的评级。

2021年12月9日,惠誉评级率先宣布该房地产开发商违约。长期以来,许多投资者认为恒大是大到不能倒的企业,但恒大已成为中国控制过度负债的企业集团和过热的房地产市场运动的最大牺牲品。随着流动性压力的加剧,担忧已经蔓延到世茂集团控股有限公司等高评级公司。

本月早些时候,中国央行行长表示,恒大的情况必须由市场来处理,这表明政府不会救助这个世界上负债最多的开发商。恒大表示,它计划就重组计划与境外债权人"积极接触"。熟悉此事的人士分别表示,该公司打算将其所有的境外公共债券和私人债务义务纳入其中。包括马拉松资产管理公司在内的恒大债券持有者表示,他们预计境外债权人将被排在偿债队伍的末尾。据熟悉此事的人士称,由于监管机构敦促这家资金紧张的开发商避免任何潜在的风险,恒大正在优先向农民工和供应商付款。

> 随着集团股票和债券的下跌,创始人许家印今年的财富暴跌了172亿美元。作为曾经拥有420亿美元财富的亚洲第二大富豪,许家印现在的身价为61亿美元。
> 资料来源:https://baijiahao.baidu.com/s?id=1719409119215320982&wfr=spider&for=pc.

本章和第11章属于哈佛分析框架的最后一步——前景分析,包括财务预警分析、财务预测和企业价值评估三方面内容。

企业由财务正常发展到财务危机是一个渐进式过程,而财务指标的恶化则是发生财务危机的征兆。对企业的财务危机做出预警分析,有效识别和管控财务风险和财务危机,降低或避免财务危机所带来的损失,是财务分析的必要内容。

第一节 财务危机与财务预警概述

一、财务危机概述

(一)财务危机的概念

财务危机的概念一直以来没有形成统一认识。在西方关于财务危机研究的经典文献中,使用过财务危机(Financial Crisis)、财务困境(Financial Distress)、财务失败(Financial Failure)、公司失败(Corporate Failure)、公司破产(Corporate Bankruptcy)等多个概念。[①] 一种较有代表性的观点是"财务危机指公司在偿还债务本息上违约或者出现支付困难",[②] 即企业由于经营管理不善造成连年亏损、投融资决策失误、货款回收不力或其他突发财务事件等原因,致使企业出现资金链中断进而影响企业生存的重大不利局面。[③]

(二)企业发生财务危机的原因

1. 企业经济业务中的财务风险

企业经济业务中的财务风险可分为筹资风险、投资风险、汇率风险和其他风险。

筹资风险主要和资本结构、财务杠杆相关。在现代企业的融资决策的一个核心问题是资本结构问题。与资本结构密切相关的是财务杠杆问题。如果企业的财务杠杆率过高,借入资金过多,则一旦投资利润率下降,利息负担过重,就会威胁企业的财务安全性。这种由于财务杠杆而给企业带来的风险通常被称为筹资风险。筹资风险严重时可能会引起债权人诉讼从而导致企业破产,故筹资风险应当成为财务预警系统的重要监控内容。

投资风险包括证券投资风险和投资于其他企业和新建扩建项目的风险。证券投资的风险性很强。而投资于其他企业和新建扩建项目,则要受到诸如原材料供应、市场开拓、工艺改进、新产品试制等各方面的制

拓展阅读 10-1
众美集团资金遇困
旗下多个项目停滞

---

① 吴星泽.财务危机预警研究:存在问题与框架重构[J].会计研究,2011(2).
② 唐国正,刘力.公司资本结构理论——回顾与展望[J].管理世界,2006(5).
③ 万如荣,张莉芳,蒋琰.财务分析[M].2版.北京:人民邮电出版社,2020.

约。任何一方面出了问题,都会对投资效益产生影响,形成投资风险,表现为投资利润率下降、投资回收期加长、投资不能完全收回或者完全收不回等可能性。

汇率风险是指在国际投资和贸易中,由于汇率的变动而蒙受损失和将丧失预期收益的可能性。自从20世纪70年代初期布雷顿森林体系(Bretton Woods System)崩溃后,浮动汇率制度下国际汇率频繁、大幅波动增加了企业国际资金活动的风险。

其他风险是指企业在生产经营过程中,除了上面三个方面的财务风险以外,还有可能发生其他原因带来的风险,例如,企业经营亏损风险、财产跌价损失风险、企业员工人身风险、收益分配风险、企业诉讼风险和财政税收政策等。

拓展阅读10-2　2020年度上市企业汇兑沉浮:63家损失过亿元　三大航空"躺赢"百亿

2. 企业财务管理流程中的风险

企业的财务管理流程中也可能蕴藏着的风险表现在以下四个方面。

(1) 财务信息不能满足管理要求。会计信息是财务预测、决策和控制的基础。如果会计信息系统不流畅、及时、准确,或不适用于特定的管理目标,就无法及时反映企业投资、筹资、生产经营出现的危险状态。

(2) 缺乏财务预测。合理而科学的财务预测能够帮助企业最大限度地对经营状况进行事前的管理和及时的控制。如果企业对将来的重大不确定形势完全没有认识和准备,一旦出现突发事件就将陷入困境。

拓展阅读10-3　全球43家航空公司因疫情破产但"至暗时刻"尚未过去

(3) 财务决策缺乏科学性和合理性。在决策过程中排除人为因素的干扰,力保决策依据科学合理的程序进行,也是风险防范的重要措施之一。

(4) 财务控制不力。财务控制直接关系企业的现金流、价值流的流向。财务控制不力,企业的经济利益将有可能流出企业,还可能会使企业的各项决策和计划无法得到贯彻和执行,不得不中途停止或者面对失败的结果。

拓展阅读10-4　"并购后遗症"遇"财务检查",誉衡药业如何向市场"交差"?

二、财务预警概述

要防范企业财务危机,需要构建财务危机预警系统。财务危机预警系统的构建,应当是横向针对投资、筹资、日常经营领域的具体业务中存在的风险,纵向针对在财务管理的信息反映、预测、决策和控制的整个流程中存在的风险。

(一) 财务预警的概念

财务预警(Financial Early Warning)是指针对公司经营中的经营计划、财务报表以及其他生产经营中的会计数据,利用统计学、金融学以及财会学理论中的比率分析因素分析等方法,分析公司经营的财务状况,发现公司在经营过程中潜在的财务风险,并且期望在风险发生之前做出警示,提前做出决策控制或避免风险的发生。[1]

---

[1] 张亮,张玲玲,陈懿冰,等. 基于信息融合的数据挖掘方法在公司财务预警中的应用[J]. 中国管理科学,2015(10).

(二)财务预警系统的功能

一个有效的企业财务预警系统应具有下列五项功能。第一,信息收集。财务预警系统通过收集政治、经济、政策、科技、金融、各种市场状况、竞争对手、供求信息、消费者等与企业发展有关的信息,集中精力分析处理那些对企业经营和发展有重大或潜在重大影响的外部环境信息和自身的各类财务及生产经营状况信息。第二,预知财务危机的征兆。当可能危害企业财务状况的关键因素出现时,有效的财务预警系统能预先发出警告。第三,控制发生的财务危机。当企业出现财务危机时,财务预警系统能查找导致财务危机的原因,防止财务状况进一步恶化。第四,提供对策。当企业出现财务危机时,能够提供有效的、便于操作的处理财务危机的基本对策和方法。第五,避免类似的财务危机再次发生。财务预警系统通过总结危机处理的经验教训,发现和弥补企业现有财务管理及经营中存在的缺陷,并使财务预警系统自我完善。

(三)财务预警分析方法

财务预警分析方法一般分为定量和定性两大类分析方法。两种方法各有优缺点,较好的解决方案是同时使用两种方法以取长补短。

第二节 财务预警定量分析方法

财务预警定量分析方法可分为统计方法、人工智能专家系统方法和财务指标矩阵定量分析方法。

一、统计方法

统计方法包括单变量分析和多变量分析。在进行企业财务危机预测时,单变量模型与多变量模型并不冲突,可同时应用。应用时,由于各方法不可能百分之百准确,同一企业可能会得出不同结果,此时,还需结合企业的具体情况进行定性分析。

(一)单变量分析法

单变量模型是指运用单一变量,用个别财务比率来预测财务危机的方法。1932年,美国的菲茨帕特里克(Fitzpatrick)进行了单变量破产预测研究。他以19家公司作为样本,运用单个财务比率将样本公司划分为破产和非破产两组,发现判别能力最高的指标是权益净利率和净资产负债率。

1966年,美国的威廉·比弗(William Beaver)将单变量分析法发展为财务危机预测模型。他认为,不能将财务失败狭义地界定为破产,还应包括难以偿还债券本息、不能支付优先股股利等。因此预测财务危机的比率包括:①债务保障率＝现金流量/债务总额;②资产收益率＝净收益/资产总额;③资产负债率＝负债总额/资产总额;④资产安全率＝资产变现率－资产负债率＝(资产变现金额/资产总额)－(负债总额/资产总额)。

单变量分析法操作简便,但也有缺点。第一,单个比率所反映的内容无法全面揭示企业的财务状况;第二,只重视某个指标的分析能力,若企业管理人员知道了这个指标,就可能粉饰这个指标以掩盖企业的财务危机,影响预测准确性;第三,有时会产生对于同一企业使用不同比率预测出不同结果的现象,造成结论冲突;第四,被选用的财务比率之间可能是高度相关的，用相关变量建立的模型具有内在的缺陷；第五，预测准确性受企业外部经济环境的影响。

（二）多变量分析法

按所使用的计量方法的不同，多变量财务预警模型可分为多元判别分析（Multiple Discrimination Analysis，MDA）、线性概率模型（Linear Probability Model，LPM）和 Logistic 回归模型等。

1. 多元判别分析

多元判别分析（MDA）选择多个特征变量建立判别函数，使推导出的判别函数对观测样本分类时的错判率最小的方法。判别系数的估计是通过特定的判别模型估计程序得到的。为了使分类结果更加有效，可以随机将样本分为两个集合，一个用于推导函数，另一个用于检验分类结果的正确性。

多元线性判别方法的基本原理是，通过统计技术筛选出那些在两组间差别尽可能大而在两组内离散度最小的变量，从而将多个标志变量在最小信息损失下转换为分类变量，获得能有效提高预测精度的多元线性判别方程。最早应用 MDA 模型的是阿尔曼（Edward I. Altman，1968）建立的 Z 计分（Z-score）模型，其判别方程如下：

$$Z=0.012X_1+0.014X_2+0.033X_3+0.006X_4+0.999X_5$$

其中，Z 是财务状况恶化程度的概率值。

"X_1＝净营运资金/资产总额"，反映了企业资产的折现能力和规模特征。如果一个企业营运资本的持续减少，往往预示着企业资金周转不灵或出现短期偿债危机。

"X_2＝留存收益/资产总额"，反映了企业的累积获利能力。如果一个成熟企业 X_2 较小，而财务失败的风险较大。

"X_3＝息税前利润/资产总额"，其中息税前利润是指扣除债务利息与所得税之前的正常业务利润，不包括非正常项目、中断营业和特别项目及会计原则变更的累积前期影响而产生的收支净额。该指标以正常业务经营的息税前利润为基础，考核债权人及所有者投入企业资本的使用效益，是反映企业财务失败的最有力依据。

"X_4＝股本的市价/负债账面价值"，反映的是企业的财务结构。对于上市公司，分子应该是：期末未流通的股票账面价值＋流通股票期末市价×股份数。

"X_5＝销售收入净额/资产总额"，即总资产周转率，表示企业全部资产的使用效率。

Z 计分模型从企业的资产规模、折现能力、获利能力、财务结构、偿债能力、资产利用效率等方面综合反映了企业的财务状况，通过降维技术，仅以最终计算的 Z 值来判定其归属，其构造的线性方程简单易懂，可操作性较强，现已成为财务困境预测常用的模型之一。Z 值越小，表示该企业遭受财务危机的可能性越大。具体判断标准为：当 $Z\geqslant 3.0$ 时，表示企业发生财务危机的可能性很小；当 $2.8\leqslant Z\leqslant 2.9$ 时，表示企业有发生财务危机的可能；当 $1.81\leqslant Z\leqslant 2.7$ 时，表示企业发生财务危机的可能性很大；当 $Z\leqslant 1.8$ 时，表示企业发生财务危机的可能性非常大。阿尔曼认为，美国企业 Z 值的临界值为 1.8。

阿尔曼对尚在持续经营的 33 家美国企业的研究结果显示该模型对财务失败的判别准确率较高，而且分析资料越新，准确率越高。但该模型也存在一些缺陷。第一，数据收集和分析工作量比较大。第二，在前一年的预测中，多元线性判别模型的预测精度比较高，但在前两年、前三年的预测中，其预测精度都大幅下降。第三，多元线性判别模型实际上假设自变量呈正态分布,两组样本要求协方差相等,而现实中的样本数据往往符合这一假设,从而降低了模型的预测精度。第四,使用MDA技术时如何在财务困境组与控制组之间进行恰当地配对是个难题。

2. 线性概率模型

线性概率模型(LPM)是利用多元线性回归方法建立起来的,其一般形式如下:

$$y = c + \beta_1 x_1 + \beta_2 x_2 + \cdots + \beta_n x_n$$

其中,y 为企业发生财务危机的概率;c 为常数项,$x_1, \cdots, x_n$ 为 n 个预警指标变量的系数,表示预警指标变量对财务危机的影响程度。线性概率模型以 0.5 为分界点,y 值越大,企业发生财务危机的可能性越大;y 值越接近于 0,说明企业财务越安全。①

拓展阅读 10-5 上市公司财务危机预警模型之有效性选择——基于单变量模型判别法和 Z 计分法的选择

3. Logistic 回归模型

根据经验,财务比率在一定范围内波动属正常现象,并不引起危机概率的显著增加。只有当财务比率值超出某一临界值,比率值的恶化才可能导致危机概率的显著增加。例如,资产负债率从 50% 增长到 60%,危机概率通常不会显著增加,但如果这一比率超过 75%,发生财务危机的概率就会大幅提高。因而,财务比率值与发生财务危机的概率之间的关系可能是非线性的。

Logistic 回归模型为非线性回归模型,其一般形式如下:

$$\ln[p_i/(1-p_i)] = a_0 + a_1 X_{1i} + a_2 X_{2i} + \cdots + a_k X_{ki}$$

其中,X_{ki} 代表第 i 家企业、第 k 个财务比率;p_i 代表根据 Logistic 回归模型所估计出来的第 i 家企业可能发生财务危机的概率。

Logistic 回归方程求解参数采用最大似然估计方法,因此其回归方程的整体检验通过似然函数值进行。似然函数值表达的是一种概率,即在假设拟合模型为真实情况时能够观察到这一特定样本数据的概率,因而,这一函数值处于 0~1 之间。Logistic 回归模型的判别规则是:如果 p 值大于 0.5,判定企业为破产类型;如果 p 值小于 0.5,判定企业为财务正常类型。

Logistic 回归模型的优点在于不需要假设多元正态分布和等协方差。其缺点是样本的数量不宜少于 200 个,否则存在参数估计的有偏性;当样本点存在完全分离时,模型参数的最大似然估计可能不存在,故 Logistic 回归模型的有效性存在问题;Logistic 回归模型对中间区域的判别敏感性较强,导致判别结果不稳定。

拓展阅读 10-6 基于现金流的财务预警研究:线性概率模型与 Logistic 模型之应用比较

此外,还有多元逻辑(Logit)模型、多元概率比回归(Probit)模型、CUSUM(Cumulative Sum Control Chart,指偏离目标值的变差的"累积和")方法、时间序列分析法、生存分析法(Survival Analysis)、指数加权移动平均(Exponentially Weighted Moving Average Control Chart,EWMA)等。

---

① 彭静,欧阳令南,彭勇. 国内外财务危机预警研究综述[J]. 科技进步与对策,2007(6).

二、人工智能专家系统方法

统计方法的模型具有两大缺点:第一,模型对错误资料的输入不具有容错性,无法自我学习与调整;第二,所运用的统计方法是静态方法。鉴于此,有些学者提出了企业财务预警的非统计方法,如递归分类树、人工智能、神经网络等,其中较有代表性的是人工神经网络分析方法。

人工神经网络(Artificial Neural Network,ANN)是一种受人脑与神经系统研究所启发并发展起来的信息处理技术。人脑是相互联系的神经元的集合,同样,采用硬件或是软件构建的人工神经元与生物神经元的行为方式基本相似。一般而言,人工神经网络由处理单元组成层,再由各层形成网络。

用于财务危机预警的人工神经网络预警模型,一般利用一组案例(即系统输入与输出所组成的数据)建立系统模型(输入与输出之间的关系)。这一具体过程是,人工神经网络模型接收一组输入信息并产生反应,然后与预期反应相比较。如果错误率超过可以接受的水平,需要对权重做出修改或增加隐藏层数目并开始新的学习过程。经过反复循环,直至错误率降低到可以接受的水平,即降至最大许可预测错误率之下,此时,不断反复的训练过程才停止,学习过程结束并锁定权重。训练阶段结束后,人工神经网络就可以发挥预测功能了。这种处理过程与传统回归模型基本相似,不同之处在于权重是经过反复试错而得到的,而不是给出解析的方法。

人工神经网络预警模型应用于企业财务危机判定与预测分析与非线性判别十分相似,但它放松了危机预测函数的变量是线性且互相独立的假定,增强了模型的适应性。同时,财务危机的人工神经网络预警模型能够深入挖掘预测变量之间隐藏的相关关系,人工神经网络通过样本学习来获得输入、输出间的客观关系,减少了人为主观因素的干扰。人工神经网络预警模型的不足之处是分析权重的过程复杂且难以解释,完全是一个黑箱,难以验证。

拓展阅读 10-7 基于神经网络技术的企业财务危机预警研究

三、财务指标矩阵定量分析方法

前述统计模型定量分析方法由于技术性较高且相关理论艰深,多为学术研究使用,而在企业财务预警的实务分析中很少被采用。而财务指标矩阵定量分析方法只需采用较少的财务指标建立指标矩阵,然后将相关企业的财务数值进行对照以确定相应的矩阵区间,即可进行预警分析,因而在企业的实际分析中得到广泛使用。下面主要介绍资金协调性预警模型。

资金协调性预警模型的理论基础是,在企业财务管理中,保持现金收支、生产经营活动和长期投融资三个环节的资金在时间上和数量上的协调,对企业的经营战略具有重要意义。如果这三个环节的协调性出现问题,企业将会面临财务危机。为此,该模型通过营运资本、营运资金需求和现金支付能力三个指标,将企业的协调状态分为六种类型,以此预测企业的发展趋势。

(一)营运资本分析

按照流动性划分,"资产=负债+所有者权益"会计恒等式可以分解如下:

流动资产+非流动资产=流动负债+非流动负债+所有者权益

上式经移项后可以得到:

流动资产-流动负债=(非流动负债+所有者权益)-非流动资产

流动资产减去流动负债即为营运资本(也称营运资金)。上式的含义是如果企业的长期资金来源(即非流动负债+所有者权益)在满足企业的长期资金运用需求之后,剩余的部分将作为营运资本,投入企业的日常经营活动中。

由于长期资金运用主要包括对内固定资产等投资和对外投资,长期资金来源包括了所有者净投入的资本、负债所得资金和自身积累的留存收益,所以,营运资本的多少,实质上是由企业投资、融资和创造利润的能力共同决定的。

从绝对数看,一般情况下"(非流动负债+所有者权益)-非流动资产"应为正数,并且数额要能满足企业生产经营活动对资金的需求。否则,长期资金来源不足导致的资金缺口将通过企业的短期资金来源——流动负债来解决,造成企业面临应付款项支付困难和不能及时清偿到期债务等财务困难。不过,有些行业的特点决定其营运资本为负数也是正常的,如商业零售企业通常在商品销售后才向供货商支付货款。

从相对数看,可以用营运资本与企业一定时期的销售收入之比来判断营运资本是否合理。例如,营运资本与企业三个月销售收入之比低于1,说明企业营运资本数额偏小。

(二)营运资金需求

在企业流动资产中,扣除流动性最强的货币资金、交易性金融资产和应收票据之后的部分,被称为经营性正常流动资产。在企业流动负债中,扣除流动性最强的短期借款、交易性金融负债和应付票据之后的部分,被称为经营性正常流动负债。于是有下式:

营运资金需求量=经营性正常流动资产-经营性正常流动负债

上式意味着,企业生产经营所需要的资金(即营运资金),在本质上是企业经营环节的资金占用超过经营环节资金供给的部分。如果企业当前的运营资本数额等于或超过营运资金需求量,则说明企业的正常生产经营活动是有保障的。

(三)现金支付能力

企业的现金支付能力,在数量上等于企业的营运资本减去营运资金需求。它反映了企业流动性最强的短期资金偿付短期债务的能力,还反映了企业长期资金来源在满足长期资金需求后是否能够继续满足企业日常经营活动的需要。企业的现金支付能力是企业长期投融资协调、现金收支协调的综合体现。

(四)资金协调性预警分析

下面将营运资本、营运资金需求和现金支付能力三项财务指标结合起来,可以建立资金协调性预警矩阵,如表10-1所示。①

---

① 万如荣,张莉芳,蒋琰.财务分析[M].2版.北京:人民邮电出版社,2020.

表 10-1　资金协调性预警模型

状态类型	现金支付能力(Cash)	营运资金需求(WFR)	营运资本(WC)	评　价
类型Ⅰ	>0	>0	>0 且>WFR	资金协调性最好
类型Ⅱ	>0	<0	>0	资金富余,协调性稍逊
类型Ⅲ	>0	<0	<0 但|WC|<|WFR|	营运资本有缺口,协调性稍差
类型Ⅳ	<0	<0	<0 但|WC|>|WFR|	营运资本、现金支付能力都有缺口,不协调
类型Ⅴ	<0	>0	>0 但<WFR	现金支付能力不足,营运资金需求不能完全满足,资金不够协调
类型Ⅵ	<0	>0	<0	现金支付能力、营运资本、营运资金需求都不足,资金严重不协调

六种状态类型的具体分析如下。

类型Ⅰ,现金支付能力、营运资本、营运资金需求均为正,且营运资本大于营运资金需求,表明企业的营运资本能够保证企业生产经营所需的资金,此时企业的资金协调性最好。

类型Ⅱ,现金支付能力和营运资本为正,营运资金需求为负,表明企业生产经营活动可以产生富余资金,营运资本也不存在资金缺口,短期偿债能力也没有任何问题。虽然此时企业资金大量富余,但其财务结构不甚合理,资金协调性比类型Ⅰ稍逊一些。

类型Ⅲ,现金支付能力为正,企业营运资本和营运资金需求均为负,且营运资金需求的绝对值大于营运资本。虽然企业短期偿债能力没有任何问题,但营运资本存在一定的缺口。好在营运资本的缺口可以由生产经营活动产生的富余资金来解决。此时企业的资金协调性不是很好。

类型Ⅳ,现金支付能力为负,营运资本和营运资金需求为负,但营运资金需求的绝对值小于营运资本的绝对值,这意味着企业生产经营活动虽然提供了一定的资金,可用于弥补营运资本缺口,但未能完全弥补,且短期债务偿付能力不足,可认为其资金不协调。

类型Ⅴ,现金支付能力为负,营运资本和营运资金需求均为正,但企业的营运资金需求大于企业的营运资本,此时企业营运资本不足以满足营运资金需求,且面临一定的短期偿债压力,需要增加外部资金来源,如短期银行借款来满足生产经营的资金需要。这种情况下企业资金协调性虽不能令人满意,但仍比类型Ⅳ好一些。

类型Ⅵ,现金支付能力为负,营运资本为负,营运资金需求为正,此时企业的长期资金来源不足以满足长期资金运用所需的资金,而企业的生产经营活动又存在营运资金缺口,偿还短期债务的资金也不足,资金协调性是六种类型中最差的。

拓展阅读 10-8　浅析乐视网的财务预警模型

第三节　财务预警定性分析方法

财务预警定性分析方法有很多种,下面主要介绍标准化调查法、财务危机四阶段分析法、三个月资金周转表法、流程图法和管理评分法。

一、标准化调查法

标准化调查法又称财务风险分析调查法,由企业组织各领域专家,运用专业知识和经验,根据企业的内外部环境,通过直观的归纳,对企业过去和现在的状况、变化发展过程进行综合分析研究,找出企业运动、变化、发展的规律,从而对企业未来的发展趋势做出判断。由于这一方法的成本较高,大部分企业只采用其中的标准化调查法,通过专业人员、咨询公司、协会等,就企业可能遇到的问题进行详细调查与分析,形成报告文件供企业经营者参考。

该方法的优点在于所提出的问题对所有企业或组织都是普遍适用的,但对特定的企业来说,该方法无法提供个性化的特定问题。①

二、财务危机四阶段分析法

财务危机四阶段分析法将企业财务危机按照发生过程划分为潜伏期、发作期、恶化期和实现期。第一阶段潜伏期的特征是盲目扩张、无效市场营销、疏于风险管理、企业资源分配不当、无视环境的重大变化;第二阶段发作期的特征是自有资本不足、过分依赖外部资金、利息负担重、缺乏预警系统、债务拖延偿付;第三阶段恶化期的特征是经营者无心经营业务而专心财务周转、资金周转困难、债务到期违约不偿付;第四阶段实现期的特征是负债超过资产、丧失偿付能力,宣布破产。企业可以根据上述各个阶段的特征,对照企业的实际情况,如有相应不良情况出现,应该查明原因,采取相应措施,使企业尽快摆脱财务困境。

四阶段症状分析法的优点是使用简单,易于实施,缺点是各个阶段的界限有时难以区分。

三、三个月资金周转表法

三个月资金周转表法是进行短期财务预警的重要方法。其判断方法是:若企业制定不出三个月资金周转表,这本身就说明存在资金周转不灵的问题;如果能够制定三个月资金周转表,再查明转入下个月的结转额是否占总收入的20%以上,付款票据的支付额是否在销售额的60%以下(对于商业企业)或40%以下(对于制造业企业)。

这种方法的基本逻辑是:当企业销售额逐月上升时,兑现付款票据会变得容易;如果企业销售额逐月下降,付款票据往往难以支付。经济繁荣与否与资金周转关系甚为密切,经济从萧条走向繁荣时,资金周转将渐趋灵活;而从经济繁荣转向萧条,企业的销售回款变得困难,但各种资金消耗往往更多。三个月资金周转表法简单易懂,实施方便,只是判断标准不够客观。

四、流程图法

企业生产经营流程必然存在着一些关键点,如果关键点出现堵塞和发生损失,将导致企业全部经营活动终止或资金运转终止。流程图法通过构建企业流程图,识别企业生

---

① 彭静,欧阳令南,彭勇. 国内外财务危机预警研究综述[J]. 科技进步与对策,2007(6).

产经营和财务活动的关键点,对潜在风险进行判断和分析,据此防范企业风险的动态分析方法。

采用这种方法的步骤是:首先,根据企业的实际情况,构建流程图,以展示企业的全部经营活动;其次,对流程图的每一阶段、每一环节、每种资产和每一具体经营活动逐项进行调查分析,并对照风险清单,确定企业可能面临的风险。在分析过程中,除了分析某一阶段由于资金运动不畅导致的风险,还应把整个资金运动的过程结合起来考察,从整体上识别企业面临的各种风险。[①]

五、管理评分法

美国的仁翰·阿根蒂在调查企业的管理特性以及可能导致破产的公司管理缺陷后,提出了管理评分法——A 得分分析法。该方法认为企业失败源于高管层的经营不善。阿吉蒂按照企业在经营管理中出现的几种缺陷、错误和征兆进行对比打分,每一项得分要么是零分,要么是满分,不容许给中间分,所给的分数表明企业管理不善的程度。根据这些项目对破产过程产生影响的大小程度对所打分数加权处理,总分为 100 分。

如果企业得分低于 18 分,则表明企业处于安全区域;如果企业得分为 18~25 分,则表明企业已经开始出现危机的迹象;如果企业得分大于 25~35 分,则表明企业正面临着较大的风险;如果评价的分数总计超过 35 分,则表明企业处于严重的危机之中。如表 10-2 所示。

表 10-2 管理评分表

项	目	分值	内　　容
缺点 (43 分)	管理 方面	8	总经理独断专行
		4	总经理兼任董事长
		2	独断的董事长控制着被动的董事会
		2	董事会成员构成失衡
		2	财务主管能力低下
	财务 方面	1	管理混乱,缺乏规章制度
		3	没有财务预算或不按预算进行控制
		3	没有现金流转计划或虽有计划但从未适时调整
		3	没有成本控制系统,对企业的成本一无所知
		15	应变能力差,产品过时,设备陈旧,战略守旧
错误 (45 分)		15	欠债过多
		15	企业过度发展
		15	过度依赖大项目

---

① 周兴荣,李文宁. 国内外财务预警方法与模型评析[J]. 财会月刊(综合),2008(5).

续表

项 目	分值	内 容
症状 （12分）	4	财务报表上显示不佳的信号
	4	总经理操纵会计账目，以掩盖企业滑坡的实际
	3	非财务反映：管理混乱，拖欠工资，士气低落，人员外流
	1	晚期迹象：债权人提出诉讼

资料来源：周兴荣，李文宁. 国内外财务预警方法与模型评析. 财会月刊（综合），2008（5）：79-84.

该方法简单易行，但要求使用者深入公司，细致地对公司高层管理人员进行调查，全面了解企业管理的各个方面，才能对企业管理进行客观评价。该方法试图把定性分析判断定量化，从一定意义上说，这种方法具备了定量分析中多元线性函数的思想。因此，在使用这种方法时，主观因素仍然发挥着比较大的作用。

六、对定性财务预警分析法的评析

定性财务预警分析法的优点有两个。第一，与定量分析依赖个别指标进行判断相比，定性预警分析能对许多困境原因、征兆项目进行分析，因此，定性分析考虑的问题可能更加全面，进行判断的基础更加扎实。例如，专家调查法中的标准调查法分析的项目有几十上百个，可以涵盖方方面面的问题。第二，与定量预警分析将预警指标与标准值相比较来判断财务困境发生的可能性相比，定性分析主要依赖个人的经验来做出预测，可以将企业面临的复杂的内外环境因素考虑进去，特别是将个别企业面临的一些特殊因素考虑进去。这是定量分析难以达到的。

定性财务预警分析法也有两个缺点。第一，定性分析研究的项目多，考虑问题全面，但这也使分析成本变得较高。第二，定性分析依靠人的经验进行判断，使得判断结果的主观色彩较强，不同分析人员对同一项目进行分析可能会得出不同甚至相反的结论。

本章概要

财务危机指公司在偿还债务本息上违约或者出现支付困难。财务危机按照发生过程可以划分为潜伏期、发作期、恶化期和实现期。财务危机产生的原因包括企业经济业务中的财务风险和企业财务管理流程中的风险两个主要方面。

财务预警是指针对公司经营中的经营计划、财务报表以及其他生产经营中的会计数据，利用统计学、金融学以及财会学理论中的比率分析因素分析等方法，分析公司经营的财务状况，发现公司在经营过程中潜在的财务风险，并且期望在风险发生之前做出警示，提前做出决策控制或避免风险的发生。

财务预警定量分析方法可分为统计方法、人工智能专家系统方法和财务指标矩阵定量分析方法。统计方法包括单变量分析和多变量分析。多变量分析包括多元判别分析、线性概率模型、Logistic回归模型、多元逻辑（Logit）模型和多元概率比回归（Probit）模型等。财务预警定性分析方法主要有标准化调查法、财务危机四阶段分析法、三个月资金周转表法、流程图法和管理评分法。

 本章练习题

第 11 章

财务预测与价值评估

【教学目标】

　　通过本章的学习,学生应了解企业财务预测的内容,掌握财务预测的基本步骤、主要方法和预测要点,了解企业价值评估的用途和经济价值的类别,掌握企业价值评估方法。

> **引例**
>
> **标普全球收购 IHS Markit——2020 年全球最大的一宗资产并购交易**
>
> 　　2020 年 11 月 30 日,金融数据供应商标普全球出资 390 亿美元,外加偿付 48 亿美元债务的形式,收购 IHS Markit,总交易额 440 亿美元,超过了 9 月英伟达 400 亿美元收购软银旗下的英国芯片公司 ARM 的并购案,创下今年以来全球范围内交易数额最大的一宗并购交易。
>
> 　　首先,此次并购是财务盈利行为。此次并购是两大世界级数据供应商强强联合行为,具有很好的市场前景和资本市场价值。标普全球成立于 1860 年,由商人亨利•瓦纳姆•普尔(Henry Varnum Poor,以下简称"普尔")创立,是一家总部位于纽约,可以提供主权债务评级、公司评级以及全球资本和大宗商品市场数据的世界著名公司,按 30 日收盘价计算总市值 846 亿美元。IHS Markit 是一家总部位于伦敦,在金融、能源和交通运输领域的专业信息知识和咨询服务处于世界领先地位的金融信息服务供应商,按 30 日收盘价计算总市值 396 亿美元。根据咨询机构分析和预测,此次并购可以使合并后公司的经常性收入比例达到 76%,并在 2022 年和 2023 年

每年实现 6.5%～8% 的有机增长;同时可以增加公司的盈利水平,包括每年形成超过 116 亿元的经营收入、年度息税前利润提高 2 个百分点、成本和收入的协同形成的 5 年后每年至少 6.8 亿元的息税前利润、优化资金杠杆率保持在 2～2.5 倍息税前利润的水平、2023 年前实现年度自由现金流 50 亿元以及 20%～30% 的股利分配率并保持稳定等。

其次,此次并购是优势互补行为。并购形成的独特和高度互补的资产可以形成巨大而有吸引力的市场、全球领先的技术和创新能力,加速公司合并整合后的发展速度和价值创造。

最后,此次收购 IHS Markit,是标普全球通过收购外部有技术特色的创新公司谋求扩张发展,不断巩固自身市场地位并引领金融科技发展潮流的一个市场延续性行为。

资料来源:徐东.石油商报.https://oil.in-en.com/html/oil-2909930.shtml,2020-12-07.

第一节 企业财务预测

20 世纪 60 年代以来,以股东价值为核心的管理理念在北美和欧洲迅猛发展。2000 年后逐渐得到我国经济理论界和实务界关注和推崇。价值管理(Value-based Management, VBM)是指如何进行企业管理业绩衡量并进行管理层激励,以有利于股东价值的创造。价值的持续增长需要有明确的战略,以价值提高为基础的业绩考评系统,职责、奖惩分明的责任机制,以及可以帮助管理人员权衡不同因素以做出最佳决策的分析工具。财务预测是现代企业价值管理中运用的一种科学工具。

一、财务预测的含义和作用

(一)财务预测的含义

财务预测是指根据财务活动的历史资料和现实情况,把统计的方法引入企业日常运作,用数字化的手段来控制资金的动向,对企业未来的财务活动进行科学的预计和测算,为企业的运营提供客观的参考意见,以最大程度排除因主观臆断而造成损失的可能性。[①]

(二)财务预测的作用

第一,以营业收入为核心的财务预测是预计投资项目预期现金流量的基础,有助于企业改善投资决策。第二,财务预测展示了企业各种战略决策的未来财务成果和前景,有助于增强企业的应变能力。第三,财务预测通过预计财务报表将主要经营目标转换成财务收入、利润、资产效益等指标,并与企业预算等管理过程相衔接,是企业经营活动顺利进行的基础。第四,企业的价值是未来现金流量的总现值,而企业未来的现金流量是通过对该企业的利润表、资产负

---

① 张纯.企业价值管理与财务预测技术选择[J].管理世界,2005(8).

债表和现金流量表的全面预测得到的,所以财务预测是企业未来价值评估的首要环节。

二、财务预测的内容

在财务分析中,财务预测主要是指对企业生产经营活动的未来发展进行预计和测算,是对未来企业财务状况和经营成果的全面预计,其具体内容包括利润表、资产负债表、所有者权益变动表及现金流量表的预测分析。

利润表的预测分析的重心是对企业利润的增减变动及未来变化进行分析与预测,其对主营业务收入的预测是财务预测的基础。因此,利润表的预测是整个预测分析的逻辑起点。

资产负债表的预测分析是对企业拥有的资产、承担的债务、形成的所有者权益在不同时点的增减变动以及在未来某一时点的发展状况进行分析。

所有者权益变动表的预测分析能够反映公司在实现资本保值、增值方面的业绩、能力与不足,帮助企业经营者、现有股东与潜在投资者及其他利益相关者做出正确的判断与决策。[①]

现金流量表预测依赖于利润表和资产负债表预测,与企业经营资本支出预测、营运资本管理、资本结构变化、收益预测营销模式等战略密切相关,是进行企业价值评估的关键。现金流量表预测能够提供企业未来经营、投资、筹资等财务活动产生的净现金流量信息,是整个财务预测体系的核心和重点。

三、财务预测的步骤

预测分析是一项工作量大、涉及面广、操作复杂的工作。为了保证预测的精确度和质量,提高预测工作的效率,财务预测分析必须有计划、有步骤地进行,一般分为以下四个步骤。

(1) 确定预测目标。这是做好预测分析的首要前提,是制订预测工作计划、确定资料来源、选择预测方法和组织预测人力的重要依据。比如,分析人员以企业的成本作为预测目标,目标确定后,才能开始组织与目标成本预测有关的各种工作,取得成本的有关资料,并分析影响成本变化的各种因素,最终完成成本预测的任务。

(2) 搜集、整理资料。搜集的资料是否真实、可信和全面,对预测的准确性起着决定性作用。财务预测分析所需要的信息资料,既包括纵向历史资料,如连续多年的销售收入指标,也包括某一时期对同一预测对象有影响的各种因素的横向资料,如价格竞争和成本变化对销售收入的影响。

(3) 选择预测方法。财务预测分析的方法有很多。分析者应根据预测目标内容和所掌握的资料,选择最恰当的预测方法。

(4) 综合预测分析。综合预测分析是以企业的内外环境分析、会计分析和财务分析为基础,对企业的利润表、资产负债表、所有者权益变动表和现金流量表展开全面预测。

四、企业财务预测的定性方法

财务预测方法可分定性预测和定量预测。定性预测是通过判断事物所具有的各种因素、属性进行预测的方法。它是建立在经验判断、逻辑思维和逻辑推理基础之上的,主要特

---

① 孙静芹. 财务分析[M]. 北京:清华大学出版社,2015.

点是利用直观的材料,依靠个人经验的综合分析,对事物未来状况进行预测。它需要预测者有熟悉的业务知识、丰富的经验和综合分析的能力。

常用的定性预测方法有德尔菲法、主观概率法、领先指标法、厂长/经理评判意见法、推销人员估计法、相互影响分析法等。下面主要介绍德尔菲法和主观概率法。

(一) 德尔菲法

在古希腊的传说中,德尔菲是神谕之地,城中有座阿波罗神殿可以预卜未来。美国战略研究机构兰德公司(RAND Corporation)于1946年借用其名用于预测领域。作为一种统计方法,德尔菲法(Delphi Method)也称专家调查法,是一种根据有专门知识的人的直接经验,对研究的问题进行判断、预测的方法。

在古希腊的传说中,德尔菲是神谕之地,城中有座阿波罗神殿可以预卜未来。美国战略研究机构兰德公司(RAND Corporation)于1946年借用其名用于预测领域。作为一种统计方法,德尔菲法(Delphi Method)也称专家调查法,是一种根据有专门知识的人的直接经验,对研究的问题进行判断、预测的方法。

德尔菲法依据系统的程序,采用匿名发表意见的方式,即专家之间不得互相讨论,不发生横向联系,只能与调查人员发生联系;通过调查专家、多轮表达对问卷问题的看法,经过反复征询、归纳、修改,最后汇总成专家基本一致的看法,作为预测的结果。

其具体步骤是:第一,按照课题所需要的知识范围确定专家,组成专家组;第二,向所有专家提出所要预测的问题及有关要求,并附上有关这个问题的所有背景材料,同时请专家提出还需要什么材料;第三,各个专家根据其所收到的材料,提出自己的预测意见,并说明自己是怎样利用这些材料并提出预测值的;第四,将各位专家第一次判断意见汇总,列成图表,进行对比,再分发给各位专家,让专家比较自己同他人的不同意见,修改自己的意见和判断;第五,将所有专家的修改意见收集起来,汇总,再次分发给各位专家,以便做第二次修改;最后,对专家的意见进行综合处理。

德尔菲法的优点在于可以加快预测速度和节约预测费用,可以让决策者获得各种不同但有价值的观点和意见,在历史资料不足或不可测因素较多的时候尤为适用,非常适用于长期预测和对新产品的预测。这对于较大型的企业做重大的转折性决策比较适合。当然,它也有缺点,比如对于分地区的顾客群或产品的预测则可能不可靠,责任也比较分散,而且专家的意见有时可能不完整或不切实际,聘请企业外专家的成本较高,等等。

(二) 主观概率法

主观概率是指人们根据某几次经验结果所做的主观判断的量度。简单来说,就是凭经验或预感而估算出来的概率。一般在专家预测时,对于专家最佳推测的实现可能性,应用主观概率加以评价。但要注意,由于每个人的主观认识能力不同,对同一事件在同一条件下出现的概率就可能提出不同的数值,而且概率也无法核对是否正确。

五、企业财务预测的定量方法

相对于定性预测而言,定量预测在结论上和学术性上都精确得多。定量预测是根据历史数据找出其内在规律,运用连贯性原则和类推性原则,通过数学运算对事物未来状况进行数量预测。下面主要介绍销售百分比法、时间序列预测法、财务预算法。

（一）销售百分比法

销售百分比法是目前运用最广的定量预测方法。该方法假设收入、费用、资产、负债与销售收入存在稳定的百分比关系。根据预计销售额和相应的百分比，预计资产、负债和所有者权益，利用会计等式确定融资需求。[①] 运用销售百分比法的具体步骤如下：

1. 编制预计利润表

首先，计算确定利润表各项目与销售收入的百分比。例如，基期利润表中销售收入100万元，销售成本70万元，则销售成本的销售百分比为70%。其次，预计预测年度利润表各项目。"某项目预测年度数额＝该项目销售百分比×预计年度销售额"，假设预测年度销售收入预计为200万元，则预测年度的预计销售成本为200×70%＝140（万元）。最后，预计留存收益额。留存收益额＝预计净利润×（1－股利支付率）。

2. 编制预计资产负债表

首先，区分敏感项目与非敏感项目，并计算基期资产负债表各敏感项目与销售收入的百分比。敏感项目是指直接随销售额变动的资产、负债项目，包括现金、应收账款、存货、应付账款、应付职工薪酬等项目；非敏感项目是指不随销售额变动的资产、负债项目，包括固定资产、长期股权投资、短期借款、应付债券、非流动负债、实收资本、未分配利润等项目。其次，预计预测年度资产负债表各项目。敏感项目的预计数＝预计销售额×该敏感项目的销售百分比。假设基期销售额100万元，基期资产负债表中存货为30万元，则存货占销售收入百分比为30%。预测年度销售收入200万元，则预计存货为：200×30%＝60（万元）。非敏感项目不随销售额变动，直接按基期数值填列。最后，确定追加资金需要量。资金总需要量＝预计总资产－预计负债及所有者权益。

【例11-1】 某企业2019年12月31日的资产负债表（简表）如表11-1所示。2019年销售收入为200 000万元。假设2020年企业经营情况与2019年基本相同，生产能力不变，根据市场情况，预计2020年销售收入将增加到240 000万元，要求预测2020年的全部资金需求量。

表 11-1 某企业 2019 年资产负债表（简表）　　　　　　　　单位:万元

资　　产	金额	负债和所有者权益	金额
货币资金	10 000	应付票据	8 000
应收账款	24 000	应付费用	4 000
存货	50 000	应付账款	20 000
预付费用	4 000	短期借款	50 000
固定资产净值	212 000	非流动负债	80 000
		实收资本	128 000
		未分配利润	10 000
资产总额	300 000	负债及所有者权益总额	300 000

[①] 张纯.企业价值管理与财务预测技术选择[J].管理世界,2005(8).

解：首先编制 2020 年预计资产负债表，如表 11-2 所示。

表 11-2　某企业 2020 年预计资产负债表（简表）　　　　　　　　单位：万元

资产			负债与所有者权益		
项目	占销售收入的比例	预计数	项目	占销售收入的比例	预计数
货币资金	5%	12 000	应付票据	4%	9 600
应收账款	12%	28 800	应付费用	2%	4 800
存货	25%	60 000	应付账款	10%	24 000
预付费用	2%	4 800	短期借款	—	50 000
固定资产净值	—	212 000	非流动负债	—	80 000
			实收资本	—	128 000
			未分配利润	—	10 000
			合计	16%	306 400
			追加资金		11 200
合计	44%	317 600	追加后合计		317 600

从表 11-2 可见，每 100 元销售收入需占用 44 元流动资金，同时又通过应付账款等项目创造了 16 元流动资金，其差额 28 元就是要增加 100 元销售收入需补充的流动资金。该企业 2020 年预计增加 40 000 万元销售收入，需增加流动资金 11 200 万元〔＝40 000×（44%－16%）〕。进一步地，11 200 万元资金需求量可以优先通过内源融资满足，即用 2020 年预计留存收益解决，其余部分再通过外部筹资解决。

销售百分比法概括了财务预测的整个流程，简单明了、便于操作，但预测精度不够。在实际经营中很难找到像定义所假设的那种比例关系。更多的情况是销售量与某个变量有某种曲线关系，或其本身就呈现出十分明显的季节波动。当这些情况出现时，单纯用销售百分比法来为企业进行销售预测就会产生很大的偏差，甚至可能导致决策失误。

拓展阅读 11-1　基于销售百分比法的公司资金需求量预测——以苏宁易购为例

资料来源：刘金鹭，张启君，彭会敏.基于销售百分比法的公司资金需求量预测——以苏宁易购为例[J].商场现代化，2020(14)：13-15.

（二）时间序列预测法

时间序列分析的一个重要任务就是根据现象发展变化的规律进行外推预测，为制定计划和管理决策提供依据。时间序列预测方法依据事物量的渐变过程的连续性，把时间数列的各期水平视为时间的函数，或者视为过去各期水平合乎规律变化的结果。因此它对资料的要求比较单一，只需变量本身的历史数据，在实际工作中又有广泛的实用性。

最常见的时间序列预测方法有回归预测法、趋势外推法和指数平滑法等。运用线性回归分析法需先根据过去一段时期的历史资料，求得各个资产负债表项目与销售额的函数关系，若某项目与销售额能在坐标图上大致形成一条直线，则说明该项目是销售额的函数，与销售额存在线性关系,再建立直线回归方程来预测未来的资产和负债数据,最后得到预测的融资需求。

(三) 财务预算法

财务预算法是指运用编制财务预算的技术手段来预测未来财务报表数值的方法。通过财务预算,可以确定企业在一定时期内的现金需求数量及筹措方式,为合理管理现金和调度资本提供参考依据。财务预算法具体的操作程序如下(参见图11-1)。

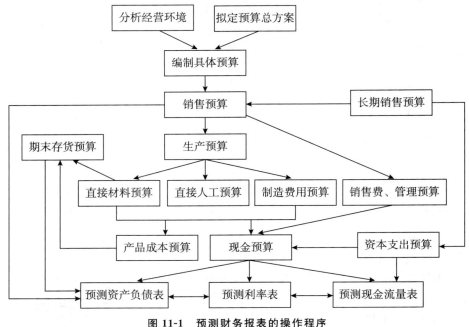

图 11-1 预测财务报表的操作程序

1. 分析经营环境,拟定预算总方案

进行财务报表预测之前,分析人员应对企业所处的内外环境做出详细的、综合的研究与分析,结合企业的生产能力拟定企业的预算方案。预算总方案是指企业未来的经营方针、各项政策及企业的总目标和分目标。拟定预算总方案可使企业各部门编制预算有依据和标准。

2. 编制具体预算

各部门的预算草案包括销售预算、生产预算、直接材料预算、直接人工预算、制造费用预算、产品成本预算、销售费用预算、管理费用预算、现金预算等。

销售预算是整个预算编制的起点。销售预算的主要内容是销量、单价和销售额。销量根据市场预测或销货合同并结合企业生产能力确定,单价通过价格决策确定,销售额是两者的乘积。

生产预算是在销售预算的基础上编制的,其主要内容有销售量、期初和期末存货、生产量等。存货数量通常按下期销售量的一定比例确定。

直接材料预算以生产预算和原材料存货水平为基础编制,主要内容有直接材料的单位产品用量、生产需用量、期初和期末存量等。预计生产量来自生产预算,单位产品材料用量来自标准成本资料或消耗定额资料,生产需用量是上述两项的乘积。期初和期末的材料存货量根据当前情况和长期销售预测估计。

直接人工预算以生产预算为基础编制,主要内容有预计生产量、单位产品人工工时、人工总工时、每小时人工成本和人工总成本。预计生产量来自生产预算。单位产品人工工时和每小时人工成本数据来自标准成本材料。人工总工时和人工总成本可根据上述数据汇总计算。

制造费用预算包括变动制造费用预算和固定制造费用预算。变动制造费用预算以生产预算为基础来编制。如果有完善的标准成本资料,用单位产品的标准成本与产量相乘,即可得到相应的预算金额;如果没有标准成本资料,就需要逐项预计计划产量需要的各项制造费用。固定制造费用通常与本期产量无关,需要逐项按每季度预计实际需要的支付额。

产品成本预算是生产预算、直接材料预算、直接人工预算、制造费用预算的汇总。其主要内容是产品的单位成本和总成本。单位产品成本的有关数据,来自直接材料预算、直接人工预算和制造费用预算。生产量、期末存货量来自生产预算,销售量来自销售预算。

销售费用预算是指为了实现销售预算所需支付的费用预算。它以销售预算为基础,分析销售额、营业利润和销售费用的关系,并考察过去销售费用支出的必要性和效果。

管理费用预算,一般以过去实际开支为基础,按预算期的可预见变化来调整。

现金预算包括现金流入预算和现金流出预算。现金流入主要是销售取得的现金收入。现金流出包括预算期的各项现金支出,其中,直接材料、直接人工、制造费用、销售及管理费用的数据来自各相关预算,所得税费用、购置设备、股利分配等现金支出数据来自另外编制的专门预算。预算现金净流量是预算期现金流入与预算期现金流出的差额。

3. 预测财务报表

在上述经营预算的基础上,编制预算期的利润表、资产负债表和现金流量表。

六、利润表、资产负债表、现金流量表的预测要点

(一) 利润表预测

利润表预测是指通过对利润表内各项目的未来发生额进行预计测算,估算企业未来某会计期间收入、成本费用、利润等项目的金额的过程。企业的经营活动在某种意义上都是围绕实现最大利润而展开的,因此利润表的预测是企业财务预测分析的关键,是进行全面预测的起点。开展利润表预测依据的数据资料,主要有销售预测、成本预测、费用预测、税收政策及收入与费用的历史资料等。利润表预测的方法主要有销售百分比法、财务预算法和计算机预测法。

(二) 资产负债表预测

资产负债表预测通过对资产负债表内各项目的未来发生额进行预计测算,估算资产、负债、所有者权益项目在未来某一会计时点的金额。进行资产负债表预测所需的数据资料主要有业务预算、投资计划、筹资计划、预测利润表、股利分配政策等。预测方法主要采用销售百分比法、财务预算法和线性回归法。

(三) 现金流量表预测

现金流量表预测是指通过对现金流量表内各项目发生额的预计测算,估算未来某一期间经营活动、投资活动、筹资活动产生现金净流量的状况和金额。

1. 现金流量预测的框架模型

企业即使创造了营业利润和相应的现金流，也并不都能够用于还贷。因为企业为创造这些利润还将发生现金支付需求，如支持销售增长的额外营运资金和固定资产投资，以及清偿和支付既有债务，甚至必要的股利支付等。只有对企业的预期现金流收入和支出加以比较，才能估计企业有多少现金可用于新增项目或偿还"新增债务"。估算新增项目或偿还新增债务的现金流量预测框架模型结构，如图 11-2 所示。

+/-	调整成为正常化的营业净利润
+	折旧与摊销费用
-	营运资金的增加
-	资本性支出
-	股利
-	当期应支付的现有长期债务
=	可用于新增项目或偿还新增债务的现金

图 11-2　新增项目或偿还新增债务的现金流量预测模型结构

从图 11-2 中可见，以净利润为基础估算新增项目或偿还新增债务的现金流量需要经过以下步骤。第一，将企业账面上的历史净利润调整为正常化的营业净利润。我们应扣除非经常性损益对企业净利润的影响，以显示企业在正常状态下实现的净利润水平，从而预测未来的现金流。具体的做法是减去非经常性收益，加回非经常性成本。第二，加回折旧与摊销费用，把净利润调整为企业实际收到的现金量。第三，在预测中，短期债务既不作为现金来源，也不作为现金的使用，因为我们预期短期债务会随时去除。第四，长期债务包括长期借款和融资租赁租金。第五，模型中可用于新增项目或清偿新增长期债务的现金流量，是在持续意义上满足增长、竞争和取得成功所必需的营运资金的增长、资本性支出和股利的支付的需求之后的现金流量。

2. 情景分析和敏感性分析

预测模型对未来现金流量的预测是建立在一系列假设基础上的。情景分析和敏感性分析能够为财务分析人员提供评价企业在未来各种可能条件下的现金收付能力的分析框架。

（1）情景分析

情景分析考虑影响未来现金流量的关键要素，如销售收入、利润率、资产使用效率等，制定合理的假设条件范围，并预测不同假设下的现金流量状态进行考察、分析和比较，从而对企业的获现能力、偿债能力做出更科学的预测，并对可能出现的最坏情景做出提前应对。

常见的情景有三种：一是基本情景，即最有可能出现的情景；二是较差情景；三是较好情景，具体情景由财务分析人员结合正常经营和商业环境而定。需要注意的是，最好情景下的现金流量不一定是最充沛的现金流量。在销售回款不畅的情况下，企业销售增长率高，形成更多应收账款，反而消耗企业更多的经营现金流量，减少了用于清偿长期债务的现金流量。

（2）敏感性分析

与情景分析同时检验多因素变化不同，敏感性分析通常是单因素分析，即对单一假设条件的变化所产生的影响进行的分析。敏感性分析有两个目的。一是假设某一假设条件发生变化,会对企业现金流量产生多大影响,影响程度大的假设条件即主要影响因素;二是测算企业在保持正常运转的前提下,某一假设条件最多能发生多大程度的变化。多方案比选时,在其他条件相同的情况下,应选择敏感性最小的方案。

【例 11-2】 某项目建设期 2 年,第 1 年年底投入 600 万元,第 2 年年底投入 400 万元,第 3~8 年为运营期,每年销售收入 900 万元,经营成本 500 万元,暂不考虑其他收支项目,项目必要收益率为 15%。根据有关资料和经验,选择销售收入、经营成本和项目总投资作为不确定因素,设定不确定因素的变化幅度为 ±10%,请对该项目的财务净现值进行敏感性分析。

解: ① 计算正常状态下的财务净现值。

$$FNPV = -600 \times (P/S, 15\%, 1) - 400 \times (P/S, 15\%, 2) + (900 - 500)$$
$$\times (P/A, 15\%, 6) \times (P/S, 15\%, 2)$$
$$= -600 \times 0.8696 - 400 \times 0.7561 + 400 \times 3.784 \times 0.7561$$
$$= 320.23(万元)$$

② 计算销售收入增加 10% 时的财务净现值。

$$FNPV = -600 \times (P/S, 15\%, 1) - 400 \times (P/S, 15\%, 2)$$
$$+ [900 \times (1 + 10\%) - 500] \times (P/A, 15\%, 6) \times (P/S, 15\%, 2)$$
$$= -600 \times 0.8696 - 400 \times 0.7561 + 490 \times 3.784 \times 0.7561$$
$$= 577.73(万元)$$

③ 计算销售收入减少 10% 时的财务净现值。

$$FNPV = -600 \times (P/S, 15\%, 1) - 400 \times (P/S, 15\%, 2)$$
$$+ [900 \times (1 - 10\%) - 500] \times (P/A, 15\%, 6) \times (P/S, 15\%, 2)$$
$$= -600 \times 0.8696 - 400 \times 0.7561 + 310 \times 3.784 \times 0.7561$$
$$= 62.74(万元)$$

④ 计算经营成本增加 10% 时的财务净现值。

$$FNPV = -600 \times (P/S, 15\%, 1) - 400 \times (P/S, 15\%, 2)$$
$$+ [900 - 500 \times (1 + 10\%)] \times (P/A, 15\%, 6) \times (P/S, 15\%, 2)$$
$$= -600 \times 0.8696 - 400 \times 0.7561 + 350 \times 3.784 \times 0.7561$$
$$= 177.18(万元)$$

⑤ 计算经营成本减少 10% 时的财务净现值。

$$FNPV = -600 \times (P/S, 15\%, 1) - 400 \times (P/S, 15\%, 2)$$
$$+ [900 - 500 \times (1 - 10\%)] \times (P/A, 15\%, 6) \times (P/S, 15\%, 2)$$
$$= -600 \times 0.8696 - 400 \times 0.7561 + 450 \times 3.784 \times 0.7561$$
$$= 463.29(万元)$$

⑥ 计算投资额增加 10% 时的财务净现值。

$$FNPV = -600 \times (1 + 10\%) \times (P/S, 15\%, 1) - 400 \times (1 + 10\%)$$
$$\times (P/S, 15\%, 2) + (900 - 500) \times (P/A, 15\%, 6) \times (P/S, 15\%, 2)$$
$$= -660 \times 0.8696 - 440 \times 0.7561 + 400 \times 3.784 \times 0.7561$$
$$= 237.81(万元)$$

⑦ 计算投资额减少10%时的财务净现值。
$$FNPV = -600 \times (1-10\%) \times (P/S,15\%,1) - 400 \times (1-10\%) \times (P/S,15\%,2)$$
$$+ (900-500) \times (P/A,15\%,6) \times (P/S,15\%,2)$$
$$= -540 \times 0.8696 - 360 \times 0.7561 + 400 \times 3.784 \times 0.7561$$
$$= 402.65(万元)$$

⑧ 依据以上计算结果编制敏感性分析汇总表(见表11-3)。

表11-3 敏感性分析汇总表

不确定因素	变动幅度/%	财务净现值/万元	财务净现值变化率/%
销售收入	+10 -10	577.73 62.74	+80.41 -80.41
经营成本	+10 -10	177.18 463.29	-44.67 +44.67
投资额	+10 -10	237.81 402.65	-25.74 +25.74
基本方案	0	320.23	0

从表11-3可见,该项目不确定因素中,最敏感性因素是销售收入。销售收入变动10%,会使财务净现值变化80.41%。第二敏感性因素是经营成本,经营成本变动10%,会使财务净现值变化44.67%。敏感性最小的因素是总投资,总投资变动10%,会使财务净现值变化25.74%。

由于财务净现值为零是判断项目是否可行的基本条件,我们还可以换个视角,通过比较财务净现值为零时各因素的变化幅度大小来确定各因素的敏感程度。

首先,计算其他条件不变,财务净现值为零时销售收入的值。
$$FNPV = -600 \times (P/S,15\%,1) - 400 \times (P/S,15\%,2) + (INCOME - 500)$$
$$\times (P/A,15\%,6) \times (P/S,15\%,2)$$
$$= -600 \times 0.8696 - 400 \times 0.7561 + (INCOME - 500) \times 3.784 \times 0.7561$$
$$= 0$$

解得 $INCOME = 784.68$ 万元。

同理,可计算财务净现值为零时经营成本和投资额的值。
$$FNPV = -600 \times (P/S,15\%,1) - 400 \times (P/S,15\%,2) + (900 - COST)$$
$$\times (P/A,15\%,6) \times (P/S,15\%,2)$$
$$= -600 \times 0.8696 - 400 \times 0.7561 + (900 - COST) \times 3.784 \times 0.7561$$
$$= 0$$

解得 $COST = 615.32$ 万元。
$$FNPV = -INVEST \times 60\% \times (P/S,15\%,1) - INVEST \times 40\% \times (P/S,15\%,2)$$
$$+ (900 - 500) \times (P/A,15\%,6) \times (P/S,15\%,2)$$
$$= -INVEST \times 60\% \times 0.8696 - INVEST \times 40\% \times 0.7561 + 400 \times 3.784 \times 0.7561$$
$$= 0$$

解得 $INVEST=1\,405.07$ 万元。

当销售收入减少 $12.81\%[=(784.68-900)/900]$，财务净现值就降至零；经营成本需上升 $23.06\%[=(615.32-500)/500]$、总投资需上升 $40.51\%[=(1\,405.07-1\,000)/1\,000]$ 才能使财务净现值降为零，所以销售收入是最敏感的因素。

我们还可以绘制敏感性分析图，如图 11-3 所示。首先以不确定因素的变化范围为横坐标，以表 11-6 中各种变化情形下计算所得的财务净现值为纵坐标，确定六个点，坐标分别为 A 点 $(+10\%,577.73)$、B 点 $(+10\%,177.18)$、C 点 $(+10\%,237.81)$、D 点 $(-10\%,62.74)$、E 点 $(-10\%,463.29)$、F 点 $(-10\%,402.65)$；再在纵坐标轴上标记正常状态（不确定因素没有变化）下的财务净现值，坐标为 G 点 $(0\ 320.23)$；最后将 $A\sim F$ 六个点分别与 G 点相连，可以画出 3 条直线。AGD 线表示财务净现值对销售收入变动的敏感程度，BGE 线表示财务净现值对经营成本变动的敏感程度，CGF 线表示财务净现值对投资额变动的敏感程度。直线的斜率绝对值越大，说明财务净现值对这个因素的变化越敏感。三条直线与横坐标轴的交点，表示净现值为零时三个影响因素的变化幅度，坐标为 H 点 $(-12.81\%,0)$、I 点 $(23.06\%,0)$、J 点 $(40.51\%,0)$。

拓展阅读 11-2 敏感性分析在利润预测中应用研究

资料来源：步瑞. 敏感性分析在利润预测中应用研究[J]. 财会通讯，2012(19)：89-92.

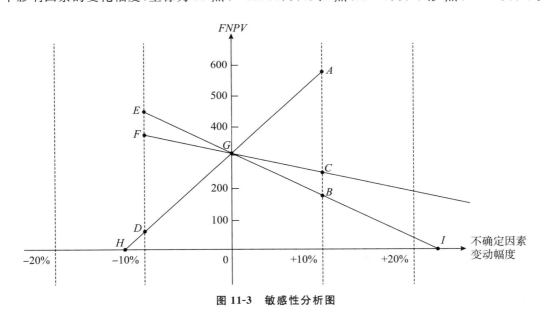

图 11-3 敏感性分析图

第二节 企业价值评估

一、企业价值评估的概念和作用

企业价值评估是指专业评估机构及其评估人员遵守法律、行政法规和资产评估准则，对评估基准日特定目的下的企业整体价值、股东全部权益价值或者股东部分权益价值等进行评定和估算的专业服务行为。① 企业价值评估将企业作为一个有机整体,结合企业所处的宏观经济环境及行业背景,依据其拥有或占有的全部资产状况和整体获利能力,充分考虑影响企业获利能力的各种因素,对企业整体公允市场价值进行的综合性评估。

企业价值评估的作用非常广泛,与企业有关的几乎所有的经济决策都包含估价。

第一,价值评估可以用于投资分析和信贷分析。价值评估是基础分析的核心内容。坚持价值投资理念的人认为证券价格与价值的偏离经过一段时间的调整会向价值回归,对企业的估值是他们投资操作的依据。在信贷决策中,企业资产价值的评估结果很大程度上影响着贷款风险。

第二,价值评估可以用于战略分析。战略分析的目的是了解企业目前和今后增加股东财富的关键因素是什么。价值评估在战略分析中起核心作用。例如,收购属于战略决策,收购企业要估计目标企业的合理价格,在决定收购价格时对合并前后的价值变动进行评估,以判断能否收购以及靠什么来增加股东财富。

第三,价值评估可以用于以价值为基础的管理。价值评估是改进企业一切重大决策的手段。财务决策需要实行以企业价值为基础的管理,依据价值最大化原则制订和执行经营计划,通过度量价值增加来衡量经营业绩并确定相应的报酬。

二、企业整体经济价值的类别

企业价值评估的一般对象是企业整体经济价值。企业整体经济价值是指企业作为一个整体的公平市场价值。企业整体价值可以分为实体价值和股权价值、持续经营价值和清算价值、少数股权价值和控股权价值等类别。

(一)实体价值与股权价值

企业的资产价值与股权价值是不同的。企业全部资产的总体价值,称为"企业实体价值"。企业实体价值是股权价值与债务价值之和。股权价值在这里不是所有者权益的会计价值(账面价值),而是股权的公平市场价值。债务价值也不是它们的会计价值(账面价值),而是债务的公平市场价值。例如一家企业收购另一家企业的时候,可以收购卖方的资产,而不承担其债务;或者购买它的股份,同时承担其债务。例如,A企业以10亿元的价格买下了B企业的全部股份,并承担了B企业原有的5亿元的债务,实际上A企业需要支付15亿元购买B企业的全部资产,其中10亿元股权现在支付,另外5亿元债务将来支付(偿还)。

(二)持续经营价值与清算价值

持续经营价值和清算价值的评估方法和评估结果有明显区别。在大多数的情况下,评估的是企业的持续经营价值。一旦企业停止运营,其整体功能也随之丧失,不再具有整体价值,只有清算价值,即剩余财产的变现价值。持续经营状态下的整体价值是所有资产"有机的结合"的结果,而不是资产负债表中单项资产价值合计形成的"资产总计"。其中,资产各部分之间的有机联系,是企业形成整体价值的关键。如果改变各要素之间的结合方式,即企业资产重组,则会改变企业的功能、效率和整体价值。持续经营状态下,企业各部分的价值

---

① 改编自《中国资产评估协会关于印发修订〈资产评估执业准则——企业价值〉的通知》(中评协〔2018〕38号)。

只有在整体中才能体现。如果一个部门被剥离出来,其功能和价值会不同于它原来作为企业一部分时的功能和价值,剥离后由剩余部门构成的企业也不同于原来的企业。

(三)少数股权价值与控股权价值

很多上市公司在股票市场上公开交易的只是少数股权,而具有控股权意义的大多数股票并不会参加交易。买入企业的少数股权和买入企业的控股权,是完全不同的事。买入企业的少数股权,买入者只能接受企业现有的管理和经营战略。而买入企业的控股权,投资者获得改变企业生产经营方式的权利,或许还能增加企业的价值。所以,少数股权与控股股权的价值存在明显差异。例如,收购交易如果包括公司的控股权,代表少数股权的公司股价会快速上升,甚至达到原来的数倍。

三、企业价值评估方法

价值评估作为一种"分析"方法,要通过符合逻辑地分析来完成。企业价值评估方法很多,常见的基本方法主要有现金流量折现法、经济增加值法、相对价值法等。需要指出的是,有这些方法属于定量分析方法,具有一定的科学性和客观性;但定量分析也需要主观估计的数据,甚至包括一些重要参数,使得定量分析的结论必然会存在一定的主观性误差。

(一)现金流量折现法

现金流量折现法的基本思想是增量现金流量原则和时间价值原则,也就是任何资产(包括企业或股权)的价值是其产生的未来现金流量的现值。由于价值评估的对象是企业的整体价值,而整体价值又分为实体价值与股权价值。根据自由现金流量的不同定义,衍生出两种不同的形式:企业自由现金流量和股权自由现金流量。

1. 企业自由现金流量折现法

企业自由现金流量(Free Cash Flow of Firm,FCFF)折现法是通过计算企业自由现金流量(FCFF)的现值,来估算企业价值的评估方法。这一方法的优点是,在对企业估值时,不需要明确地预测股利、股票回购或债务的运用。

(1)企业自由现金流量计算

自由现金流量是企业可以向所有投资者(包括债权人和股东)支付的现金流量。企业的自由现金流量,等于企业当前和未来投资产生的自由现金流量之和。所以,我们可以将企业价值解释为,企业从继续其现有项目和启动新项目中将获得的总的净现值。对企业自由现金流量的估计,要预测未来的销售收入、营业费用、税费、资本需求以及其他因素,还要围绕每种假设进行敏感性分析。

企业自由现金流量的计算公式如下:

$$企业自由现金流量 = 息税前利润 \times (1 - 所得税税率) + 折旧费用 - 资本支出 - 净营运资本增加额$$

(2)使用加权平均资本成本为折现率

使用加权平均资本成本对未来现金流量折现,依赖于以下三个假设。第一,假设企业现有项目的系统风险相当于企业投资的平均系统风险;第二,假设企业的债务与股权比率保持不变,以确保加权平均资本成本不变;第三,只考虑企业所得税的利息税盾效应。这些假设对很多投资项目和企业来说是比较合理的近似。

(3) 通过计算企业自由现金流量的现值来估计当前企业的价值(V_0)。

企业估计价值的计算公式如下:

$$V_O = \frac{FCFF_1}{1+r_{WACC}} + \frac{FCFF_2}{(1+r_{WACC})^2} + \cdots + \frac{FCFF_N}{(1+r_{WACC})^N} + \frac{V_N}{(1+r_{WACC})^N}$$

折现率为企业的加权平均资本成本,反映企业总体业务的风险,即企业股权和债务的组合风险的资本成本,用 r_{WACC} 表示。

V_N 是企业的预测期期末持续经营价值,通过对超过 N 年的自由现金流量,假定一个固定的长期增长率 g_{FCFF} 实现的,其计算公式如下:

$$V_N = \frac{FCFF_{N+1}}{r_{WACC} - g_{FCFF}} = \left(\frac{1+g_{FCFF}}{r_{WACC} - g_{FCFF}}\right) \times FCFF_N$$

长期增长率 g_{FCFF} 以企业收入的期望长期增长率为基础估计。

【例 11-3】 W 公司 20×2 年的销售收入为 51 800 万元。假设预测公司在 20×3 年的销售收入增长 9%,但是以后每年的销售收入增长率将逐年递减 1%,直到 20×8 年及以后,达到所在行业 4% 的长期增长率。基于公司过去的盈利能力和投资需求,预计息税前利润为销售收入的 9%,净营运资本需求的增加为销售收入增加额的 10%,资本支出等于折旧费用。公司所得税税率是 25%,加权平均资本成本是 12%。试估计 20×3 年年初公司的价值为多少。

基于上述估计,预测 W 公司的未来自由现金流量,如表 11-4 所示。

表 11-4 预测 W 公司的未来自由现金流量 单位:万元

年 份	20×2	20×3	20×4	20×5	20×6	20×7	20×8
销售收入	51 800	56 462	60 979	65 248	69 163	72 621	75 526
相对上年的增长率/%		9.0	8.0	7.0	6.0	5.0	4.0
息税前利润(销售收入的 9%)		5 082	5 488	5 872	6 225	6 536	6 797
减:所得税(25%)		1 270	1 372	1 468	1 556	1 634	1 699
加:折旧		—	—	—	—	—	—
减:资本支出		—	—	—	—	—	—
减:净营运资本的增加(销售收入增加额的 10%)		466	452	427	392	346	291
自由现金流量		3 346	3 664	3 977	4 277	4 556	4 808

预测期期末 W 公司的企业价值如下:

$$V_O = \frac{3\,346}{1.12} + \frac{3\,664}{1.12^2} + \frac{3\,977}{1.12^3} + \frac{4\,277}{1.12^4} + \frac{4\,566}{1.12^5} + \frac{4\,808}{1.12^6} + \frac{62\,491}{1.12^6}$$

$$= 48\,135(万元)$$

2. 股权自由现金流量折现法

基于自由现金流量运用加权平均资本成本(WACC)对企业估值时,没有考虑利息和债务的支付。而股权自由现金流量(Free Cash Flow of Equity,FCFE)折现法需考虑企业与债权人之间往来的各种支付,计算的是股东所得到的自由现金流量,并用股权资本成本折现。

（1）确定项目为股东带来的自由现金流量

股东自由现金流量是在调整利息支付、借债以及债务偿还之后剩余的属于股东可支配的自由现金流量。其计算公式如下：

股权自由现金流量＝企业自由现金流量利息
×（1－企业所得税税率）
＋净负债

拓展阅读 11-3　企业价值评估中自由现金流量法的理论基础与应用

资料来源:沈宏杨. 企业价值评估中自由现金流量法的理论基础与应用[J]. 财经界（学术版），2016(11).92.

（2）基于股权自由现金流量的估值

估值的主要步骤是：首先,确定投资的股权自由现金流量；其次,确定股权资本成本 r_E；最后,用股权资本成本对股权自由现金流量折现,计算股权价值 E。

（二）经济增加值法

从某种意义上说,企业的实质就是一种价值创造机制的现实存在。企业运营的目标是为投资人带来增量价值,企业价值管理就是对这一价值创造过程的管理。

EVA 的理论基础来源于默顿·米勒（Merton H. Miller）和弗兰科·莫迪利安尼（Franco Modigliani）在 1958 年关于公司价值的经济模型。20 世纪 90 年代初,美国的约尔·思腾恩（Joel Stern）和贝内特·斯图尔特（Bennett Sterwart）正式定义了经济增加值（Economic Value Added,EVA）的概念。EVA 是指从超过投资者要求的报酬率中得来的价值,是考虑了股权资本成本后的剩余利润,用公式表示如下：

经济增加值＝税后净营业利润－资本成本

【例 11-4】 高科公司的期初投资资本为 1 000 万元,期初投资资本回报率（税后净营业利润÷投资资本）为 10％,加权平均资本成本为 9％,则该企业的经济增加值为 10 万元。其计算过程如下：

经济增加值＝税后净营业利润－资本成本＝1 000×10％－(1 000×9％)＝10(万元)

经济增值法还可以从价值创造的视角来定义企业价值,将企业价值看作企业账面资产价值与未来创造的经济增加值的贴现值之和,用公式表示如下：

企业价值＝投资资本＋预计未来经济增加值现值

拓展阅读 11-4　基于经济增加值法的企业价值评估研究——以歌力思为例

资料来源:邵争艳,陈学敏. 基于经济增加值法的企业价值评估研究——以歌力思为例[J]. 商业会计,2019(01)：55-58.

拓展阅读 11-5　经济增加值与企业价值管理创新流程模式研究——基于国资委第 22 号令中 EVA 考核指标的应用视角

资料来源:刘圻. 经济增加值与企业价值管理创新流程模式研究——基于国资委第 22 号令中 EVA 考核指标的应用视角[J]. 宏观经济研究,2011(08)：45-50.

其中,企业价值是投资人按当时的市价出售企业可获得的现金流入,包括股本市值和债务市值。投资资本是指投资人投入企业的总现金,包括股权资本和债务资本。该公式表达的基本思想是,如果每年的税后净营业利润正好等于债权人和股东要求的收益,即经济增加值等于零,则企业的价值没有增加,也没有减少,仍然等于投资资本。

(三) 相对价值法

1. 相对价值法的原理

现金流量折现法和经济增加值法在概念上很健全,但是在应用时会碰到较多的技术问题。相对价值法应用起来则相对容易。相对价值法,也称价格乘数或可比交易价值法,是利用类似企业的市场定价来估计目标企业价值。

相对价值法的基本做法是:首先,寻找一个影响企业价值的关键变量(如净利润);其次,确定一组可以比较的类似企业,计算可比企业的市价/关键变量的平均值(如平均市盈率);最后,将目标企业的关键变量(如净利润)乘以计算得到的平均值(如平均市盈率),计算目标企业的评估价值。

该方法假设存在一个支配企业市场价值的主要变量(如净利润),市场价值与该变量(如净利润等)的比值在各企业之间是可比的。但需要注意的是,相对价值是相对于可比企业价值而言,如果可比企业的价值被高估了,则目标企业的价值也会被高估。例如我们买房时经常参照同地段同类房屋的售价来判断要买的房屋的价格是偏高还是偏低,这通常是合理的,但如果同地段房屋本身价格偏高,就可能造成我们对要买的房屋估价偏高。而且如果可比企业与目标企业并不是那么"相似"时,还需要进行复杂的修正。

相对价值法分为两大类,一类是以股权市价为基础的,包括股权市价/净利(即市盈率)、股权市价/净资产(即市净率)、股权市价/销售额等;另一类是以企业实体价值为基础的,包括实体价值/息前税后营业利润、实体价值/实体现金流量、实体价值/投资资本、实体价值/销售额等。下面主要介绍市盈率估价法。

2. 市盈率估价法

(1) 市盈率估价法的原理

市盈率是指每股市价与每股收益之间的比率。其计算公式如下:

$$市盈率 = 每股市价 \div 每股收益$$

运用市盈率估价法计算企业价值的公式如下:

$$目标企业每股价值 = 可比企业平均市盈率 \times 目标企业的每股收益$$

【例 11-5】 A 企业(可比企业)今年的每股收益是 1.5 元,分派股利 0.9 元/股,该企业净利润和分派股利的增长率都是 10%,β 值为 2。政府长期债券利率为 6%,股票的风险附加率为 5%。问该企业的本期每股收益市盈率和预期每股收益市盈率各是多少?

B 企业(目标企业)与 A 企业是类似企业,今年实际每股收益为 1 元,根据 A 企业的本期每股收益市盈率对 B 企业估计,其股票价值是多少?B 企业预期明年每股收益是 1.1 元,根据 A 企业的预期每股收益市盈率对 B 企业估价,其股票价值是多少?

$$A 企业股利支付率 = 0.9 \div 1.5 \times 100\% = 60\%$$

$$A 企业股权资本成本 = 6\% + 2 \times 5\% = 16\%$$

$$A 企业本期市盈率 = [60\% \times (1 + 10\%)] \div (16\% - 10\%) = 11$$

A 企业预期市盈率＝60÷(16%－10%)＝10
B 企业股票价值(根据本期每股收益计算)＝1×11＝11(元/股)
B 企业股票价值(根据预期每股收益计算)＝1.1×10＝11(元/股)

值得注意的是,在估价时,目标企业本期每股收益(1元)必须乘以可比企业本期每股收益市盈率(11),目标企业预期每股收益(1.1元)必须乘以可比企业预期每股收益市盈率(10),两者必须对应。

(2) 市盈率估价法的优缺点

市盈率估价法的优点是计算简单,数据易得;可以直观地反映投入(每股市价)和产出(每股收益)的关系;市盈率综合了风险补偿率、增长率、股利支付率的影响。市盈率估价法适用于连续盈利,并且 β 值接

拓展阅读 11-6　基于相对价值法的企业价值评估——以天顺风能为例

资料来源:苏秀清.基于相对价值法的企业价值评估——以天顺风能为例[J].中国集体经济,2020(25):76-77.

近于1的企业,但不适用于亏损公司、高科技公司、现金流不稳定的公司和收入不稳定的周期性公司。这是因为,第一,当企业短期利润为负时,计算出的市盈率也为负,负的市盈率不能从经济意义的角度解释,也就无法使用市盈率估值法。第二,如果某行业的企业 β 值明显大于1,则经济繁荣时可比企业市盈率偏大,目标企业的估值偏高,而经济衰退时估值偏低;相反,如果某行业的企业 β 值明显小于1,则目标企业的估值偏低,而经济衰退时估值偏高。第三,每股收益需用净利润计算,而净利润受多种因素影响很不稳定。如果净利润受到操纵,将影响每股收益进而影响市盈率,造成市盈率法估值结果扭曲。

本章概要

财务预测是指对企业生产经营活动的未来发展进行预计和测算,包括利润表、资产负债表、所有者权益变动表及现金流量表的预测分析。财务预测方法可分定性预测和定量预测。定性预测方法有德尔菲法、主观概率法等。定量预测的方法有销售百分比法、时间序列预测法、财务预算法等。

利润表预测是指通过对利润表内各项目的未来发生额进行预计测算,估算企业未来某会计期间收入、成本费用、利润等项目的金额的过程。资产负债表预测通过对资产负债表内各项目的未来发生额进行预计测算,估算资产、负债、所有者权益项目在未来某一会计时点的金额。现金流量表预测是指通过对现金流量表内各项目发生额的预计测算,估算未来某一期间经营活动、投资活动、筹资活动产生现金净流量的状况和金额。现金流量表预测需要做情景分析和敏感性分析。

企业价值评估目的,是分析和衡量企业(或者企业内部的一个经营单位、分支机构)的公平市场价值并提供有关信息,以帮助投资人和管理当局改善决策。价值评估的一般对象是企业整体经济价值。企业整体价值可以分为实体价值和股权价值、持续经营价值和清算价值、少数股权价值和控股权价值等类别。企业价值评估方法主要有现金流量折现法、经济增加值法、相对价值法等。

本章练习题

第五篇

财务分析实验篇

第 12 章

财务分析实验

【教学目标】

通过实验教学,学生基于模拟的财务分析工作环境和要求,运用财务分析理论和方法,完整、熟练掌握财务分析信息搜集和整理、战略分析、会计分析、财务分析以及前景分析的各项分析要领与步骤,树立财务分析人员的主动求索、精益求精、客观公正、严谨务实、积极思考的专业精神,理论联系实际,具备观察、分析和解决实际问题的工作能力,训练和培养规范的财务分析报告撰写和表达能力。

第一节 财务分析实验的目的和主要步骤

一、财务分析实验目的

财务分析是为企业的投资者、债权人、经营者及其他关心企业的组织或个人了解企业过去、评价企业现状、预测企业未来、做出正确决策提供准确的信息或依据的经济应用学科。财务分析无论对企业的所有者、债权人、经营者、职工,还是对政府、客户、供应商等都是十分重要的。财务分析将为各分析主体进行财务预测、财务决策、财务控制和财务评价等提供可靠信息。

财务分析是一门理论性、实践性、技术性和操作性都比较强的课程。财务分析实验的基本目的,是使学生将理论学习与课程实验有机、紧密地结合起来,使学生系统地掌握调查研究和搜集资料的能力,培养其科学的思维方式及分析能力,在专业知识、技术能力和业务素质三个方面得到综合提高,从而增强专业学习的后劲,为造就"素质高、后劲足、上手快、适应性强"的高级应用型人才服务。

二、财务分析实验主要步骤

财务分析实验内容主要分为六个阶段。

第一阶段是收集财务分析所需各种信息资料,撰写拟分析企业的简介,客观介绍拟分析企业的基本发展历程、主要从事的行业及其经营特点、经营发展阶段等。

第二阶段是战略分析,包括拟分析企业在各历史发展阶段设定的战略目标及战略实施情况,对企业战略选择进行分析评价,包括外部环境分析、内部环境分析和SWOT分析。

第三阶段是财务报表分析,主要运用水平分析法、垂直分析法、趋势分析法和项目质量分析法,对资产负债表、利润表、现金流量表和所有者权益变动表进行分析。

第四阶段是财务效率分析,主要运用比率分析法和因素分析法,对企业盈利能力、偿债能力、营运能力和发展能力进行分析和评价。

第五阶段是综合分析和业绩评价。综合分析主要应用杜邦财务分析体系,对企业的销售规模、成本水平、资产的利用效率及财务杠杆的运用情况进行分析,并通过业绩评价形成结论。

第六阶段是编制财务分析报告,将上述五部分分析过程和内容进行汇编,对可能存在的风险进行预测并提出防范措施,形成观点明确、依据充分、过程规范、内容完整、图文并茂、可读性强的正式报告。

第二节 财务分析报告

一、财务分析报告的含义与应用价值

(一)财务分析报告的含义

财务分析报告是财务分析人员主要依据特定财务主体的特定会计期间的财务报表(或报告)以及其他相关资料,运用系列财务分析方法,对该财务主体的财务活动表现和财务计划(或预算)执行情况等,从特定财务分析视角,进行分析与评价而形成的总结性书面文件。

(二)财务分析报告的应用价值

财务分析报告凝聚了财务分析人员的智慧与辛劳,是财务分析成果的集中呈现形式。财务分析报告一般是由报告单位的财务部门,根据本单位的财务报表等会计及经济信息资料,利用财务分析的理论和方法,经过整理、分析、提炼和总结而撰写完成的供单位内部使用。但随着中国资本市场的不断发展,由投资分析机构或独立财务分析人员撰写完成的供资本运作、信贷决策参考的财务分析报告,已广泛应用于股权投资、企业重组或资产并购等价值评价和银行等金融机构的信贷决策之中。

二、财务分析报告的撰写要求

撰写财务分析报告的一般要求:了解财务分析报告的阅读和使用对象;掌握财务分析报告阅读和使用对象的信息需求与偏好;把握分析范围和分析侧重点;撰写财务分析报告前应有清晰的分析思路和框架;关注宏观经济环境变化,捕捉、搜集同行业竞争对手的资料;通晓

企业所处行业背景与变化趋势;财务分析报告一定要与企业经营业务紧密结合;准确理解企业发展的方针政策和规制;从企业战略与结构层面、制度与文化的高度来审视企业存在的或分析发现的问题,分析结论与政策建议;建立健全财务分析报告常态化工作机制。

一份实用性强、高质量、高水平的财务分析报告还应满足相应的具体要求,包括:注重时效,及时报告;报告清楚,文字简练;数据可靠,证据可信;积累信息,职责明确;数据说话,分析到位;突出重点,兼顾一般;客观公正,观点鲜明;结论准确,建议可行。

三、财务分析报告的内容

一般来说,财务分析报告均应包含概要段、陈述与说明段、分析段、评价与结论段和建议段,即通常说的五段论式的内容。但在实际撰写分析报告时,相关人员要根据具体的目的、要求及内容而有所取舍。

(一)概要段

概要段,概括企业的基本情况、经营特点与行业发展态势等,让财务分析报告使用主体对财务主体形成一个比较全面的了解。概要段一般应包括的内容有企业名称(如为上市公司,要标明上市地点、上市时间、证券代码等)、企业的发展历史、企业的规模、企业主营业务范围、主要产品、职工人数、企业生产经营特点,企业所处行业以及行业发展态势、企业战略实施、股权结构和公司组织结构等。如果是企业内部财务分析报告,该段可以省略。

(二)陈述与说明段

陈述与说明段,陈述企业运营及财务现状、企业计划执行情况和各项经济指标完成情况,说明财务分析报告编制的若干注意事项,让财务分析报告使用主体概览企业运营与财务现状,把握阅读财务分析报告的若干注意事项,以便正确理解分析报告的内容与结论。

该段通常包括两部分内容:一是企业运营及财务现状的陈述内容,包括财务报告期的企业运营情况、主要经营业绩、财务状况、主要经营指标与财务指标的完成情况,企业取得的成绩及存在的问题等。二是财务分析报告编制的若干事项说明,包括财务分析的主要依据(如财务报表和审计报告说明、会计制度说明等)、分析的侧重点、分析的时间与空间范围、分析运用的主要方法,以及其他事项等。

(三)分析段

分析段是对公司经营情况进行分析研究的重要部分,也是财务分析报告的重点。该段主要运用定性与定量相结合的财务分析方法,紧扣企业生产经营活动,站在分析报告使用者的视角来透视问题、分析问题,从理论与实际结合的层面和相关利益者关注的利害点来剖析问题产生的深层次原因以达到解决问题的目的。

(四)评价与结论段

评价与结论段要根据分析结果,对企业财务状况、经营成果、现金流量等从公正和客观的角度给予评价。评价应将多种经济指标结合起来,并与相关的经济、政治等各种因素相联系进行系统分析之后再做出正确的判断。

财务评价要从正面和负面两个方面进行。评价既可以单独分段进行,也可以将评价内容穿插在说明部分和分析部分。但是,对于企业内部高级管理层和事务繁忙的阅读者,分析评价与结论应运用单独段落进行汇总表达。首先应有一个总体结论,然后将支撑总体结论的分项结论一一列示出来,以形成一个总体结论支撑链,使读者读后既有总体结论,也有分项或具体的结论,从而形成结论的逻辑链。

(五)建议段

建议段是针对"分析段"分析发现的问题及成因,以及"评价与结论段"所做的客观公正的评价和结论,财务分析人员从专业角度为财务分析报告使用者所提供的解决问题的意见或建议。该段是整个财务分析报告最重要也是最难的内容。

提出的建议和措施要针对发现的问题及问题的成因,而且要有针对性、切实性和可操作性。但如果"分析段"分析问题不到位,则问题的成因一定揭示不清,进而财务分析人员对问题症结也就把握不准,所提建议难以准确和切实。

四、财务分析报告的基本格式

财务分析报告主要包括标题、落款、摘要、目录、正文、参考文献和附件等部分。

(一)标题

标题是对财务分析报告最精练的概括,它既要确切地体现财务分析报告的主题思想,还要语言简洁、醒目。标题一般由单位名称、时限、文种三要素构成,或由时限、文种两要素构成,例如:"××单位××年度财务分析报告""××单位××年度资产使用效率分析报告"等。

(二)落款

财务分析报告的落款一般包括报告单位名称、负责部门和撰写人姓名,并标明报告完成日期等。落款可以放在财务分析报告封面的下面,也可放在财务分析报告的最后。

(三)摘要

摘要是对本期财务分析报告内容的高度浓缩,一定要言简意赅。一般来说,摘要主要应包含分析研究意义、分析研究过程、分析研究方法、分析结论和建议等内容。

(四)目录

目录告诉阅读者本财务分析报告所分析的内容及其所在页码。

(五)正文

财务分析报告的正文一般包括开头、主体和结尾三个部分。报告的开头应包括财务分析报告的概要段、陈述与说明段的内容,主要是概述财务主体的基本情况、战略目标、行业背景,以及财务重要数据和指标、经营特点与态势、取得的成绩与存在的主要问题等。

报告的主体,是财务分析报告的分析部分,分析的内容因报告类型不同而有所不同。分析时既要肯定成绩、总结经验,又要指出问题、找出问题形成的原因。分析原因时一定要注意分清主客观原因、内外部原因、浅表原因和深层次原因,特别要找出问题生成的主要原因。财务分析报告的主体部分不是简单的文字堆砌,而应寻找深藏在数字背后的秘密,通过系统、综合的分析,揭示问题的本质和症结所在。

报告的结尾,一般是针对存在的问题和问题形成的原因,提出改进的意见、建议或措施。结尾要求内容具体,针对性强,文字简洁,意见中肯,建议具有可操作性。

（六）参考文献

参考文献是指完成财务分析报告所引用、参考的著作、期刊等文献。

（七）附件

财务分析报告的附件一般包括财务分析涉及的各年度的完整财务报表、财务计划或预算书等财务分析报告中所引用的重要财务信息资料，以及分析过程中形成的工作底表。

第三节　财务分析实验项目

项目1　财务分析信息收集

具体任务如下。

(1) 收集上市公司财务分析所需的基础信息。

收集的信息至少包括以下种类。

① 公司主要发展历史、行业地位和未来一段时期的战略目标。

② 公司所属行业及行业近3年概况。

③ 公司所属行业主要竞争对象的发展态势和近3年年度报告。

④ 近3年该上市公司年度报告全文。

(2) 梳理上述相关资料。

了解该上市公司的基本情况，对其作战略分析（包括行业分析和企业竞争策略分析），并为下一步开展会计分析积累基础资料。

(3) 审阅该上市公司年度报告中的审计报告。

了解会计信息真实性，核对审计报告涉及的会计信息。

项目2　资产负债表分析

具体任务如下。

(1) 编制上市公司资产负债表水平分析表（见表12-1）。

(2) 对该公司资产负债表作水平分析。

表 12-1

要求按照资产负债表水平分析的逻辑顺序，并全面反映需要分析的重点类别和重点项目，解释这些项目变动的原因，评价这些变化所反映的企业财务状况。

(3) 编制上市公司资产负债表垂直分析表（见表12-2）。

(4) 对该公司资产负债表作垂直分析。

表 12-2

要求按照资产负债表垂直分析的逻辑顺序，并全面反映需要分析的重点类别和重点项目，解释这些项目变动的原因，评价这些变化所反映的企业财务状况。

(5) 编制上市公司资产负债表定基趋势分析表（见表12-3）。

(6) 对该公司资产负债表作定基趋势分析。

表 12-3

(7) 对该公司资产负债表作资产和权益质量分析。

项目 3 利润表分析

具体任务如下。

(1) 编制上市公司利润表水平分析表(见表 12-4)。

(2) 对该公司利润表作水平分析。

提示：按照利润表水平分析的逻辑顺序,全面反映需要分析的重点类别和重点项目,解释这些利润指标变动的原因,评价这些变化所反映的企业财务状况。

表 12-4

(3) 编制上市公司利润表垂直分析表(见表 12-5)。

(4) 对该公司利润表作垂直分析。

提示：按照利润表垂直分析的逻辑顺序,并全面反映需要分析的重点类别和重点项目,解释这些利润指标变动的原因,评价这些变化所反映的企业财务状况。

表 12-5

(5) 编制上市公司利润表定基趋势分析表(见表 12-6)。

(6) 对该公司利润表作定基趋势分析。

(7) 对该公司利润表作项目质量分析。

表 12-6

项目 4 现金流量表分析

具体任务如下。

(1) 编制上市公司现金流量表水平分析表(见表 12-7)。

(2) 对该公司最近一个会计年度的现金流量作一般分析。

(3) 对该公司现金流量表作水平分析。

(4) 编制上市公司现金流量表垂直分析表(见表 12-8)。

(5) 对该公司现金流量表作垂直分析。

(6) 编制上市公司利润表定基趋势分析表(见表 12-9)。

(7) 对该公司利润表作定基趋势分析。

表 12-7

表 12-8

表 12-9

项目 5 所有者权益变动表分析

具体任务如下。

(1) 编制所有者权益变动表水平分析表简表(见表 12-10)。

(2) 对该公司最近一个会计年度的所有者权益变动表作整体分析。

表 12-10

(3) 对该公司所有者权益变动表作水平分析。
(4) 编制上市公司所有者权益变动表垂直分析表简表(见表12-11)。
(5) 对该公司所有者权益变动表作垂直分析。

表 12-11

项目 6　财务效率分析

具体任务如下。
(1) 对该公司作盈利能力分析。
① 资本经营盈利能力分析。
② 资产经营盈利能力分析。
③ 商品经营盈利能力分析。
④ 盈利质量指标分析。
(2) 对该公司作营运能力分析。
① 流动资产营运能力分析。
② 非流动资产营运能力分析。
③ 总资产营运能力分析。
(3) 对该公司作偿债能力分析。
① 短期偿债能力分析。
② 长期偿债能力分析。
(4) 对该公司作发展能力分析。
① 企业竞争力分析。
② 经营发展能力分析。
③ 财务发展能力分析。
④ 可持续增长分析。

项目 7　财务报告综合分析和业绩评价

表 12-12 电子版

具体任务如下。
(1) 计算杜邦财务分析体系的有关财务指标,填入表12-2。

表 12-12　杜邦财务分析体系指标计算表

指标名称	20　年		20　年	
	基础数据	比率值	基础数据	比率值
净资产收益率	分子			
	分母			
销售净利率	分子			
	分母			
总资产周转率	分子			
	分母			

续表

指标名称	20＿年		20＿年	
	基础数据	比率值	基础数据	比率值
权益乘数 分子				
分母				

(2) 运用因素分析法,对最终财务目标的各项影响因素进行分析。

(3) 基于上述分析,对该公司进行业绩评价。

项目 8　撰写财务分析报告

具体任务如下。

按照财务分析报告的内容和写作要求,将以上各阶段的财务分析内容整理成正式、完整的财务分析报告,报告内容主要包括:企业简介;企业战略分析;资产负债表分析;利润表分析;现金流量表分析;所有者权益变动表分析;财务效率(盈利能力、营运能力、偿债能力、发展能力)分析;财务综合分析;财务业绩评价。

参 考 文 献

[1] 冯海虹.财务分析相关概念辨析与再定义[J].财会通讯,2012(29):113-114.
[2] 孟鸣,高艳民.新会计制度下的财务分析理论[J].财经问题研究,1994(10):58-60.
[3] 徐光华,柳世平.财务报表解读与分析:理论·实务·案例[M].北京:人民邮电出版社,2017.
[4] 张先治.财务分析学的内涵与相关学科的关系[J].四川会计,1995(07):10-20.
[5] 郭复初.财务分析的性质与目的新探——财务分析系列文章之一[J].财会月刊,2009(02):45-46.
[6] 张先治.财务分析理论发展与定位研究[J].财经问题研究,2007(04):81-86.
[7] 万如荣,张莉芳,蒋琰.财务分析[M].2版.北京:人民邮电出版社,2020.
[8] 张先治,陈友邦,秦志敏.财务分析[M].9版.大连:东北财经大学出版社,2019.
[9] 石冬莲,王博.全球哈佛分析框架:文献综述与研究展望[J].财会月刊,2019(11):53-60.
[10] 袁天荣.企业财务分析[M].3版.北京:机械工业出版社,2018.
[11] 方光正.公司战略与风险管理——理论、实务与案例[M].2版.西安:西安电子科技大学出版社,2020.
[12] 黄建欢,尹筑嘉.SCP分析范式在金融产业组织研究中的应用探讨[J].湖南大学学报(社会科学版),2010(05):47-51.
[13] 中国注册会计师协会.公司战略与风险管理[M].北京:中国财政经济出版社,2020.
[14] 屈扬.我国分部报告实施现状分析[J].财会通讯,2013(02):94-95.
[15] 樊行健,胡成.分部报告及其财务分析[J].经济经纬,2005(06):70-73.
[16] 桑士俊,吕斐适.分部报告的分析与利用——兼论我国有关企业分部信息披露的要求[J].会计研究,2002(8):46-49.
[17] 刘玲,丁浩.上市公司财务报表粉饰识别[J].技术经济与管理研究,2011(2):13-17.
[18] 洪荭,胡华夏,郭春飞.基于GONE理论的上市公司财务报告舞弊识别研究[J].会计研究,2012(08):84-90+97.
[19] 秦江萍.上市公司会计舞弊:国外相关研究综述与启示[J].会计研究,2005(06):69-74+96.
[20] 黄世忠,黄京菁.财务报表舞弊行为特征及预警信号综述[J].财会通讯,2004(23):4-9.
[21] 郑朝晖.远离财务骗术:夏草教你规避财报风险[M].北京:机械工业出版社,2010.
[22] 张友棠,冯自钦.三维财务竞争力形成机理研究[J].财会通讯(综合版),2008(8):23-25.
[23] 郑彩霞.财务竞争力对企业价值影响的研究——以煤炭行业上市公司为例[J].财务与会计,2019(23):50-52.
[24] 吴星泽.财务危机预警研究:存在问题与框架重构[J].会计研究,2011(2):59-65+97.
[25] 唐国正,刘力.公司资本结构理论——回顾与展望[J].管理世界,2006(5):158-169.
[26] 张亮,张玲玲,陈懿冰,腾伟丽.基于信息融合的数据挖掘方法在公司财务预警中的应用[J].中国管理科学,2015,23(10):170-176.
[27] 彭静,欧阳令南,彭勇.国内外财务危机预警研究综述[J].科技进步与对策,2007(6):191-195.
[28] 周兴荣,李文宁.国内外财务预警方法与模型评析[J].财会月刊(综合),2008(15):79-84.
[29] 张纯.企业价值管理与财务预测技术选择[J].管理世界,2005(08):160-161.
[30] 孙静芹,王立明.财务分析[M].北京:清华大学出版社,2015.
[31] 熊楚熊.财务报表分析原理与技术[M].2版.上海:立信会计出版社,2015.
[32] 钟振怀,许骅严.财务报表分析[M].北京:中国财政经济出版社,2015.

[33] 王华. 财务报表分析[M]. 西安:西安交通大学出版社,2016.
[34] 杜晓光,郑晶晶,李迎盈. 企业财务分析[M]. 4版. 大连:东北财经大学出版社,2017.
[35] 杨屾. 财务分析[M]. 上海:立信会计出版社,2017.
[36] 李克红,薄雪萍,张霞,刘东. 财务分析[M]. 北京:清华大学出版社,2018.
[37] 刘义鹃. 财务分析方法与案例[M]. 3版. 大连:东北财经大学出版社,2019.
[38] 张立达,刘卫东. 财务报表分析[M]. 3版. 上海:立信会计出版社,2020.